人力资源
用工风险与防范
一本通

从招聘到离职全案例解析

朱礼华 ◎ 编著

北京大学出版社
PEKING UNIVERSITY PRESS

内 容 提 要

在企业管理中，人力资源管理是非常重要的工作，特别是在中小企业，几乎所有员工都会涉及应聘面试、入职、福利待遇、劳动风险等情况，那么人力资源（HR）部门如何正确处理相关的情况，既能符合国家相关政策和法规，又能保护企业利益不受损失呢？

本书用10章内容，从员工招聘、新员工入职、员工试用、员工培训、员工在职管理、员工保险福利、员工离职、特殊员工、工伤处理、劳动争议等方面详细介绍了100多个具体的典型案例，并进行了案例解读，给出了关联的法条，提出了防范要点和建议。可以说，这些案例来源于企业，具有很好的实际指导意义，相关从业人员只要参考相关案例进行有针对性的学习，并以此为参考处理相关事件，即可提高工作效率。

本书内容全面系统，案例贴合实际，非常适合各类企业的管理者、人力资源从业人员和法务人员阅读和参考，也适合普通的求职者阅读和参考。

图书在版编目(CIP)数据

人力资源用工风险与防范一本通：从招聘到离职全案例解析 / 朱礼华编著. — 北京：北京大学出版社，2023.6

ISBN 978-7-301-34014-1

Ⅰ.①人… Ⅱ.①朱… Ⅲ.①企业管理 – 人力资源管理 – 风险管理 – 教材 Ⅳ.①F272.92

中国国家版本馆CIP数据核字（2023）第089241号

书　　　名	人力资源用工风险与防范一本通：从招聘到离职全案例解析	
	RENLI ZIYUAN YONGGONG FENGXIAN YU FANGFAN YIBEN TONG: CONG ZHAOPIN DAO LIZHI QUAN AN LI JIEXI	
著作责任者	朱礼华　编著	
责 任 编 辑	王继伟　吴秀川	
标 准 书 号	ISBN 978-7-301-34014-1	
出 版 发 行	北京大学出版社	
地　　　址	北京市海淀区成府路205 号　100871	
网　　　址	http://www.pup.cn　　新浪微博:@ 北京大学出版社	
电 子 信 箱	编辑部 pup7@pup.cn　　总编室 zpup@pup.cn	
电　　　话	邮购部 010-62752015　发行部 010-62750672　编辑部 010-62570390	
印 刷 者	北京鑫海金澳胶印有限公司	
经 销 者	新华书店	
	720毫米×1020毫米　16开本　23.5印张　408千字	
	2023年6月第1版　2024年7月第4次印刷	
印　　　数	10001-13000册	
定　　　价	79.00元	

未经许可，不得以任何方式复制或抄袭本书之部分或全部内容。
版权所有，侵权必究
举报电话：010-62752024　电子信箱：fd@pup.pku.edu.cn
图书如有印装质量问题，请与出版部联系，电话：010-62756370

推荐序

企业劳动用工与法律风险防范类的书，自2008年至今，在《中华人民共和国劳动合同法》实施以来，律师出的、仲裁员出的、法官出的不在少数。但是，企业管理者出的较少，企业管理者以人力资源管理线条和工具为逻辑撰写的更少。

通过详细阅读本书大家能看到，本书将劳动法律知识与人力资源管理的环节进行了糅合，淡化了劳动法律解读，强化了劳动法律与人力资源的结合；淡化了法律风险，强化了法律在管理应用上缺位的风险；淡化了对稀奇古怪案例的解读，强化了案例的实用性与管理的融合性。

本书从管理者的视角，给了我们一个不同的关于劳动用工与风控的解读版本，适合没有法律基础，也没有人力资源管理经验的从业人群系统学习。同时，本书也借助了相关的文本与工具，将本书的实用价值最大化，值得学习与借鉴。

白话劳动法创始人　白永亮博士

PREFACE 序言

2008年《中华人民共和国劳动合同法》(以下简称《劳动合同法》)正式实施，当年的劳动争议案件就呈现出爆发式的增长。2012年，全国人大又对《劳动合同法》进行了修订。十余年来，劳动争议案件整体呈现逐年快速递增的趋势，根据人社部的统计，2021年度全国各级劳动人事争议仲裁机构共受理劳动人事争议案件263.1万件，同比增长了18.62%。这一方面是因为《劳动合同法》的宣传普及不断深入；另一方面是因为现在的"80后""90后"尤其是"00后"普遍法律意识比较强，注重维护自己的合法权益。当然，还有一个重要的原因，就是当下劳动用工市场已经从买方市场逐渐转变为卖方市场，劳动者挑选工作的余地大了很多，不会再因为害怕丢了工作而对企业在用工方面的违法行为"忍气吞声"。

在各地劳动争议仲裁委员会裁决的劳动争议案件中，用人单位败诉的占到大多数。同时，用人单位采取"息事宁人"的方式，给付劳动者各种经济补偿或者赔偿而达成和解、撤诉结案的更是不胜枚举。据国家统计局相关统计数据显示，2014年全国劳动争议审理结案的案件数量为711 044件，而用人单位获得胜诉的案件数量仅为82 541件，不足12%。

都说在劳动纠纷中劳动者处于弱势地位，但实践中案件处理又为何会出现如此戏剧性的结果？我认为，在劳动纠纷案件中，企业败诉的原因大多是用工不规范，究其根本原因，是因为企业劳动法律意识薄弱。

一方面，和大型企业不同，广大中小企业普遍管理相对不太规范，大多数中小企业甚至没有设置人力资源部门，也没有专职处理劳动用工方面的人员，就更别谈法务部门了。再加上老板们劳动用工相关法律知识的匮乏，一旦发生劳动纠纷，往往是措手不及。更为重要的是，随着全国企业信用信息公示系统的不断完善，一旦用人单位和员工之间的劳动纠纷到了诉讼阶段，就会进入信息公示系统，这对用人单位以后的人员招聘、业务拓展无疑都会造成一定的负面影响。

另一方面，随着经济的飞速发展和互联网应用的不断深入，出现了很多新的用工形式，如互联网平台、共享经济，由此而引发的劳动纠纷也呈现快速增长的趋势。如何预防此类纠纷的发生，也需要引起足够的重视。

更为重要的是，在新冠肺炎疫情的冲击下，抵御竞争风险能力原本就相对薄弱的中小企业更加举步维艰，尤其是一些受疫情冲击较大的行业，如旅游、餐饮、酒店、商业服务等，经营效益更是断崖式下跌，由此而引发了一系列的劳资纠纷，比如，拖欠工资、单方面调岗降薪、违法安排待岗，甚至是违法解除或终止劳动合同（关系）等。虽然《中华人民共和国劳动争议调解仲裁法》（以下简称《劳动争议调解仲裁法》）对于劳动仲裁的审理时限有着非常明确的规定，自受理之日起最长不得超过60日，但在一些劳动纠纷的"重灾区"，从提交材料到做出裁决，往往需要6个月以上的时间。

我参加工作20余年，担任过大型集团和知名企业的总经理助理、副总经理、总经理、COO、CEO等职，虽然这些企业中都有专职的人力资源部门和法务部门，但劳动用工方面的事务我都会直接分管和参与。在过往的工作阶段，我所在的企业也发生过和员工的劳动纠纷，但最终企业败诉的几乎没有。究其原因，就在于我们从招聘开始就做好了风险防范。

从2018年开始，我主要从事企业薪酬绩效管理方面的培训工作，接触了数千家中小企业。每次培训课上，我都会花一点时间给学员简单梳理一下劳动用工方面的风险防范问题。几乎所有学员都非常感兴趣，也不断有学员提出，希望我能将这些内容整理成文字，最好是出一本工具书，以便他们能够系统地学习和运用。

坦率地讲，《劳动法》和《劳动合同法》的内容非常多，如果系统、全面地进行阐述，估计能写成一部长篇著作。即便是我写出来了，估计大多数中小企业的老板和HR也没时间看。而且，市面上系统、全面的关于《劳动法》的书籍可谓是多如牛毛，多我一本不多，少我一本也不少。

但我在研读过十余本相关书籍后发现，市面上大多数相关书籍要么是着重法条的解读，要么是着重案例的分析，却很少有**教大家具体如何做才能规避劳动用工的法律风险的**。举个例子，都知道企业不能随便扣员工的工资，但如果员工因为工作失误给用人单位造成损失了，企业该怎么办？不扣，达不到惩戒和警示的效果，老板当了冤大头；扣，很可能违反《劳动法》，被劳动者主张经济补偿，还容易造成员工流失。

最终，我决定从实战出发，将我20余年在企业管理中的实践经验，以及近几年的授课内容整理出来，编写成一本劳动用工风险防范的工具书。

基于本书为工具书的定位，加之篇幅限制，本书未对相关法条做过多的解读，而是着重在**如何做才能最大限度地规避劳动用工方面的法律风险**。

需要特别说明的是，由于劳动用工相关的法律、法规等政策文件具有较强的时效性，本书的所有内容都是基于书稿完成时的相关法律、法规的，若法律、法规有所调整，那么可能会带来相应操作方式的变化。此外，部分省市还有一些地方性的政策和实施细则，如婚假、产假、工伤待遇等。因此，还请读者朋友能够以最新的法律、法规及当地的地方性政策法规内容为准。除此之外，劳动纠纷纷繁复杂，对于同样的纠纷，在全国不同的省份可能存在完全不同的裁判口径，各位读者务必结合各自省份的具体情况灵活运用，切忌生搬硬套。

本书比较适合各类企业的管理者、人力资源从业人员和法务人员阅读和参考，也适合普通的求职者阅读和参考。

《劳动法》和《劳动合同法》博大精深，而且存在很多有争议的环节，加之我的水平有限，书中难免会存在疏漏或不足的地方，还请各位读者朋友多加批评和指正。

朱礼华

鸣谢及展望

历时两个月不分昼夜地码字，这本《人力资源用工风险与防范一本通：从招聘到离职全案例解析》大型工具书终于完稿了！

这是我20余年企业管理工作经验的一些总结，以及对企业劳动用工法律风险防范技巧的一些感悟，希望能够对各位朋友有所帮助。

感谢数百位认识和不认识的朋友，在本书还未正式付印的时候即抢先订购，这给了我极大的鼓舞和信心。

感谢我的家人，尤其是我的儿子，在我笔耕期间，一直给予我鼓励。

需要感谢的人还有很多……

也欢迎各位读者添加我的微信，交流人才招聘、劳动用工风险防范、劳动纠纷处理、薪酬绩效考核等方面的话题。

附赠资源

本工具书提供了和劳动用工相关的全套管理制度、管理表格及合同协议的范本，全部经过专业律师审核，各位读者可以根据自己企业的实际情况直接借鉴套用。

读者扫描下方左侧二维码关注视频号，可观看相关教学视频并与作者交流学习；扫描下方右侧二维码关注"博雅读书社"微信公众号，输入本书 77 页的资源下载码，可免费获取以下范本电子版文件及《劳动用工法律法规汇编》电子版文件。

附 1　人员增补申请表范本　　　　　附 2　面试通知书范本
附 3　面试/入职登记表范本　　　　　附 4　面试评估表范本
附 5　入职通知书范本　　　　　　　　附 6　劳动合同书范本
附 7　无法提供离职证明承诺书范本　　附 8　员工保密协议书范本
附 9　竞业限制协议书范本　　　　　　附 10　录用条件确认函范本
附 11　非全日制用工劳动合同书范本　　附 12　劳务合同书范本
附 13　退休人员返聘协议书范本　　　　附 14　实习协议书范本
附 15　新员工培训评估表范本　　　　　附 16　培训服务期协议书范本
附 17　物品租用协议书范本　　　　　　附 18　劳动合同书签订通知书范本
附 19　试用期转正申请表范本　　　　　附 20　试用期转正考核表范本
附 21　试用期转正通知书范本　　　　　附 22　规章制度民主协商讨论会纪要范本
附 23　员工日常行为规范及奖惩制度范本　附 24　违纪处罚通知书范本
附 25　员工休假管理制度范本　　　　　附 26　加班申请单范本
附 27　休假申请单范本　　　　　　　　附 28　年休假安排通知书范本
附 29　自愿放弃年休假申请书范本　　　附 30　限期返岗通知书范本
附 31　岗位调整通知书范本　　　　　　附 32　员工离职管理制度范本
附 33　工作失误损失暂缓扣款承诺书范本　附 34　工伤赔偿和解协议书范本
附 35　放弃缴纳社保声明书范本　　　　附 36　社保缴费基数确认书范本
附 37　解除/终止劳动合同通知书范本　　附 38　解除劳动合同协议书范本
附 39　员工离职申请书范本　　　　　　附 40　离职工作交接表范本
附 41　离职证明范本

目录

CONTENTS

推荐序 ··· 1
序言 ··· 2
鸣谢及展望 ··· 5
附赠资源 ··· 6

第1章 招聘环节法律风险防范 ································· 001

- **1.1** 虚假招聘的法律风险 ············· 002
- **1.2** 就业歧视的法律风险 ············· 004
- **1.3** 背景调查的注意事项 ············· 006
- 1.3.1 调查拟聘用者的劳动关系主体资格 ························· 007
- 1.3.2 调查拟聘用者是否属于竞业限制期人员 ······················ 014
- 1.3.3 调查拟聘用者的简历及相关资料是否真实 ······················ 017
- 1.3.4 调查其他信息 ··············· 020
- **1.4** 录用应届毕业实习生可能构成劳动关系 ························· 021
- **1.5** 录用达到法定退休年龄人员的风险防范 ························· 024
- 1.5.1 达到法定退休年龄是否还存在劳动关系？··················· 025
- 1.5.2 录用达到法定退休年龄人员的风险防范 ····················· 031
- **1.6** 入职通知书的法律效力 ··········· 037
- **1.7** 先入职后体检的法律风险 ········· 040

第2章 入职环节法律风险防范 ································· 043

- **2.1** 填写面试/入职登记表的注意事项 044
- **2.2** 入职后何时订立劳动合同较为合适 ···························· 046
- **2.3** 不及时签订书面劳动合同的法律风险 ···························· 048
- **2.4** 高管未签劳动合同能否主张二倍工资

	赔偿? ………………………… 050		签名"? ………………………… 064
2.5	与小股东是否也需要签订劳动合同? ……………………… 053	2.11	装订劳动合同的注意事项 …… 066
2.6	如何应对劳动者故意拖延签订劳动合同? ……………………… 055	2.12	订立保密协议的注意事项 …… 068
		2.13	订立竞业限制协议的注意事项 … 072
2.7	劳动合同条款缺失的法律风险 … 058	2.14	兼职用工及订立劳务合同的相关法律风险 ………………………… 076
2.8	劳动合同中劳动报酬条款的法律风险 ……………………………… 060	2.15	非全日制用工的相关法律风险 … 081
2.9	就业协议的法律效力及法律风险 ……………………………… 061	2.16	无固定期限劳动合同就是"金饭碗"吗? …………………………… 085
2.10	如何避免劳动合同上的"萝卜	2.17	特殊岗位能否收取押金或风险金? …………………………… 088

第3章 ▶ 试用期环节法律风险防范 ……………………………… 091

3.1	违法约定试用期的法律风险 …… 092	3.6.1	何为录用条件? ………………… 102
3.2	试用期可以延长吗? …………… 093	3.6.2	如何设定录用条件? …………… 103
3.3	员工患病或非因工受伤可以延长试用期吗? ……………………… 095	3.6.3	不符合录用条件的法律风险 …… 104
		3.7	离职员工再入职可以再次约定试用期吗? ……………………… 107
3.4	试用期最后一天解雇新员工的法律风险 ……………………………… 097	3.8	试用期工资可以打折扣吗? …… 108
3.5	试用期满前几天解雇新员工的法律风险 ……………………………… 100	3.9	能否只订立试用期劳动合同? … 110
3.6	以不符合录用条件为由解雇新员工的法律风险 ………………………… 102	3.10	试用期能否以经济性裁员解雇新员工? ……………………………… 112

第4章 ▶ 员工培训法律风险防范 ……………………………… 115

4.1	入职培训考核不合格可以立即辞退吗? ……………………………… 116		何处理? ………………………… 122
		4.4	如何约定培训服务期的违约金? ……………………………… 124
4.2	对员工的所有培训都能约定培训服务期吗? ……………………… 118	4.5	当试用期遇上培训服务期谨防"人财两空" ……………………………… 128
4.3	培训服务期和劳动合同期限不一致时该		

第5章 员工在职管理法律风险防范 …… 130

- 5.1 员工的工资到底由哪几部分组成? …… 131
- 5.2 用人单位能否限制或禁止员工兼职? …… 134
- 5.3 加班费如何计算? …… 137
- 5.4 加班费的法律风险防范 …… 140
- 5.5 周六周日上班必须支付加班工资吗? …… 144
- 5.6 出差的加班工资如何计算 …… 147
- 5.7 值班和加班的区别 …… 150
- 5.8 年薪制的法律风险防范 …… 153
- 5.9 年中离职员工能享受年终奖吗? …… 155
- 5.10 调岗调薪的相关法律风险 …… 158
- 5.11 带薪年休假的相关法律风险 …… 165
- 5.12 病假/医疗期的法律规定及工资核算 …… 170
- 5.13 婚丧假的法律规定及工资核算 …… 176
- 5.14 产假/计划生育假的法律规定及工资核算 …… 182
- 5.15 如何防范员工虚报病假及"泡病假" …… 186
- 5.16 依据"不能胜任工作"解雇员工的法律风险 …… 190
- 5.17 如何合法辞退严重违纪违章的员工? …… 195
- 5.18 员工因工作失误造成损失该如何扣罚? …… 199
- 5.19 员工履职中受网络诈骗而造成损失,如何赔偿? …… 203
- 5.20 员工急辞工能否扣发当月工资? …… 205
- 5.21 员工违反规章制度能扣钱吗? …… 210
- 5.22 慎用末位淘汰制 …… 213
- 5.23 旷工就能开除吗?考勤能否作为旷工依据? …… 216
- 5.24 严重失职、营私舞弊、重大损害的界定技巧 …… 219
- 5.25 考勤记录不让员工签字确认的法律风险 …… 223
- 5.26 规章制度的相关法律风险 …… 225

第6章 员工保险福利法律风险防范 …… 231

- 6.1 何为"五险一金"和"三险一金"? …… 232
- 6.2 试用期内是否需要缴纳社会保险? …… 232
- 6.3 刚入职还没缴社保就受伤该如何处理? …… 235
- 6.4 非全日制用工是否需要缴纳社会保险? …… 238
- 6.5 能否给员工发社保补贴代替缴纳社会保险? …… 239
- 6.6 如何应对员工不配合缴纳社会保险的情况? …… 242

6.7 按最低基数/不足额缴纳社保的法律风险 ……………………………… 245
6.8 如何合法地减少社保成本 支出？ …………………………… 248
6.9 是否必须给员工缴纳住房公积金？ ………………………………… 253

第7章 员工离职环节法律风险防范 …………………………… 256

7.1 劳动合同的解除≠终止 …………… 257
7.2 劳动合同终止/解除情形及"四金"对照表 …………………………… 262
7.3 **协商一致解除劳动合同的法律风险** …………………………… 264
7.4 企业单方提出解除劳动合同的法律风险 …………………………… 267
7.4.1 员工过失性解除劳动合同的法律风险 …………………………… 267
7.4.2 非员工过失性解除劳动合同的法律风险 …………………………… 268
7.5 经济性裁员的操作要点及法律风险 …………………………… 269
7.6 员工单方提出解除劳动合同的法律风险 …………………………… 274
7.6.1 什么情况下员工可以随时解除劳动合同？ …………………………… 274
7.6.2 员工的辞职申请未获批准能离职吗？ …………………………… 275
7.7 多付一个月工资就能随时解除劳动合同吗？ …………………………… 277
7.8 劳动合同期限届满终止的法律风险 …………………………… 279
7.9 两次固定期限劳动合同到期后能否终止？ …………………………… 282
7.10 "四金"的相关法律问题及计算 …… 286
7.11 企业违法解除劳动合同的法律后果 …………………………… 291
7.12 解除劳动合同通知书操作不当的法律风险 …………………………… 292
7.13 必须给离职员工开具离职证明吗？ …………………………… 295

第8章 特殊员工法律风险防范 …………………………… 300

8.1 劳务派遣用工的法律风险 ………… 301
8.1.1 派遣单位不具备资质的法律风险 …………………………… 301
8.1.2 逆向派遣的法律风险 ………… 304
8.1.3 超比例使用劳务派遣工的风险 …… 307
8.1.4 劳务派遣用工的"三性" …… 309
8.2 业务外包的法律风险 ……………… 312
8.3 聘用外籍人员的法律风险 ………… 314
8.4 员工应征入伍的处理方法 ………… 318
8.5 聘用退役军人的相关问题 ………… 320

第9章 工伤相关法律风险防范 323

9.1 可以认定为工伤的7种情况 324
9.2 可以视同工伤的3种情况 329
9.3 不得认定工伤的3种情况 330
9.4 和员工签署工伤赔偿和解协议书的法律风险 331
9.5 工伤认定申请材料及有效期 335
9.6 工伤赔偿的项目有哪些? 337

第10章 劳动争议处理法律风险防范 338

10.1 如何界定劳动争议? 339
10.2 调解协议书一经达成就必然生效吗? 339
10.3 劳动争议仲裁的相关问题 341
10.3.1 能否不申请仲裁直接起诉? 342
10.3.2 如何认定劳动争议仲裁管辖地? ...342
10.3.3 劳动争议仲裁中的举证责任归属 344
10.3.4 劳动争议仲裁的时效问题 347
10.4 劳动争议诉讼的相关问题 357
10.5 领取/签收劳动争议仲裁裁决书的技巧 358
10.5.1 用人单位所在地和劳动合同履行地在异地的情况 359
10.5.2 用人单位所在地和劳动合同履行地同城的情况 361

第1章
招聘环节法律风险防范

招聘,是劳动用工关系管理中的第一个环节。和其他环节相比,虽然招聘环节的法律风险相对较少,但也绝不能忽视。

用人单位需要从招聘信息的发布、拟录用人员的背景调查、求职欺诈、招聘应届毕业实习生、招聘达到法定退休年龄的人员等方面加以注意。此外,还应特别注意入职通知书的相关法律问题。

扫码观看本章
视频教学知识点

1.1 虚假招聘的法律风险

所谓虚假招聘,是指部分用人单位虚构招聘信息、虚设招聘岗位、只收简历不组织面试、面试走过场、招而不聘等行为。这种现象在每年春节后的求职高峰期,以及大中专应届毕业生毕业求职季最容易发生。

个别用人单位在发布招聘信息时,一次发布数十个岗位,但事实上真正需要招人的岗位可能也就两三个甚至根本不需要招聘人员。这些用人单位之所以要这么做,一是为了扩大宣传,对外营造一种企业业务繁忙的"假象",另一方面是为了收集更多的求职者简历信息,了解本地区竞争对手的薪酬水平,以供企业高层在调整本企业的薪酬水平时做参考。

典型案例

2019年2月,刚从老家过完春节返回上海的李某急于寻找一份工作。在浏览了多个网络招聘平台后,一家互联网公司的"新媒体运营专员"岗位吸引了他。于是李某便投递了简历,第二天公司通知面试,在面试过程中,该公司要求李某不得同时应聘其他公司,因为该公司的工资开得比较高,李某照做了。一周后,该公司通知李某面试通过可以入职。

入职几天后,在签订劳动合同时,李某发现劳动合同上自己的岗位工作内容及薪资和之前投递简历及面试时的不太一致。经过详细询问后李某得知,该公司并没有设置"新媒体运营专员"这样一个岗位,实际需要从事的工作内容是打电话、加微信。于是,李某拒绝签订劳动合同,并认为该公司属于虚假招聘,损害了自己的合法权益,要求该公司给予赔偿。而公司则辩称系临时调整,并不属于虚假招聘,拒绝对李某进行赔偿。

案例解读

随着互联网的飞速发展,网络招聘逐步取代传统的线下招聘会、杂志招聘而成为当下的主流招聘渠道。与此同时,网上一些不实甚至是带欺诈性质的招聘信息,也在不断侵害求职者的合法权益，甚至还有可能造成严重的社会影响。

2017年，东北大学毕业生李文星通过某招聘APP投递简历，误入传销组织并最终遇害的悲剧，曾经引起了极大的社会反响。

在本案中，该公司在没有设置相应岗位的情况下，发布了虚假的招聘信息，并造成李某失去了去其他用人单位应聘求职的机会，显然属于虚假招聘，应该对李某给予一定的赔偿。

关联法条

1.《就业服务与就业管理规定》（2022年修订）

第十四条　用人单位招用人员不得有以下行为：

（一）提供虚假招聘信息，发布虚假招聘广告……

第六十七条　……用人单位违反第十四条第（一）、（五）、（六）项规定的，由劳动保障行政部门责令改正，并可处以一千元以下的罚款；对当事人造成损害的，应当承担赔偿责任。

2.《中华人民共和国劳动合同法》（2012年修订，以下简称《劳动合同法》）

第二十六条　下列劳动合同无效或部分无效：

（一）以欺诈、胁迫的手段或者乘人之危，使对方在违背真实意思的情况下订立或者变更劳动合同的；

第三十八条　用人单位有下列情形之一的，劳动者可以解除劳动合同：

……

（五）因本法第二十六条第一款规定的情形致使劳动合同无效的；

……

第四十六条　有下列情形之一的，用人单位应当向劳动者支付经济补偿：

（一）劳动者依照本法第三十八条规定解除劳动合同的；

……

防范要点

发布虚假招聘信息是一种违法行为，情节严重的甚至构成犯罪。

用人单位在发布招聘信息时，一定要如实描述招聘岗位的职责、要求、薪资等情况。否则，一旦被劳动保障行政部门查实为虚假招聘，不但要受到行政处罚，还将对企业的形象和声誉造成严重的损害。

1.2 就业歧视的法律风险

打开各大招聘网站，很多招聘岗位都提到了年龄、性别、婚姻状况等方面的要求。例如，招聘司机限定男性、35岁以下；招聘出纳限定女性、未婚、22岁以下，等等。其实，这些做法都是违法的，涉嫌就业歧视。

所谓就业歧视，是指没有法律上的合法目的和原因而基于种族、肤色、宗教、政治见解、民族、社会出身、性别、户籍、残障或身体健康状况、年龄、身高、语言等原因，采取区别对待、排斥或给予优惠等任何违反平等权的措施侵害劳动者劳动权利的行为。

典型案例

2018年7月5日，有微博网友发布了在求职某著名生鲜零售商时遭遇到"地域歧视"的爆料微博。该网友在微博中晒出了多张微信聊天记录截屏，显示在与该公司负责招聘工作的田经理的交流中，对方发出了"我们不要北京人""公司规定""你们北京人我们一律不要"等言论。该事件在网络上迅速引起热议。

虽然该公司在当天晚上就做出反应，表态从未在招聘过程中提出过地域性要求，而且"甩锅"称该田经理系合作的第三方劳务公司人员。次日，该公司再次发出致歉函，表示这次的行为"低级而愚蠢"，并表示要进行整改。但接连两次的致歉，并未获得网友和舆论的认可。毫无疑问，此次事件对该公司的声誉和形象造成了严重的负面影响。

案例解读

法律赋予劳动者平等的就业权，其实就是我国宪法确定的公民的平等权的具体体现。

根据有关法律、法规并结合司法实践，就业歧视的范围主要包括种族、肤色、宗教、政治见解、民族、出身、性别、户籍、健康状况、年龄、身高、语言等。

在本案中，该生鲜品牌的招聘人员明确表示不招录北京户籍的人员，显然已经涉嫌构成了就业歧视。如果该求职者据此起诉，用人单位将要承担相应的法律责任。

关联法条

1.《中华人民共和国劳动法》（2018年修订，以下简称《劳动法》）

第十二条　劳动者就业，不因民族、种族、宗教信仰不同而受歧视。

2.《中华人民共和国就业促进法》（2015年修订，以下简称《就业促进法》）

第三条　劳动者依法享有平等就业和自主择业的权利。

劳动者就业，不因民族、种族、性别、宗教信仰等不同而受歧视。

第二十六条　用人单位招用人员、职业中介机构从事职业中介活动，应当向劳动者提供平等的就业机会和公平的就业条件，不得实施就业歧视。

第二十七条　国家保障妇女享有与男子平等的劳动权利。

用人单位招用人员，除国家规定的不适合妇女的工种或者岗位外，不得以性别为由拒绝录用妇女或者提高对妇女的录用标准。

用人单位录用女职工，不得在劳动合同中规定限制女职工结婚、生育的内容。

第二十八条　各民族劳动者享有平等的劳动权利。

用人单位招用人员，应当依法对少数民族劳动者给予适当照顾。

第二十九条　国家保障残疾人的劳动权利。

各级人民政府应当对残疾人就业统筹规划，为残疾人创造就业条件。

用人单位招用人员，不得歧视残疾人。

第三十条　用人单位招用人员，不得以是传染病病原携带者为由拒绝录用。但是，经医学鉴定传染病病原携带者在治愈前或者排除传染嫌疑前，不得从事法律、行政法规和国务院卫生行政部门规定禁止从事的易使传染病扩散的工作。

第三十一条　农村劳动者进城就业享有与城镇劳动者平等的劳动权利，不得对农村劳动者进城就业设置歧视性限制。

第六十二条　违反本法规定，实施就业歧视的，劳动者可以向人民法院提起诉讼。

> **防范要点**

法律是硬性的规定，一定不能违反。这就要求我们在发布招聘广告时一定要避免歧视类词汇和字眼，如"仅限男性""仅限未婚女性""仅限城镇户籍"，等等。

现实生活中也存在一些约定俗成的现象，比如，前台接待多为女性，出纳多为女性，司机多为男性。法律规定了用人单位不能搞就业歧视，但法律也赋予了用人单位自主挑选应聘者的权利。因此，用人单位在从应聘者中挑选候选人进行面试时，完全可以根据自己企业的实际情况，制定自己的选人标准。

如果非要在招聘广告中写上涉嫌构成就业歧视的字眼，那么最好加上"优先"二字，如"女性优先""未婚优先""身高175cm以上者优先"，等等。需要特别强调的是，这种表述并不代表绝对合法、绝对没有风险，但起码看上去会让人感觉舒服一些。

在现实操作中，有很多企业尤其是中小企业，用人部门为了提高效率而直接通过个人微信、微博、朋友圈等新媒体渠道发布招聘信息。这些人员的法律知识可能不会太好，极易发布涉嫌就业歧视的招聘信息。所以用人单位需要针对招聘广告的发布制定规范的流程，所有的招聘广告必须经人力资源部门或是法务部门审核后才能对外发布。

1.3 背景调查的注意事项

在面试员工之后决定正式录用之前，还有一个非常重要的环节，那就是背景调查，俗称"背调"。需要调查拟聘用者是否具备劳动关系的主体资格，是否属于竞业限制期人员，简历信息是否真实，以及是否存在有可能影响正常工作的其他情形等，一些特殊行业，可能还需要调查拟聘用者是否有犯罪记录，等等。

一般来说，大企业和管理相对规范的企业，对背景调查都非常重视。而大多数中小企业都不太重视这个环节，往往比较随意，面试通过就立刻通知求职者入职，这就为后续的劳动纠纷埋下了伏笔。

如果正式入职前不进行背景调查，一旦入职后发现问题，即便是在试用期内，用人单位可以行使劳动合同的即时解除权，也要付出试用期的工资成本，严重的可能还需要承担其他的连带赔偿责任，风险是极大的。

1.3.1 调查拟聘用者的劳动关系主体资格

劳动关系主体资格，是指《劳动法》规定的公民成为劳动者应当具备的条件。一般包括四个方面：年龄条件、体力条件、智力条件、行为自由条件。

1. 年龄条件

年龄条件也可以称为劳动行为能力，世界各国都把人的年龄作为推定劳动行为能力有无和大小的一种法定依据。

典型案例

2016年8月1日，福清市劳动监察大队受理了李某（男，出生日期：2000年6月25日）反映的在福清市某理发店工作期间被拖欠2016年6月份15天工资的投诉。受案后大队立即进行调查。经查实，福清市某理发店于2015年7月16日至2016年6月15日期间招用李某从事洗头工作，双方签订了劳动合同。后该店拖欠李某6月份工资，且涉嫌违法使用童工。8月15日，大队对该店发出限期整改指令书，要求其改正使用童工的违法行为并支付所欠的工资。次日，该店支付了李某剩余的工资。

鉴于上述事实，2016年9月2日，福清市人力资源和社会保障局对该店做出行政处罚，处该店55 000元罚款（标准：5000元/月，使用童工11个月）。目前该店已缴交罚款。

案例解读

使用童工是国家明令禁止的违法行为。童工是指未成年的儿童或少年工人，各国法律对成年的年龄规定不一，在中国，童工是指未满16周岁的儿童或少年工人。

需要注意的是，童工并不等同于未成年人。在我国，未成年人是指未满18周岁的人，年满16周岁可以参加工作，年满16周岁不满18周岁的未成年人，以自己的工作作为主要生活来源的，视为完全民事行为能力人。

关联法条

1.《劳动法》（2018年修订）

第十五条　禁止用人单位招用未满十六周岁的未成年人。

文艺、体育和特种工艺单位招用未满十六周岁的未成年人，必须遵守国家有关规定，并保障其接受义务教育的权利。

第九十四条　用人单位非法招用未满十六周岁的未成年人的，由劳动行政部门责令改正，处以罚款；情节严重的，由市场监督管理部门吊销营业执照。

2.《禁止使用童工规定》（2002年颁布）

第二条　国家机关、社会团体、企业事业单位、民办非企业单位或个体工商户（以下统称用人单位）均不得招用不满16周岁的未成年人（招用不满16周岁的未成年人，以下统称使用童工）。

禁止任何单位或个人为不满16周岁的未成年人介绍就业。

禁止不满16周岁的未成年人开业从事个体经营活动。

第四条　用人单位招用人员时，必须核查被招用人员的身份证；对不满16周岁的未成年人，一律不得录用。用人单位录用人员的录用登记、核查材料应当妥善保管。

第六条　用人单位使用童工的，由劳动保障行政部门按照每使用一名童工每月处5000元罚款的标准给予处罚……

第七条　单位或个人为不满16周岁的未成年人介绍就业的，由劳动保障行政部门按照每介绍一人处5000元罚款的标准给予处罚；职业中介机构为不满16周岁的未成年人介绍就业的，并由劳动保障行政部门吊销其职业介绍许可证。

第八条　用人单位未按照本规定第四条的规定保存录用登记材料，或者伪造录用登记材料的，由劳动保障行政部门处1万元的罚款。

防范要点

16周岁是一个法律红线。如果雇佣未满16周岁的童工，或者是在招聘时审核不严格，导致童工入职，一旦被人举报或是被劳动监察部门查获，处罚将是非常严厉的。另外，因为童工尚不具备劳动关系主体资格，也就无法办理社会保险，一旦发生工伤或其他意外事故，用人单位将承担高额的赔偿责任。

随着人们生活水平的提高，国民的身高也在快速增长，现在单从身高和面相上已经很难准确判断年龄，这就要求企业的HR：

（1）谨守法律红线，绝对不能心存侥幸，不主动招收未年满16周岁的未成年人；

（2）面试时必须严格审核应聘者的身份证原件及相关证件资料（毕业证等）；

（3）必须妥善保管录用登记材料。

需要特别强调的是，在劳动力市场上，一般而言，大中专院校的学生是完全符合我国《劳动法》规定的年龄条件的，具有与用人单位建立劳动关系的可能性，后续会有专门章节进行阐述。

另外，对于退休返聘人员是不是劳动者还存在一定的争议，最大的理由就是他们不符合《劳动法》规定的年龄条件。但在司法实践中，退休返聘人员是不是劳动者还需要结合其所从事的具体劳动及其他很多因素来界定，后续也会有专门的章节进行阐述。

2. 体力条件

体力条件是劳动者完成劳动任务的基本要求，主要是指健康条件。一般而言，体力条件包括两个方面。

第一，劳动关系建立前的体力条件。主要是指疾病的限制，各种岗位的职工都不得患有本岗位所禁忌或不宜的特定疾病；残疾人只能从事与其残疾状况相适应的职业；女职工、未成年员工禁忌劳动范围的规定。

第二，劳动关系建立后要确定是否丧失健康条件。劳动关系存续期间劳动者可能会因工或因病完全或部分丧失劳动能力，导致劳动关系的变更或解除。当然，是否丧失劳动能力应由劳动能力鉴定机构做出鉴定。

典型案例

2017年2月,江西某餐饮企业通过人才市场招聘了1名前厅服务人员,因为春节过后店里急需要人手,所以未做细致的核查,就直接办理入职并签订了为期3年的劳动合同,约定了3个月的试用期。9月底,该餐饮企业的大堂经理无意中得知该服务人员曾患过甲型病毒性肝炎,并及时汇报给了老板。

该餐饮企业在确认了该情况后,向该服务人员下达了解除劳动合同通知书。该服务人员不服,向当地劳动仲裁委员会提出仲裁申请,要求该餐饮企业支付相当于2个月工资的违法解除劳动合同的赔偿金。劳动仲裁委员会审理后,支持了该服务人员的申请,裁定该餐饮企业违法解除劳动合同,须向该员工支付相当于其2个月工资的赔偿金。

案例解读

餐饮行业属于特殊行业,对从业人员有一定的健康要求,甲型病毒性肝炎属于有碍食品安全的疾病,按照相关法律、法规,患此病者不得从事接触直接入口的食品经营等岗位。该餐饮企业在招聘时,未认真审核其健康状况,得知患病情况后,又未按规定调整岗位(应当将其调整到其他不影响食品安全的工作岗位,如收银等),而是强行解除了劳动合同,最终构成违法解除劳动合同,付出了赔偿2个月工资的代价。

关联法条

1.《劳动法》(2018年修订)

第五十九条 禁止安排女职工从事矿山井下、国家规定的第四级体力劳动强度的劳动和其他禁忌从事的劳动。

第六十一条 不得安排女职工在怀孕期间从事国家规定的第三级体力劳动强度的劳动和孕期禁忌从事的活动。对怀孕七个月以上的女职工,不得安排其延长工作时间和夜班劳动

第九十五条 用人单位违反本法对女职工和未成年工的保护规定,侵害其合

法权益的,由劳动行政部门责令改正,处以罚款;对女职工或者未成年工造成损害的,应当承担赔偿责任。

防范要点

虽然企业需要承担一定的社会责任,但我们也不能搞道德绑架。企业支付工资,是需要劳动者付出劳动,为企业创造价值的。

2018年,宁波曾发生过一起"员工入职前声称尚未结婚,短期内也不准备结婚,但入职3天宣布怀孕开始休产假,产假休完拍屁股离职走人"的事件,引发网友热议。于法来讲,该女生的做法并未违法;但于情来讲,这种做法对这家互联网公司来说显然是不公平的。

企业应该如何防范此类风险呢?

(1)加强面试环节的审核,要求应聘者在面试/入职登记表上如实填写健康或疾病状况,并在面试/入职登记表的结尾处以粗体显著写明"**本人承诺:本表内所有内容均属实,谨此授权贵司可查询有关事项,如有任何内容失实,无论是否造成严重后果或是否给贵司造成损失,贵司均有权无条件与本人解除劳动合同,且不需要支付任何经济补偿或赔偿;若因此给贵司造成损失,由本人承担赔偿责任。**"

(2)对于特殊行业,可要求应聘者提供健康证。鉴于市场上存在花钱办假健康证的情况,稳妥起见,如果决定招用该应聘者,可要求其去指定的医疗机构进行体检。

(3)对于女性应聘者,虽然大多数用人单位都会要求其在面试/入职登记表上如实填写婚育情况(已婚未育、已婚育、单身),但对于这一点,法律、法规其实是明令禁止的。2019年2月22日,人社部、全国妇联、教育部等九部门联合发布了《关于进一步规范招聘行为促进妇女就业的通知》。该通知明确规定,各类用人单位、人力资源服务机构在拟定招聘计划、发布招聘信息、招用人员过程中,不得限定性别(国家规定的女职工禁忌劳动范围等情况除外)或性别优先,不得以性别为由限制妇女求职就业、拒绝录用妇女,不得询问妇女婚育情况,不得将妊娠测试作为入职体检项目,不得将限制生育作为录用条件,不得差别化地提高对妇女的录用标准。该通知同时规定,对用人单位、人力资源服务机构发布含有性别歧视内容招聘信息的,依法责令改正;拒不改正的,处1万元以上5万元以下的罚款；情节严重的人力资源服务机构，吊销人力资源服务许可证。将用人单位、人力资源服务机构因发布含有性别歧视内容的招聘信息接受行政处罚等情况纳入人力资源市场诚信记录，依法实施失信惩戒。

但笔者认为，用人单位应该拥有了解员工基本信息的权利。如果一个女职工刚入职就休产假，休完产假就离职，那么对用人单位是极度不公平的，而且会形成蝴蝶效应，让更多的用人单位慎重招用处于婚育适龄阶段的女职工。

因此，对于处于婚育适龄阶段的女职工，用人单位完全可以在面试环节通过提问了解相关情况；同时，设置好试用期录用条件，以规避女职工刚入职就宣布怀孕并请长病假的风险。具体方法后续有专门的阐述。

3. 智力条件

《劳动法》所确定的智力条件和《中华人民共和国民法典》（以下简称《民法典》）是不同的，《民法典》确定的智力条件只是精神健康与否，而《劳动法》意义上的智力条件除此之外，还包括文化条件和职业技术资格等。比如，从事教师岗位需要取得教师资格证书，从事电焊工作需要取得焊工证等。

关联法条

《劳动法》（2018年修订）

第五十五条 从事特种作业的劳动者必须经过专门培训并取得特种作业资格。

防范要点

虽然学历并不等同于能力，但用人单位在招聘时，依然可以设置岗位对学历的要求。除此之外，如果是一些特种行业或者是特殊的岗位，还需要应聘者具有相应的资质或资格证书。

需要特别强调的是，市场上存在花钱办假证的现象，但大多数资格证书都能在政府的相关网站上查询真伪。因此，在面试时完全可以先核查相关资格证书的真假，再决定是否录用。

4. 行为自由条件

所谓行为自由，是指劳动者具有人身自由。

前三个条件主要是从劳动者是否具备劳动能力的角度来衡量的，而行为自由条件则是从劳动者是否有权支配使用这种劳动能力的角度来衡量的，其中最容易出现纠纷的就是双重劳动关系（劳动者和其他用人单位尚未解除劳动合同）。

典型案例

刘某是某软件公司的软件开发工程师，与公司签订了期限为2年的劳动合同。软件公司出资6万元送刘某到国外进行了6个月的专业技术培训，并与刘某签订了3年的服务期协议，约定了违约责任。培训结束回国后，刘某要求公司提高职位和薪水，与公司协商无果后，刘某便不辞而别，连工作都未交接，跳槽到一家动漫设计公司，并与该公司签订了劳动合同。软件公司得知相关情况后，随即向当地劳动仲裁委员会提起仲裁申请，要求刘某支付培训服务期的违约金、违法解除劳动合同的损失等，并要求动漫设计公司承担连带赔偿责任。

劳动仲裁委员会经过审理后，支持了软件公司的仲裁申请，裁决动漫设计公司和刘某一起承担向软件公司赔偿的责任。

案例解读

这起案例非常典型。动漫设计公司在招聘刘某时，未能对刘某是否已与上一家用人单位解除劳动合同进行必要的审查。简单来说，就是未核实刘某是否是"自由身"，就招用了尚未解除劳动合同的刘某，结果导致自己须承担连带赔偿责任。这起案例再次提醒各位HR，在招聘人员时首先应该对应聘者"验明正身"，确认其与上一家用人单位已解除劳动合同（关于竞业限制的问题将在后续章节详述）。

关联法条

1.《劳动法》（2018年修订）

第九十九条　用人单位招用尚未解除劳动合同的劳动者，对原用人单位造成经济损失的，该用人单位应当依法承担连带赔偿责任。

2.《劳动合同法》（2012年修订）

第九十一条　用人单位招用与其他用人单位尚未解除或终止劳动合同的劳动者，给其他用人单位造成损失的，应当承担连带赔偿责任。

3.《违反〈劳动法〉有关劳动合同规定的赔偿办法》（1995年颁布）

第六条　用人单位招用尚未解除劳动合同的劳动者，对原用人单位造成经济损失的，除该劳动者承担直接赔偿责任外，该用人单位应当承担连带赔偿责任。其连带赔偿的份额应不低于对原用人单位造成经济损失总额的百分之七十。

防范要点

随着人才流动的日趋频繁，加之"80后""90后"对待离职的"任性"，此类风险的发生率还是比较高的。要想预防此类风险，可从以下几个方面入手。

（1）面试时正式询问应聘者，是否已与上一家用人单位正式解除劳动合同，或者说已进入离职程序，是否存在竞业限制协议等。

（2）提醒应聘者，如果被录用，入职报到时需要提交上一家用人单位解除或终止劳动关系的证明（俗称"**离职证明**"）。

（3）如果应聘者因种种原因的确无法提供离职证明，则需要应聘者在入职时**填写一份无法提供离职证明承诺书**。主要载明，该应聘者已与上一家用人单位解除或终止劳动合同，且不存在培训服务期协议、竞业限制协议等情况，已完全具备订立劳动合同的主体资格。

1.3.2　调查拟聘用者是否属于竞业限制期人员

所谓竞业限制期人员，是指该应聘人员与上一家用人单位签订有竞业限制协议，且尚在限制期内。

竞业限制是用人单位对负有保守用人单位商业秘密责任和义务的劳动者，在劳动合同、知识产权权利归属协议、技术保密协议或是竞业限制协议中约定的竞业限制条款。具体来说，是指知悉本单位商业秘密的劳动者或其他对本单位经营有重大影响的劳动者在与本单位终止或解除劳动合同后的一定期限内（最长不得超过两年），不得在生产同类产品、经营同类业务或有其他竞争关系的用人单位任职，也不得自己生产与原单位有竞争关系的同类产品或经营同类业务。

如果不慎招聘到竞业限制期人员，将会给企业带来很多潜在的法律风险和损失。

典型案例

林先生是重庆市某机械厂的机械工程师，2011年进入公司，劳动合同期限至2014年9月20日，约定工资为8000元/月。入职时林先生和机械厂签订了竞业限制协议，该协议约定林先生的竞业限制期限为离职后1年。

合同到期后，双方没有续订劳动合同，林先生办理了离职手续。2014年11月，林先生到成都某电子科技公司应聘并于当月入职。该电子科技公司和机械厂经营的产品相似，存在较大的竞争性。2015年2月，机械厂将林先生、电子科技公司起诉至法院，要求林先生返还已支付的竞业限制补偿款并支付10倍于补偿款的金额作为违约金。同时，要求电子科技公司承担连带责任。

法院经审理后支持了机械厂的诉讼请求。

案例解读

人才尤其是掌握企业核心技术和重要商业秘密的员工，对于企业的重要性是不言而喻的。因此，如果企业招聘到了一个优秀的人才，就应该仔细核实相关信息，确认其是否属于竞业限制期员工，以避免不必要的损失。因为你认为是人才的人员，在上一家用人单位通常也是人才。

严格地讲，我国法律对违反竞业限制义务人员的法律责任的规定是明确的，但对于聘用负有竞业限制义务人员的用人单位是否应承担法律责任、应如何承担责任并无明确规定。通常可以分为以下三种情况。

（1）用人单位已尽了审查义务，仍不知道所聘用的劳动者是负有竞业限制义务的人员，该聘用者私自在工作中违反约定或违反权利人有关保守商业秘密的要求，披露、使用其所掌握的商业秘密。此时，聘用竞业限制人员的用人单位如果确实已经履行了审查义务，主观上就没有过错。由竞业限制人员承担损害赔偿责任，用人单位不承担法律责任。但用人单位因竞业限制人员的违约行为获取的利益，为不当得利，应返还给受害人。

（2）用人单位审查后知道所聘用的劳动者是竞业限制人员，但仍继续聘用该劳动者，并披露、公开或使用其所掌握的商业秘密。此种情况，用人单位与竞业限制人员共同侵犯了他人的商业秘密，构成了共同侵权，应对受害单位承担侵权赔偿责任。

（3）用人单位未尽到审查义务，视为"应当知道"所聘用的劳动者是竞业限制人员，而用人单位继续聘用该劳动者，并披露、公开或使用其所掌握的商业秘密应构成侵权。应视为用人单位与竞业限制人员共同侵犯了他人的商业秘密，构成了共同侵权，应对受害单位承担侵权赔偿责任。

在本案例中，电子科技公司在招聘林先生时，未能对林先生的情况及资料进行核实，明知道林先生刚从机械厂离职，却没有打电话到机械厂去核实林先生的相关情况，也没有严格地要求林先生提供"自由身"的身份证明，故招聘到了尚处于竞业限制期的员工，属于"未尽到审查义务"，需要对机械厂承担连带赔偿责任。

关联法条

1.《劳动法》（2018年修订）

第一百零二条　劳动者违反本法规定的条件解除劳动合同或者违反劳动合同中约定的保密事项，对用人单位造成经济损失的，应当依法承担赔偿责任。

2.《最高人民法院关于审理劳动争议案件适用法律问题的解释（一）》（法释〔2020〕26号）

第二十七条　……原用人单位以新的用人单位和劳动者共同侵权为由提起起诉的，新的用人单位和劳动者列为共同被告。

3.《中华人民共和国反不正当竞争法》（2019年修订，以下简称《反不正当竞争法》）

第九条　经营者不得实施下列侵犯商业秘密的行为：

……

（三）违反保密义务或违反权利人有关保守商业秘密的要求，披露、使用或允许他人使用其所掌握的商业秘密；

第十七条　……经营者违反本法第六条、第九条规定，权利人因被侵权所受到的实际损失、侵权人因侵权所获得的利益难以确定的，由人民法院根据侵权行为的情节判决给予权利人五百万元以下的赔偿。

防范要点

在实际操作中,很少会出现前文所述的第二种情况,即用人单位明知道拟聘用者与前一家用人单位(通常是竞争对手)签订有竞业限制协议,且尚在限制期内,而继续聘用该劳动者。如果出现这种情况,往往是用人单位在权衡利弊后,认为获取的利益可能会远远大于将要承担的赔偿责任。这种情况对于用人单位来说,当然算不上是风险。

如前所述,竞业限制的期限一般最长可以约定为两年。导致用人单位承担连带赔偿责任的,往往是用人单位未尽到审查义务。用人单位只有尽到了审查义务,才能规避或是减轻因为招用尚在竞业限制期内的人才而导致的连带责任赔偿风险。具体应注意以下几点。

(1)了解应聘者在前一个用人单位是否为高级管理人员、高级技术人员和其他负有保密义务的人员。

(2)向应聘者本人了解,是否存在尚在竞业限制期内的竞业限制协议,具体途径可以通过查阅简历或询问谈话。

(3)在面试/入职登记表中设置"竞业限制情况"一栏,让应聘者承诺不存在尚在竞业限制期内的竞业限制协议。

(4)对应聘者进行背景调查,向应聘者的前一个用人单位了解应聘者是否与该用人单位签订过竞业限制协议。(如果前一份工作时间不足2年,那么最好再推前一个用人单位了解相关情况。)

1.3.3 调查拟聘用者的简历及相关资料是否真实

应聘者对简历进行适度的包装和修饰是可以理解的,这就好比一个人化妆一样。但如果包装和修饰过度,甚至是掺杂虚假信息,就属于简历造假了。

实际操作中,简历"注水"、造假的现象并不少见。用人单位在签订劳动合同前,应充分地对简历中的内容,以及应聘者提交的相关证件资料等进行核查,将法律风险控制在签订书面劳动合同之前。

典型案例

2013年1月，韩某入职天津某制造公司（以下简称"A公司"）担任总经理，双方订立了为期2年的固定期限劳动合同。韩某入职后，其实际工作表现与总经理的职责要求相去甚远，引起了A公司对韩某工作履历的怀疑。经A公司调查后发现，韩某向A公司提交的个人简历中所记载的工作履历与其实际的工作经历存在严重出入。A公司认为，韩某提供虚假简历，采取欺骗手段与A公司订立劳动合同，严重违反了《劳动合同法》及A公司员工手册的规定。2013年5月24日，A公司向韩某发出了解除劳动合同通知书，解除了双方的劳动关系。

韩某不服A公司的解除决定，认为A公司系违法解除劳动合同，遂向天津某区劳动争议仲裁委员会提出申请，请求A公司与其恢复劳动关系。本案经过仲裁、一审、二审和再审阶段，各阶段的裁决和判决均认定A公司的解除决定违法，要求A公司继续履行与韩某的劳动合同。

仲裁委认为：（1）A公司不能证明当庭提交的简历就是韩某本人在应聘时提交的简历；（2）A公司没有证据证明韩某在应聘时存在欺诈行为。

再审法院认为：虽然韩某向A公司递交的简历中对其个别工作经历做了与事实不相符的夸大性描述，但综合全案事实及相关证据，法院认为该不客观描述并不足以导致A公司在违背真实意思的情况下与韩某订立劳动合同。况且，A公司在聘用高级管理人员之前亦有审查不严之疏忽。

案例解读

本案经过了从仲裁到再审的完整的劳动纠纷处理流程，虽然仲裁裁决和法院三次的判决都认定A公司系违法解除合同，但所持的理由却不尽相同。

在劳动合同订立的过程中，用人单位和劳动者都应该遵循诚实信用的原则。诚实信用原则重要的体现就是双方当事人在订立劳动合同时，互相享有知情权。对于用人单位来说，知情权主要是指企业有权了解劳动者的相关信息和基本情况。

结合本案，用人单位被判违法解除，看起来是比较"冤"的，如果正式录用前审查再稍微严格一些，录用流程再严谨一些，结果可能就完全两样了。

关联法条

《劳动合同法》（2018年修订）

第三条　订立劳动合同，应当遵循合法、公平、平等自愿、协商一致、诚实信用的原则……

第八条　……用人单位有权了解劳动者与劳动合同直接相关的基本情况，劳动者应当如实说明。

第二十六条　下列劳动合同无效或者部分无效：

（一）以欺诈、胁迫的手段或者乘人之危，使对方在违背真实意思的情况下订立或变更劳动合同的……

防范要点

其实，防范此类风险并不困难，具体可以从以下几个方面着手。

（1）在面试或办理入职手续时，要求应聘者填写面试/入职登记表，并在面试/入职登记表的结尾处以粗体显著写明"**本人承诺：本表内所有内容均属实，谨此授权贵司可查询有关事项，如有任何内容失实，无论是否造成严重后果或是否给贵司造成损失，贵司均有权无条件与本人解除劳动合同，且不需要支付任何经济补偿或赔偿；若因此给贵司造成损失，由本人承担赔偿责任。**"其中，"入司前主要工作经历"栏要求应聘者完整地填写证明人及电话（如果应聘者不愿意填写证明人的电话，就说明此段工作经历可能存在问题）。

（2）若应聘者提交的为打印版的纸质简历，则需要应聘者当场签字，注明日期，并声明"**本简历为本人提交，并承诺所有内容均属实，如有任何虚假，本人愿意承担一切后果。**"

（3）应聘者提交的其他资料（包括但不限于学历证书、身份证复印件等），均需要应聘者当场签名，并注明日期。

（4）在正式决定录用前，尤其是准备录用比较重要岗位的员工前，应根据应聘者提交的简历或是面试/入职登记表，对拟录用员工进行背景调查，以核实员工简历的真实性（核实的重点是毕业的院校、所学专业、过往的工作经历等）。

1.3.4 调查其他信息

一些特殊的行业或是岗位,可能还需要调查应聘者的其他信息,如有无犯罪记录、个人征信情况等。

典型案例

2015年3月29日,原告袁某与被告某矿业公司签订劳动合同,合同约定:公司聘用袁某为汽车驾驶员,劳动合同期限为3年,月工资为3400元。2016年1月,公司安排袁某出差却无法为其订购机票,经查询得知,袁某为江西省吉安市某法院公布的失信被执行人,被依法限制乘坐飞机等高消费行为。

矿业公司遂于2016年1月15日向袁某发出解除劳动合同通知书,以袁某在入职时未向公司说明本人为被法院执行的失信人员为由,解除了与袁某的劳动合同关系。

袁某不服公司的决定,向江西省遂川县劳动人事争议仲裁委员会申请仲裁,要求公司支付违法解除劳动合同的经济补偿3400元、赔偿金6800元、加班工资12 551元,共计22 751元。

该案经历了仲裁、一审和二审,仲裁委员会裁定矿业公司解除劳动合同不当,应当支付经济补偿。一审和二审法院均判决矿业公司解除劳动合同并无不当。

案例解读

本案是江西省乃至全国首例因为失信被执行人身份而被用人单位辞退的劳动争议案件,曾经引发了广泛的讨论。

二审法院认为,袁某入职时应当依照公司的规定如实履行告知义务,以便公司进行相应的工作安排和管理。现因其失信被执行人身份导致矿业公司无法为其安排工作,事实上已达到无法继续履行劳动合同的情形。

本案的典型意义在于,可以规范指导企业、企事业单位制定招工用人的注意事项,对被录用人员是否要审查其失信被执行人身份做出了明确的界定。当然,法院也是通过这个判决,对"老赖们"发出了一个强烈的信号:如果在法院有执行案件而不去履行,那么随时可能工作不保。

关联法条

《劳动合同法》(2018年修订)

第三条 订立劳动合同,应当遵循合法、公平、平等自愿、协商一致、诚实信用的原则……

第八条 ……用人单位有权了解劳动者与劳动合同直接相关的基本情况,劳动者应当如实说明。

第二十六条 下列劳动合同无效或者部分无效:

(一)以欺诈、胁迫的手段或者乘人之危,使对方在违背真实意思的情况下订立或变更劳动合同的……

防范要点

虽然相关法律并无明确规定对失信被执行人可以无条件解除劳动合同,但在大多数时候,失信本来就是一种不诚信的表现。

在当前国家大力建设诚信体系的背景下,失信被执行人的交通出行和日常活动必将受到越来越多的限制。如果录用失信被执行人,那么很可能会对今后的工作造成一定的影响。

用人单位完全可以在面试/入职登记表中要求应聘者对是不是失信被执行人做出说明,防患于未然。

此外,部分行业和岗位还要求从事者不能有犯罪记录。

1.4 录用应届毕业实习生可能构成劳动关系

每年从10月份开始,都是大中专应届毕业学生开始寻找实习单位的时候。在校学生以实习的名义与用人单位之间产生的用工关系到底该如何界定,长期以来一直是《劳动法》理论和实践中存在较大争议的问题。

主流的观点一般认为,在校学生不具备劳动关系的主体资格,其与用人单位之间因实习、勤工俭学等原因建立的用工关系不属于劳动关系,不能签订劳动合同。

因此，很多HR就认为在校学生来实习，不受《劳动法》等相关法律法规的约束，也没有被认定为存在劳动关系的法律风险。

但2008年南京市中级人民法院的一纸宣判告诉我们，大中专实习生与用人单位之间的用工关系也完全有可能被认定为劳动关系。

典型案例

郭懿为某高校2008届毕业生，已年满18周岁。2007年10月30日，郭懿与江苏益丰大药房有限公司（以下简称益丰公司）签订了《劳动合同书》。后双方因劳动合同履行发生争议诉至法院。案件经过了"一裁两审"。南京市中级人民法院二审认为：

实习是以学习为目的，到相关单位参加社会实践，没有工资，不存在由实习生与单位签订劳动合同，明确岗位、报酬、福利待遇等情形。本案中，被上诉人郭懿虽于2008年7月毕业，但其在2007年10月26日明确向上诉人益丰公司表达了求职就业愿望，并进行了求职登记，求职人员登记表中登记其为2008届毕业生，2007年是其实习年。2007年10月30日郭懿与益丰公司自愿签订了劳动合同。益丰公司对郭懿的情况完全知情，双方在此基础上就应聘、录用达成一致意见，签订了劳动合同，而且明确了岗位、报酬。该情形不应视为实习。郭懿与益丰公司签订劳动合同时已年满18周岁，符合《中华人民共和国劳动法》规定的就业年龄，具备与用工单位建立劳动关系的行为能力和责任能力。《劳动部关于贯彻执行〈中华人民共和国劳动法〉若干问题的意见》第十二条不能推定出在校生不具备劳动关系的主体资格，故上诉人的上诉理由不能成立。

案例解读

本案曾入选最高人民法院公报（2010年第6期），在司法界引起了广泛的讨论。虽然大中专学生到企业去工作，打的都是"实习"的旗号，但如果进行细分，还可以分成以下三类。

1. 勤工俭学/勤工助学

一般是指在校学生利用业余时间（星期一到星期五的非上课时间或双休日或节假日），以改善生活条件为目的，通过为用人单位提供劳动而获取相应报酬的一种社会实践活动。通常具有两个明显的特点：工作时间比较零碎，工作内容与所学专业一般无必然联系。简单来说，就是纯粹为了赚生活费而工作。

勤工俭学或勤工助学，通常不会被认定为劳动关系。

2. 专业实习

一般是指在校学生把学到的知识运用到实际工作中，以提高实际工作能力。总体来看，专业实习具有以下特点：多由学校统一组织；实习是学生专业培养和教学计划的一部分，实习的内容与学生的专业有较强的关联性；实习是一种实践性活动，学生并不以获得劳动报酬为目的。（很多时候，学校反而须向接受实习学生的用人单位支付部分实习费用。）

专业实习一般也不会被认定为劳动关系。

3. 准就业实习

这就是我们通常所说的"实习"，也是最容易引发劳动关系认定纠纷的实习。通常的情形是，大中专学生临近毕业（如大四），已基本完成学校的学习任务（只是暂时还未进行毕业答辩、未获得毕业证书），时间相对比较充裕，此时为用人单位提供劳动，主要目的已经不是"把学到的知识运用到实际工作中，以提高实际工作能力"，而是为了给毕业后的正式工作打基础、做铺垫。简单来说，就是以就业为目的。同时，用工单位对这类学生的使用和管理与其他建立了劳动关系的正式员工并无太大的区别。

另外，这类实习的工作时间一般也超出了"每天4小时，每周24小时"的非全日制用工标准，不能简单地归结为兼职。

如果用人单位与这类实习学生订立书面的劳动合同，或者实习学生主张存在事实劳动关系，那么最终被劳动仲裁机构或法院认定为劳动关系的概率会比较高。

关联法条

1.《关于贯彻执行〈中华人民共和国劳动法〉若干问题的意见》（劳部发〔1995〕309号）

第十二条 在校生利用业余时间勤工助学，不视为就业，未建立劳动关系，可以不签订劳动合同。

2.《关于确立劳动关系有关事项的通知》（劳社部发〔2005〕12号）

一、用人单位招用劳动者未订立书面劳动合同，但同时具备下列情形的，劳动关系成立。

（一）用人单位和劳动者符合法律、法规规定的主体资格；

（二）用人单位依法制定的各项劳动规章制度适用于劳动者，劳动者受用人单位的劳动管理，从事用人单位安排的有报酬的劳动；

（三）劳动者提供的劳动是用人单位业务的组成部分。

防范要点

看了前面那个判例，很多HR会认为，只要企业不主动与大中专学生订立劳动合同，应该就没有太大的风险，签不签实习协议无所谓。

这种看法存在很大的风险。即使任何合同、协议都没有签署，也不排除有些法院会认定双方存在事实劳动关系。尤其是很多用人单位还让实习生填写面试/入职登记表，发放工号牌或工作服，每月还按时发工资，等等，这些都是认定存在事实劳动关系的有力证据。

那么，如何规避此类风险呢？

（1）如果录用大中专学生尤其是应届毕业生，则需要将他们的身份严格界定为"实习生"，与他们订立实习协议。

（2）在日常用工中要尽量规避一些和劳动关系相关联的字眼和表述，比如，不得让实习生填写面试/入职登记表，不发放工号牌及工作服，发放报酬时不用"工资"而使用"实习津贴"等。

（3）为实习生购买雇主责任险和疾病保险（为何是雇主责任险而不是人身意外险，后续会专题讲解），以规避意外事故或伤害带来的赔偿损失。

录用达到法定退休年龄人员的风险防范

随着人们生活水平和健康水平的不断提高，人们的寿命也越来越长，60岁虽然已经达到了法定退休年龄，但60岁的劳动者如果身体健康、精力充沛，完全还可以继续工作。那么，达到法定退休年龄，是否还构成劳动关系呢？如果用人单位录用达到法定退休年龄的人员，那么应该如何签订合同呢？又有哪些潜在的风险呢？

1.5.1 达到法定退休年龄是否还存在劳动关系？

达到法定退休年龄是否还存在劳动关系，这是一个在司法实践中存在较大争议的问题。

《劳动合同法》第四十四条第二项规定，**劳动者开始依法享受基本养老保险待遇的，劳动合同终止**；《中华人民共和国劳动合同法实施条例》（以下简称《劳动合同法实施条例》）第二十一条规定，**劳动者达到法定退休年龄的，劳动合同终止**。可见，有关劳动合同终止的情形法律规定存在矛盾。根据《最高人民法院关于审理劳动争议案件适用法律问题的解释（一）》第三十二条之规定，**达到法定退休年龄且已经依法享受养老保险待遇或领取退休金的人员发生用工争议按劳务关系处理**，目前已经没有异议。但对达到法定退休年龄但未依法享受养老保险待遇或领取退休金的人员发生用工争议劳动合同是否终止争议较大。

一种观点认为，《劳动合同法实施条例》作为行政法规，其法律位阶低于《劳动合同法》，其只能对《劳动合同法》规定的情形进行细化。因此《劳动合同法实施条例》对劳动合同终止的规定显然是下位法对上位法的突破而应无效。

另一种观点则认为，首先，《劳动合同法实施条例》第二十一条是对《劳动合同法》的补充规定，系《劳动合同法》第四十四条第（六）项的授权，其符合《劳动合同法》第四十四条第（六）项中的"**法律、行政法规规定的其他情形**"。其次，在实务中，劳动者达到法定退休年龄后，已不符合我国关于缴纳"五险一金"等相关规定的条件，如果严格按照《劳动合同法》规定的劳动合同终止情形进行裁判，那么用人单位将面临司法裁判确立义务难以履行的困境：一方面容易激化社会矛盾，另一方面也有损法律权威。

总之，各地司法意见很不一致，现将各种观点汇总如下。

【最高人民法院】

最高院民一庭在《关于达到或超过法定退休年龄的劳动者（含农民工）与用人单位之间劳动关系终止的确定标准问题的答复》中认为："对于达到或超过法定退休年龄的劳动者（含农民工）与用人单位之间劳动关系的终止，应当**以劳动者是否享受养老保险待遇或领取退休金为标准**。"

【人社部】

人社部在《对十二届全国人大四次会议第4419号建议的答复》（人社建字〔2016〕69号）中认为，《劳动合同法实施条例》第二十一条规定，劳动者达到法定退休年龄的，劳动合同终止。按照《劳动合同法实施条例》，**劳动者只要达到法定退休年龄，无论其是否享受养老保险待遇，劳动合同自然终止。**

【北京市】

北京高院《关于劳动争议案件法律适用问题研讨会会议纪要（二）》第十二条：达到法定退休年龄的人员，其与原用人单位或新用人单位之间的用工关系按劳务关系处理。

【上海市】

上海高院《民事法律适用问答》第四条：对于达到退休年龄，用人单位又未与其解除劳动合同继续留用，未办理退休手续的，按劳动关系处理；

对于达到退休年龄的，用人单位与其解除劳动合同，因缴费年限不够，而未享受养老保险待遇，应根据《中华人民共和国社会保险法》（2018年修正，以下简称《社会保险法》）的规定，劳动者只要补缴社保费就可享受养老保险待遇，其与再就业用工单位发生争议的，按劳务关系处理。

【天津市】

《天津法院劳动争议案件审理指南》第十条：已经享受基本养老保险待遇或退休金的人员与用人单位之间形成实际用工关系的，按劳务关系处理。

因用人单位原因致使已经达到法定退休年龄的劳动者尚未享受基本养老保险待遇或尚未领取退休金，劳动者与原用人单位之间形成实际用工关系的，按照劳动关系处理。

【重庆市】

重庆市高级人民法院在（2021）渝民申263号《民事裁定书》中认为，"本院经审查认为，……2017年11月3日，黄玉波年满六十周岁，达到法定退休年龄。根据《中华人民共和国劳动合同法实施条例》第二十一条'劳动者达到法定退休年龄，劳动合同终止'的规定，黄玉波与天力公司重庆分公司之间的劳动合同在2017年11月3日终止。"

【广东省】

广东高院《关于审理劳动人事争议案件若干问题的座谈会纪要》第十一条：用人单位招用已达到法定退休年龄但尚未享受基本养老保险待遇或领取退休金的劳动者，双方形成的用工关系按劳务关系处理。

【江苏省】

江苏高院《关于审理劳动争议案件的指导意见》第三条：用人单位招用已达到法定退休年龄的人员，双方形成的用工关系按雇佣关系处理。

《江苏省劳动人事争议疑难问题研讨会纪要》(省高院和省仲裁院座谈)中,对达到或超过法定退休年龄,但不符合享受基本养老保险待遇劳动者的用工关系问题做出了解答:

用人单位与其招用的已经依法享受基本养老保险待遇或领取退休金的人员发生的用工争议,按劳务关系处理。

用人单位与其招用的已达到或超过法定退休年龄但未享受基本养老保险待遇或领取退休金的人员发生用工争议,双方之间用工情形符合劳动关系特征的,应按劳动关系特殊情形处理。劳动者请求享受《劳动法》《劳动合同法》规定的劳动报酬、劳动保护、劳动条件、工作时间、休息休假、职业危害防护、福利待遇的应予支持。但劳动者请求签订无固定期限劳动合同、支付二倍工资、经济补偿、赔偿金及社会保险待遇的不予支持(其中,社会保险待遇争议不包括本意见第十二条规定的情形)。双方另有约定的除外。

【浙江省】

浙江高院《关于审理劳动争议案件若干问题的解答(二)》第十四条:劳动者超过法定退休年龄,仍接受单位聘用的,其与聘用单位之间构成劳务关系。

【陕西省】

陕西省高院民行审判委员会2017年第13次会议讨论通过,已达法定退休年龄后务工,超过了法定退休年龄限制,双方并无建立劳动关系的共同基础和意愿,应当认定为劳务关系。

【湖北省】

《湖北省高级人民法院民事审判工作座谈会会议纪要》第二十六条规定,达到法定退休条件的人员,不能再成为劳动关系的主体。对于已经达到退休年龄的劳动者继续在用人单位工作或被新的用人单位聘用,双方法律关系定性区分以下情况进行认定。

(1)按照国家规定,已经享受基本养老保险待遇继续留在原用人单位工作或被其他单位聘用的,属于劳务关系;

(2)劳动者连续工作已满十年的,劳动者达到退休年龄时,劳动合同应当终止,此后劳动者继续留在原用人单位工作的,视为劳务关系;

(3)在原用人单位为劳动者办理退休手续期间,劳动者到其他用人单位工作,其与新用人单位发生争议的,可按劳务关系处理;

(4)达到退休年龄后,初次被用人单位招用的,属于劳务关系。

【四川省】

《四川省高级人民法院民一庭关于审理劳动争议案件若干疑难问题的解答》第十八条规定，下列争议不属于劳动争议：

（1）在校学生因履行与用工单位、学校三方签订的实习协议、就业协议而发生的争议；

（2）用工单位招用已超过法定退休年龄或者已享受退休待遇的人员而发生的争议；

（3）其他依法不属于劳动争议的。

【安徽省】

《安徽省高级人民法院〈关于审理劳动争议案件若干问题的指导意见〉》第一条规定，已经享受职工基本养老保险待遇或领取退休金的劳动者与现用人单位之间的用工关系，按劳务关系处理。已过法定退休年龄的劳动者，初次到用人单位提供劳动的，其与用人单位之间的用工关系按劳务关系处理。

【辽宁省沈阳市】

辽宁省沈阳市劳动人事争议仲裁委员会《关于审理劳动人事争议案件若干问题的指导意见三》第五条规定，劳动者达到法定退休年龄的，劳动合同依法终止。超过法定退休年龄人员要求确认其达到法定退休年龄以后与用人单位存在劳动关系的，原则上不予支持。

【贵州省】

贵州省高级人民法院关于《劳动争议案件法律适用问题座谈会会议纪要》（2009年）第二十二条规定，用人单位招用已享受养老保险待遇或退休金的人员，双方形成的用工关系应按雇佣关系处理，并未对招用未享养老保险待遇或领取退休金的情形做出约定。但从贵州省高级人民法院民事裁定书来看，用人单位招用达到法定退休年龄但未领取养老保险待遇或退休金的劳动者按劳动关系来处理，劳动合同并不当然终止。【案例索引】（2015）黔高民申字第1071号

【云南省】

《云南省高级人民法院关于审理劳动人事争议案件若干问题的座谈会纪要》第二条规定的已享受养老保险待遇（包括城乡居民养老保险待遇）或退休金人员与所在单位发生的争议，并未对招用未享受养老保险待遇或领取退休金的情形做出约定。但从高院裁定书内容来看，界定是劳动关系还是劳务关系的标准以达到法定退休

年龄为标准。【案例索引】（2014）云高民申字第836号

【河北省】

《河北省高级人民法院关于我省劳动争议案件若干疑难问题处理的参考（2009）》第十条规定，用人单位招用达到法定退休年龄但未享受养老保险待遇或退休金的人员，双方形成的用工关系按劳动关系处理。用人单位招用已享受养老保险待遇或退休金的人员，双方形成的关系按劳务关系处理。

【宁夏回族自治区银川市】

《银川市中级人民法院关于处理劳动争议案件若干问题的指导意见》第七条规定，达到法定退休年龄的劳动者与用人单位形成的用工关系，按雇佣关系处理。

【甘肃省】

《甘肃省劳动人事争议仲裁与诉讼衔接实施办法（试行）》第八条规定，用人单位与其招用的已经依法享受基本养老保险待遇或领取退休金的人员发生的用工争议，按劳务关系处理；用人单位与其招用的已达到或超过法定退休年龄但未享受基本养老保险待遇或领取退休金的人员发生用工争议，双方之间用工情形符合劳动关系特征的，应按劳动关系特殊情形处理。

【湖南省】

湖南省高院发布的劳动争议八大典型案例四，认为依法享有养老保险待遇或领取退休金的人员再从事劳动的，其与用人单位的用人关系应认定为劳务关系。而对于已达退休年龄但未依法享有基本养老保险待遇或未领取退休金的人员，与用人单位的用人关系仍可认定为劳动关系，应按《劳动法》有关规定处理。【案例索引】（2013）株中法民四终字第305号

【广西壮族自治区梧州市】

广西法院网公布的梧州市万秀区人民法院案例，认为对于达到法定退休年龄的人员再就业与用人单位之间的关系应按两种情况处理：

（1）用人单位招用已达到法定退休年龄但未享受养老保险待遇或退休金的人员，双方之间形成的用工关系按劳动关系处理；

（2）用人单位招用已享受养老保险待遇或领取退休金的人员，双方形成的用工关系按劳务关系处理。

【江西省】

江西省高院认为达到法定退休年龄后所形成的用工关系应按劳动关系处理，

江西省赣州市中级人民法院（2017）赣07民终2699号民事判决书也采取了该种观点，达到退休年龄但未享受养老保险待遇或领取退休金的劳动者与用人单位之间建立劳动关系，该劳动合同不违反法律强制性规定，予以确认。

【河南省郑州市】

用人单位招用已经依法享受养老保险待遇或领取退休金的人员，不论此类人员是否达到法定退休年龄，双方发生用工争议的，应按劳务关系处理；

用人单位招用未享受养老保险待遇或领取退休金的人员，即使超过法定退休年龄，双方发生用工争议的，也应按劳动关系处理。城乡居民养老保险不同于职工养老保险，是否领取社会养老保险，不影响劳动关系的认定。

【福建省福州市】

福建省福州市中级人民法院福州市劳动人事争议仲裁委员会关于审理劳动争议案件疑难问题的解答（一）第十条规定，用人单位招用已达到法定退休年龄的人员或已经依法享受基本养老保险待遇的人员，发生用工争议的，按照劳务关系处理。劳动者达到退休年龄但未办理终止劳动合同手续，仍在原用人单位工作的，劳动关系延续至实际终止劳动合同时止。

【山西省】

用人单位招用达到退休年龄的人员不再认定为劳动关系，应按劳务关系处理。【案例索引】（2015）晋民申字第776号

【内蒙古自治区】

内蒙古自治区高级人民法院在内蒙古某公司与李某某劳动争议再审审查与审判监督一案中认为，超过法定的退休年龄，已不具备建立劳动合同关系的主体资格。另外，在实际生活中，劳动者达到法定退休年龄后，用工单位就无法为其办理养老保险、医疗保险、失业保险、工伤保险等社会保险。如将超过退休年龄的人员主动纳入劳动关系主体范围内，其享受社会保险和福利的权利会遇到现实阻碍和执行困境，也与《劳动法》第七十二条、《社会保险法》第四条和第十条关于在劳动关系存续期间用人单位和劳动者参加基本养老保险具有强制性的规定相违背。所以超过退休年龄的人员均不具备劳动关系中劳动者的主体资格。【案例索引】（2017）内民申928号

【黑龙江省】

黑龙江省高级人民法院认为《劳动合同法》第七条规定"用人单位自用工之日

起即与劳动者建立劳动关系"。我国相关法律、法规司法解释对超过法定退休年龄人员与用人单位建立劳动关系没有禁止性规定，因此可以认定为劳动关系。【案例索引】(2016)黑民申750号

【海南省三亚市】

海南省三亚市中级人民法院认为，劳动者达到法定退休年龄且并未依法享受养老保险待遇或领取退休金，用人单位若继续聘用劳动者工作，双方的劳动关系继续，不应理解为劳动关系自动转为劳务关系；但若劳动者达到法定退休年龄，且劳动者已依法享受养老保险待遇或领取退休金，则此后双方的用工关系按劳务关系处理。【案例索引】(2017)琼02民终236号

【山东省】

最高人民法院民一庭给山东省高级人民法院《关于达到或超过法定退休年龄的劳动者(含农民工)与用人单位之间劳动关系终止的确定标准问题》的答复(〔2015〕民一他字第6号)：

你院关于达到或超过法定退休年龄的劳动者(含农民工)与用人单位之间劳动关系终止的确定标准问题的请示收悉。经研究，答复如下：原则同意你院审判委员会的倾向性意见，即：对于达到或超过法定退休年龄的劳动者(含农民工)与用人单位之间劳动合同关系的终止，应当以劳动者是否享受养老保险待遇或领取退休金为标准。

【新疆维吾尔自治区】

新疆高院在《关于审理劳动争议案件适用法律若干问题的解释(三)》颁布前，通常按劳务关系处理；颁布后，按劳动关系处理。【案件索引】(2016)新民再299号

1.5.2 录用达到法定退休年龄人员的风险防范

1. 目前尚处在劳动合同期限内的劳动者达到法定退休年龄

当一名劳动者达到了法律规定的退休年龄，但是劳动合同还没有到期，这种情况下，劳动合同会自动终止吗？司法实践中，因为对《劳动合同法》和《劳动合同法实施条例》的相关法条理解不同而存在适用的分歧。

典型案例

王某，女，与用人单位于2012年1月3日建立劳动关系，订立了书面劳动合同，劳动合同至2017年1月2日，但用人单位未依法为王某购买社会保险。王某于2015年10月17日年满50周岁，达到法定退休年龄，此时用人单位并没有提出解除劳动合同，且继续向王某支付工资，王某也继续工作。2016年7月31日，王某收到用人单位要求解除劳动关系的通知；2016年8月1日起，王某停止上班。在确定经济补偿的问题上，双方产生了分歧，王某主张确认双方的劳动关系存续至2016年7月31日，而用人单位则主张至2015年10月16日，因为2015年10月17日王某已达到法定退休年龄，劳动合同自动终止，之后双方仅形成劳务关系。

案例解读

关于本案中的问题，在法律界一直存在较大的争议和分歧。

《劳动合同法》第四十四条第二款规定，劳动者开始依法享受基本养老保险待遇的，劳动合同终止；而《劳动合同法实施条例》第二十一条规定，劳动者达到法定退休年龄的，劳动合同终止。

严格意义上来讲，这两个法条的规定并不完全一致。因为达到法定退休年龄，并不一定能够享受基本养老保险待遇。

《劳动合同法》的效力高于《劳动合同法实施条例》，司法实践中，一般认为，劳动合同期限内，即便是劳动者达到法定退休年龄，劳动合同并不会自动终止。如果劳动者达到法定退休年龄后，继续履行原劳动合同而留在用人单位工作，与用人单位发生争议的，应区分两种情况来处理。

其一，用人单位已为劳动者办理退休手续的，双方的劳动关系自劳动者依法享受养老保险待遇时终止，劳动者在继续为用人单位工作期间发生的争议，应作为劳务纠纷案件，适用《民法典》的相关规定。

其二，用人单位未为劳动者办理退休手续，劳动者继续为用人单位工作的，仍按劳动关系处理；但用人单位终止劳动关系，劳动者主张用人单位支付经济补偿的，不予支持。需要特别说明的是，关于此种情况下是否支持经济补偿的问题，比较复杂，全国各省出现了多个版本的判例，需要根据具体情况来分析。

关联法条

1.《劳动合同法》(2012年修订)

第四十四条 有下列情形之一的,劳动合同终止:

……

(二)劳动者开始依法享受基本养老保险待遇的;

2.《劳动合同法实施条例》(2008年颁布)

第二十一条 劳动者达到法定退休年龄的,劳动合同终止。

防范要点

如前所述,因为法律条文上的不一致,对于劳动合同尚未到期但劳动者达到法定退休年龄的问题,还存在很多分歧和争议。核心的原因在于,达到法定退休年龄只是符合了退休的标准,但并不一定等同于已退休人员(享受基本养老保险待遇)。

如果处在劳动合同期限内的劳动者达到了法定退休年龄,**用人单位一定要主动为劳动者办理退休手续,终止劳动合同**。如果决定继续聘用该劳动者,则需要另行订立《退休人员返聘协议书》(广义的《劳务合同书》的一种),双方的劳动合同关系变更为劳务合同关系。同时,用人单位要给该员工购买雇主责任险和医疗保险,尤其是那些尚未或无法享受养老保险待遇的劳动者,以规避万一发生意外伤害事件的过重的赔偿责任。

2. 录用已享受退休金或养老保险待遇的劳动者

随着生活水平的不断提高和医疗水平的不断进步,人均寿命也有所延长。这样一来就有很多劳动者即便达到了法定退休年龄,也仍然在从事劳动,从而引发了很多关于退休人员与用人单位之间的劳动纠纷。

典型案例

陈某,男,1947年10月23日出生,2007年10月23日退休,已开始领取养老保险。陈某自2011年12月15日起在某公司金堂项目服务部工作,未订立书面用工协议。2012年2月2日20时许，陈某在金堂县赵镇韩滩桥做清扫路面工作时，被一辆轿车撞伤，后经医院抢救无效死亡，轿车驾驶员逃逸。陈某的家属向劳动仲裁委员会主张工伤，被驳回。

案例解读

对于聘用已享受基本养老保险待遇的劳动者（严格意义上的退休人员），与用人单位构成何种关系的问题，在实务中的认识是比较统一的，他们之间建立的不是劳动关系，而是劳务关系。因为已享受退休金或养老保险待遇的人员，也就是真正意义上的退休人员，根据最高人民法院的司法解释，双方不存在劳动关系，应当按劳务关系处理。

在本案中，陈某进入公司工作时已达到退休年龄，并且已开始领取养老保险。很显然，陈某已属于真正意义上的退休人员。即便是未订立任何用工协议，也应认定为劳务用工关系，当然也就无法被认定为工伤。

关联法条

1.《最高人民法院关于审理劳动争议案件适用法律问题的解释（一）》（法释〔2020〕26号）

第三十二条　用人单位与其招用的已经依法享受养老保险待遇或领取退休金的人员发生用工争议而提起诉讼的，人民法院应当按劳务关系处理。

2.《劳动部关于实行劳动合同制度若干问题的通知》（劳部发〔1996〕354号）

第13条　已享受养老保险待遇的离退休人员被再次聘用时，用人单位应与其签订书面协议，明确聘用期内的工作内容、报酬、医疗、劳保待遇等权利和义务。

3.《最高人民法院关于审理人身损害赔偿案件适用法律若干问题的解释》（2004年颁布，2022年4月24日修订）

第三条　依法应当参加工伤保险统筹的用人单位的劳动者，因工伤事故遭受人身损害，劳动者或者其近亲属向人民法院起诉请求用人单位承担民事赔偿责任的，告知其按《工伤保险条例》的规定处理……

> **防范要点**

虽然说聘用已享受养老保险待遇的人员在用工关系上不存在争议,都是被认定为劳务关系,规避了和劳动关系有关的一些风险,诸如工伤、加班工资、带薪休假、经济补偿、赔偿金等,但依然会存在一些其他的风险,主要是意外受伤和患病。

若因工作需要,确实需要聘用已开始领取养老保险待遇的人员(退休返聘),须注意以下事项。

(1)核实确认退休返聘人员已开始领取退休金或养老保险。

(2)与退休返聘人员订立书面的《退休人员返聘协议书》,协议上建议特别约定以下内容:①因退休人员已享受退休待遇,双方不存在劳动关系,属于劳务关系;双方的权利和义务适用《中华人民共和国民法典》(以下简称《民法典》);②企业无须缴纳社会保险,也不需要单位进行补偿;③退休人员因病由社保报销医疗费用,与单位无关,因病亡故的与单位无关;④单位可随时解除返聘协议,且无须给予经济补偿;⑤发生工伤的补偿方式;⑥劳务费为××元/月(尽量避免"工资""绩效奖金""劳动关系"等字眼)。

(3)为退休返聘人员购买雇主责任险和疾病保险。

(4)尽量避免使用"须严格遵守公司各项规章制度"的字样(劳务提供者不是公司的正式员工,没有义务遵守公司的全部规章制度),但可以约定必须遵守岗位的操作流程和安全生产制度等。

(5)尽量不要给此类人员发放工作证件或工号牌等。

3. 录用虽达到法定退休年龄但无退休金或养老保险的劳动者

达到法定退休年龄,只是可以办理退休手续的一个条件。如果劳动者虽然年龄达到了法定退休的标准,但不符合其他的享受养老保险待遇的条件(如养老保险缴费年限不够,或是未缴纳养老保险费用的非城镇户籍人员),依然无法办理退休手续,严格意义来说,此类劳动者还不能称为退休人员。

因聘用此类人员而引发的劳动纠纷近些年呈现上升的趋势。

典型案例

2012年11月16日，孙某（已年满60周岁）到某物业公司工作，从事维护秩序的工作，双方未签订书面劳动合同，口头约定每月工资1500元，每周休息一天。2013年6月20日，物业公司将孙某辞退，孙某申请劳动仲裁无果。后，孙某诉至法院请求判令物业公司支付未签订劳动合同的二倍工资差额24 100元及拖欠的工资和加班费等。

物业公司辩称，孙某到物业公司工作时已年满60周岁，并已开始领取新型农村社会养老保险金，不具备签订劳动合同的主体资格，应按劳务关系处理。

河南省荥阳市人民法院一审驳回了孙某的诉讼请求。孙某不服，上诉至郑州市中级人民法院。郑州市中级人民法院最终撤销了一审判决，判令物业公司支付孙某未签订书面劳动合同的二倍工资差额9000元。

案例解读

郑州市中级人民法院经审理后认为，在本案中，孙某到物业公司工作时虽已年满60周岁（达到退休标准），但其原系农民，未享受职工养老保险，也未领取过退休金，其按月领取的新型农村社会养老保险金，具有社会福利性质，不同于城镇职工养老保险。所以，本案不符合《最高人民法院关于审理劳动争议案件适用法律问题的解释（一）》（法释〔2020〕26号）第三十二条规定的按劳务关系处理的案件，双方之间形成事实劳动关系，不应按照劳务关系处理。

关联法条

《劳动合同法》（2012年修订）

第四十四条　有下列情形之一的，劳动合同终止：

……

（二）劳动者开始依法享受基本养老保险待遇的；

……

防范要点

劳动是《中华人民共和国宪法》(以下简称《宪法》)赋予公民的合法权利,如果劳动者虽然超过了法定退休年龄,但没有办理领取养老保险或享受养老金待遇的手续,严格来讲,这类劳动者依然具备劳动合同的主体资格,可以签订劳动合同。

但需要强调的是,针对这个法律问题,司法界存在极大的争议,不同省份的法院判决结果有所不同。即便是同一个法院,也存在判决不同的情况。

那么,如何规避雇佣此类劳动者的法律风险呢?

(1)与劳动者订立《劳务合同书》(请注意,此处建议最好不要订立《退休人员返聘协议书》),并在具体内容上尽量避免与劳动关系相关的字眼,避免构成事实劳动关系而被仲裁机构或法院认定为劳动合同。

(2)严把聘用关,在聘用时须对拟聘用者身体素质和工作技能做全面审核,以确保招进来的都能胜任工作,减少发生人身意外伤害和工作期间患病的风险。

(3)为拟聘用者购买雇主责任险和疾病保险。

(4)避免安排高强度、高压力的工作。

入职通知书的法律效力

在日常生活中,我们经常会听到,×××拿到了××公司的Offer。Offer的意思原本是提议、出价、开价,这里所说的Offer和招聘录用相关,其实就是录用、录取的意思。

入职通知书是用人单位经过面试、资料审核等程序之后,向拟录用的劳动者发出的愿意与之建立劳动关系的文书。换言之,用人单位之所以要发出入职通知书,主要是表达想与劳动者建立劳动关系的意思。

招聘实践中,因为Offer而引发的纠纷非常多,最常见的情形是,用人单位发放入职通知书后因为种种原因不想录用了,俗称"反悔"。

典型案例

小王应聘一家业内知名4A广告公司(以下简称Y公司)的设计总监,经过三轮面试，Y公司对其非常满意，并于6月29日给小王发了入职通知书。但小王说手头正好负责了一个非常大的项目，最快也要两个月之后才能入职。经过协商，最后确定小王的入职报到时间为9月1日。

8月10日，Y公司通过猎头又招聘了小李。Y公司发现小李更适合这个岗位，于是，Y公司决定不录用小王而改为录用小李。

Y公司联系小王后才得知，小王在收到Y公司的Offer之后，已经于7月31日向原公司提出了离职申请，并通知原公司他将在8月31日离职，目前正在办理离职工作的交接。

经过协商，Y公司最终给予了小王3个月的工资（60 000）元作为补偿。

案例解读

这是一起因为入职通知书而引发的纠纷，在实践中也经常发生。用人单位为什么会承担赔偿责任呢？

这是因为，入职通知书从法律上讲，实际上就是一种用人单位发出的"要约"（请注意不是"邀约"）。根据《民法典》的相关规定，要约到达受要约人时即生效（也就是说，入职通知书送达到劳动者时即生效）；受要约人一旦同意接受要约，则要约不得撤销。意思是说，一旦劳动者在收到入职通知书后根据要求做了明确回复接受该Offer，用人单位就不能再撤销该要约。否则，用人单位就要承担缔约过失的违约责任。如果劳动者能证明因此给其造成了损失（通常的情况是劳动者接到入职通知书确定被录用，就会通知原单位解除劳动合同），那么用人单位就需要承担赔偿责任。

当然，这种情况下，劳动者不是去劳动仲裁机构打劳动官司（劳动合同关系尚未缔结），而是直接去法院起诉打合同官司。

关联法条

《民法典》（2021年1月1日施行）

第一百三十七条　以对话方式作出的意思表示，相对人知道其内容时生效。

以非对话方式作出的意思表示，到达相对人时生效。以非对话方式作出的采用数据电文形式的意思表示，相对人指定特定系统接收数据电文的，该数据电文进入该特定系统时生效；未指定特定系统的，相对人知道或应当知道该数据电文进入其系统时生效。当事人对采用数据电文形式的意思表示的生效时间另有约定的，按照其约定。

第四百七十四条　要约生效的时间适用本法第一百三十七条的规定。

第四百七十五条　要约可以撤回。要约的撤回适用本法第一百四十一条的规定。

第四百七十六条　要约可以撤销，但是有下列情形之一的除外：

（一）要约人确定承诺期限或其他形式明示要约不可撤销；

（二）受要约人有理由认为要约是不可撤销的，并已经为履行合同做了合理准备工作。

第四百七十七条　撤销要约的意思表示以对话方式作出的，该意思表示的内容应当在受要约人作出承诺之前为受要约人所知道；撤销要约的意思表示以非对话方式作出的，应当在受要约人作出承诺之前到达受要约人。

防范要点

根据《民法典》的相关规定，原则上要约只要到达受要约人即生效，虽然要约可以撤回，但在实际操作中，要想做到撤回要约的通知早于或同时与要约到达受要约人，几乎是不可能的。

那么，用人单位如何规避相关的法律风险呢？这就需要用人单位在入职通知书上详细载明要约有效的条件，或者说在出现哪些情况，要约不成立或失效。一般包括以下几个方面。

1. 入职通知书的有效期

规定入职通知书的有效期，即劳动者的确认时间。劳动者如果超过时间不回复用人单位确定入职，则入职通知书失效。

2. 报到时间

规定劳动者的报到时间，如果劳动者未在规定时间来公司报到，则入职通知书失效。

3. 入职材料

规定劳动者入职须携带的必备的材料（如身份证、学历证明、离职证明），如果这些材料无法提供,则入职通知书失效。

4. 诚信条款

规定诚信条款,即如果发现劳动者提交的任何材料有弄虚作假成分,则入职通知书失效。

5. 体检

关于体检的问题,如果招聘进一个员工后发现其身体存在一定的问题,就证明是招聘时没有把好体检关。如果员工的疾病是在以前的公司工作时造成的,跳槽到你公司之前未做体检,面试通过后你公司就直接发放入职通知书并办理相关手续入职,那么该员工入职后一段时间如果发病,就会给企业造成极大的风险。

所以我们强调,劳动者面试合格后,一定要让劳动者去指定医疗机构进行必要的体检(关于体检的内容,因企业和岗位的不同而不同,基本的体检费用一般一两百元即可),待体检报告出来后再决定是否发放入职通知书。

1.7 先入职后体检的法律风险

在大部分大企业,一般会要求入职前进行体检,体检合格后方能办理入职手续。而在大多数中小企业,可能就没有这个流程,一般是面试合格就通知入职了;或是从经济成本的角度出发,员工正式入职后才要求员工去体检,一旦入职后这个员工被查出疾病甚至是职业病,企业都无法直接解除劳动合同,而且要承担一定的经济损失。

那么,体验到底应该在入职之前进行呢,还是在入职之后进行呢?

典型案例

2010年11月1日,赵某应聘进入A公司工作,试用期1个月。入职前,赵某按照公司的要求进行了入职体检,体检结果除医院建议接种乙肝疫苗外,其余被检项目均属正常。2010年12月2日,赵某在试用期满后自行离职,此后赵某于2011年2月28日再次进入A公司工作,而再次入职并未进行体检。2011年6月3日,赵某被检查出患有职业病。A公司以赵某欺诈(故意隐瞒患有严重疾病的事实)为由,要求确认劳动合同无效。最终,法院驳回了A公司确认劳动合同无效的请求。

案例解读

在本案中，A公司确认劳动合同无效的诉请被驳回后，将面临短期内无法解除与赵某劳动合同的风险。若A公司未给赵某办理工伤保险，那么还将承担医疗费用、工伤待遇赔付的责任。赵某从入职到离职，再到入职，直至最终被诊断出罹患职业病仅6个月时间，若A公司在赵某第二次入职前，再要求其进行一次入职体检，是完全能够避免相应的法律风险的。

再来假设一个极其极端的情况。假定赵某再次入职后第一天就病倒了，那么，公司将会非常被动。

（1）根据《企业职工患病或非因工负伤医疗期规定》第三条第一项的规定，赵某最少可享有三个月的医疗期（A公司要支付工资）。

（2）医疗期满A公司也不能立即解除劳动合同，根据《劳动合同法》第四十条第一款的规定，赵某不能从事原工作，也不能从事由A公司另行安排的其他工作（要提供证据证明），才能解除劳动合同。

（3）解除劳动合同是有代价的，A公司只能选择提前一个月通知（要支付工资）或额外多支付一个月工资。

（4）根据《劳动合同法》第四十六条第三款的规定，A公司还要支付经济补偿（最低0.5个月工资）。

（5）大多数时候，A公司可能会在医疗期满后就直接辞退赵某，那就涉及违法解除了，将承担相当于双倍经济补偿的赔偿金。

若是更为极端的情况，如赵某入职第一天就突发疾病并且在48小时内死亡，而A公司还没来得及办理工伤保险，那么A公司将可能面临巨额的一次性死亡赔偿金。

关联法条

1.《劳动合同法》（2012年修订）

第四十条 【无过失性辞退】有下列情形之一的，用人单位提前三十日以书面形式通知劳动者本人或者额外支付劳动者一个月工资后，可以解除劳动合同：

（一）劳动者患病或者非因工负伤，在规定的医疗期满后不能从事原工作，也不能从事由用人单位另行安排的工作的;……

第四十六条 【经济补偿】有下列情形之一的,用人单位应当向劳动者支付经济补偿:

……

(三)用人单位依照本法第四十条规定解除劳动合同的;

……

2.《企业职工患病或非因工负伤医疗期规定》(1994年颁布)

第三条 企业职工因患病或非因工负伤,需要停止工作医疗时,根据本人实际参加工作年限和在本单位工作年限,给予三个月到二十四个月的医疗期:

……

防范要点

由以上案例可以看出,如果不重视入职前的体检环节,将会给用人单位带来极大的法律风险。因此,一定要将体检纳入招聘的环节,在入职前就需要体检,综合成本及实际操作的便捷性,建议如下。

(1)在面试结束后决定录用前,安排应聘者至指定的专业体检机构进行体检,该项费用可由用人单位承担(相对于入职后再查出疾病的经济损失,这点体检费是可以忽略不计的)。

(2)体检不能流于形式,用人单位要根据自身的岗位及生产环境的特点,选择针对性的体检项目。

(3)对于女性职工,一定要规定进行尿检。(站在用人单位的角度考虑,没有哪个单位希望女职工刚入职不久就宣布怀孕并开始休产假。)

(4)用人单位在收到体检报告并确认没有疑问的情况下,才能发出入职通知书。

(5)重视体检资料的存档,应由人力资源部门负责保管,避免发生争议时,无法找到体检报告而导致败诉的风险。

第 2 章
入职环节法律风险防范

应聘者通过了面试，用人单位发放Offer后，就进入了新员工入职环节。很多人一谈到新员工入职，首先想到的就是劳动合同的签订，这个理解是片面的。在签订劳动合同之前，还有很多环节需要引起用人单位的重视。比如，如何填写面试/入职登记表，到底是签劳动合同还是劳务合同，什么时候签订保密协议比较好，是否所有的员工都要签竞业限制协议，等等。

扫码观看本章
视频教学知识点

2.1 填写面试/入职登记表的注意事项

面试/入职登记表是新员工填写的基本资料（如果在面试时已填写过，入职时则无须重复填写），其作用在于方便用人单位全面了解员工的基本情况，主要包括员工的基本信息（姓名、居民身份号码、籍贯、户籍类型、通信地址、联系电话等）、过往工作经历、教育背景（毕业院校、专业、学历等）及其他信息。

典型案例

王某入职一家软件公司工作，填写了入职登记表并签订了劳动合同。王某工作1年后离职，到新公司工作4个月后又回到前一家软件公司工作，但再次入职时未填写入职登记表，仅签订了劳动合同。8个月后，王某无故与直接领导发生争执，公司以此为由将其辞退，并同意支付1个月的工资作为经济补偿。王某多次向公司提出解除劳动合同的经济补偿为2.5个月的工资，并要求补偿，公司不同意，双方因此发生纠纷。王某诉至劳动仲裁委员会，要求公司支付相当于2.5个月工资的经济补偿。

劳动仲裁委员会经审理后发现，王某签订了两份劳动合同，且两份劳动合同的间隔时间仅为5个月，软件公司主张王某曾离职一次，第二次入职工作尚未满12个月，但软件公司并无相关的证据予以证明。最后，劳动仲裁委员会支持了王某的仲裁请求，裁决软件公司向王某支付2.5个月的工资作为解除劳动合同的经济补偿。

案例解读

本案的关键点在于，软件公司无法拿出直接证据来证明王某曾经离职又重新入职的事实。因为公司的人事管理不太规范，王某第一次离职和第二次入职均未办理相应的离职、入职手续，没有解除劳动合同协议，没有办理离职工作交接手续，更没有要求填写入职登记表。

如果该公司注意入职登记表的登记和保存，就能够证明王某曾在工作1年后离职，这样公司就只需要支付1个月工资的经济补偿。

由此可见，入职登记表的最大的作用，就是证明员工的入职情况。

关联法条

1.《劳动合同法》(2012年修订)

第四十七条　经济补偿按劳动者在本单位工作的年限，每满一年支付一个月工资的标准向劳动者支付。六个月以上不满一年的，按一年计算；不满六个月的，向劳动者支付半个月工资的经济补偿……

2.最高人民法院关于审理劳动争议案件适用法律问题的解释（一）(法释〔2020〕26号)

第四十四条　因用人单位作出的开除、除名、辞退、解除劳动合同、减少劳动报酬、计算劳动者工作年限等决定而发生的劳动争议，用人单位负举证责任。

防范要点

填写面试/入职登记表具体应该注意什么事项呢？

1. 电脑打印，员工只需要签名及填写日期

实践操作中，经常会发生员工因为字迹潦草或涂改导致争议的情况。因此，建议让员工先在空白的面试/入职登记表上填写相关内容，然后将这些内容全部输入进电脑，再打印出来，员工只需要签名及填写日期。同时，在表格的结尾处注明"**本登记表除签名及日期外，其余内容手写无效**"。

2. 关于地址

如果发生劳动纠纷，比如，用人单位出具了解除劳动合同通知书，但员工不肯签收，就需要邮寄给员工。因此，建议登记表上除了载明户籍地址外，还要加上"可收信地址"。同时，建议加上这一句——"**本人承诺：公司的文书、通知及其他材料以EMS的方式送达到下述'可收信地址'的，无论本人是否居住在该地址或是否签收，均视为已有效送达给本人；若EMS被退回，则从下述'可收信地址'退回之日即视为已有效送达本人之日。**"（需要特别强调的是，法律类的文书，不得使用普通快递寄送。)

3. 过往工作经历的填写应尽量详细

员工过往的工作年限（工龄）关系到员工能享受的带薪年休假天数，也关系到员工患病或非因工负伤所能享受的医疗期长度（上海除外）。因此，有必要让员工尽可能详细地填写过往的工作经历（精确到月份）。同时，建议加上这一句："**就以下工作经历本人须提供相关材料证明，否则公司有权以本公司工龄作为累计工龄。**"

4. 预防应聘欺诈

在登记表的最后应载明，"**本人承诺：本表内所有内容均属实，谨此授权贵司可查询有关事项。如有任何内容失实，无论是否造成严重后果或是否给贵司造成损失，均构成严重违反规章制度，贵司均有权无条件与本人解除劳动合同，且不需要支付任何经济补偿或赔偿；若因此给贵司造成损失，由本人承担赔偿责任。**"
如果员工入职后，查证登记表中信息有假，用人单位就可以直接解除劳动合同关系，且不需要支付经济补偿。

入职后何时订立劳动合同较为合适

《劳动合同法》第十条规定，用人单位应当自用工之日起一个月内与劳动者订立书面劳动合同。但在实践操作中，很多用人单位尤其是在一些劳动密集型行业，都是在劳动者入职三周后甚至是临近一个月期满前一两天，才与劳动者签订劳动合同。他们的解释是，基层员工的流动性比较大，入职两三周会自动离职一大批，为了节省时间和避免"无用功"，这些用人单位通常是在新员工入职三周、待其基本稳定后再与其签订书面劳动合同。

站在HR的角度，这样操作似乎也有一定的道理，但其中隐藏了比较大的法律风险，稍有不慎，就会导致违法解除劳动合同的风险。

典型案例

2018年4月2日，闵某应聘进入上海某服装公司担任专卖店导购员。双方约定劳动合同为3年，试用期为3个月，基本工资为每月5000元，试用期内打8折，奖金另计。因该岗位流动性比较大，该公司的做法一直是等到入职后第4周才跟员工签订劳动合同。

4月25日，公司HR口头通知闵某至公司签订劳动合同。但因为临近五一假期，专卖店内比较忙，闵某并未及时赶赴公司签订劳动合同。

4月28日，闵某的父亲因车祸去世，闵某向公司请了三天的丧假。5月4日，闵某返回工作岗位继续工作。5月15日，闵某在工作中与主管发生了顶撞，公司遂以"试用期不符合录用条件"为由向闵某下达了解除劳动合同通知书，并要求闵某当天就办理了相关工作交接手续。

闵某不服，向闵行区劳动仲裁委员会提交仲裁申请，要求公司：(1) 补发4月份工资差额1000元；(2) 支付违法解除劳动合同的赔偿金5000元；(3) 支付未订立书面劳动合同的二倍工资差额2500元。

闵某向仲裁庭提交了通过微信和公司HR沟通基本工资为每个月5000元的相关记录，后来在仲裁员的主持下，闵某和公司达成了调解协议，公司一次性补偿闵某5000元，双方解除劳动关系。

案例解读

这是我亲身经历的一个案件，闵某是我的一个朋友的妻子。在本案中，该服装公司未能对签订劳动合同的期限要求足够重视，错过了1个月的"宽限期"，触发了"二倍工资赔偿"的风险。同时，因为没有签订书面劳动合同，试用期也就无从谈起，试用期工资打折也就没有依据，需要补足。以"试用期内不符合录用条件"为由解除劳动合同，也就构成了违法解除，需要支付相当于2倍经济补偿的赔偿金。

关联法条

《劳动合同法》（2012年修订）

第十条 建立劳动关系，应当订立书面劳动合同。

已建立劳动关系，未同时订立书面劳动合同的，应当自用工之日起一个月内订立书面劳动合同……

第十九条 ……试用期包含在劳动合同期限内……

第八十二条 用人单位自用工之日起超过一个月不满一年未与劳动者订立书面劳动合同的，应当向劳动者每月支付二倍的工资。

防范要点

由此可见，如果HR为了图省事和节省时间成本而将签订劳动合同的时间放在入职三周后，将给企业带来极大的法律风险。

从预防法律风险的角度出发，对于新入职的员工，入职报到第一天的第一件事就是签订劳动合同，严格遵循**先签劳动合同再入职**的原则。对于不签订劳动合同的人员当即不予录用。

从劳动者的角度出发，入职报到第一天即签订劳动合同，也能给劳动者一种安全感。同时，劳动合同对劳动者也有一定的约束作用，能够从某种程度上降低劳动者急辞工的比例。

2.3 不及时签订书面劳动合同的法律风险

虽然大部分HR都知道签订劳动合同的重要性，但在实践操作中，因为种种原因而不及时签订劳动合同的现象比比皆是。那么，如果不及时签订劳动合同，会有什么后果呢？对企业会造成什么风险呢？

典型案例

王先生户籍为农村，于2016年进城务工。2017年4月1日，王先生入职A公司（非建筑行业）从事材料加工工作，月薪为4000元。A公司一直未与王先生签订劳动合同，王先生曾提出要与A公司签订劳动合同，但遭到A公司拒绝，王先生担心自己再次提出签订合同会让公司不快，公司可能会辞退他或在工作中给小鞋穿，因此只好保持沉默。2018年3月2日，A公司单方面无故辞退了王先生，王先生于同月12日向平潭综合实验区劳动人事争议仲裁委员会提出仲裁申请，要求A公司支付未与王先生签订书面劳动合同的二倍工资差额及违法解除劳动合同的赔偿金。

平潭综合实验区劳动人事争议仲裁委员会经过审理，支持了申请人王先生的仲裁请求。

案例解读

根据《劳动合同法》第八十二条的规定，用人单位自用工之日起超过一个月不满一年未与劳动者订立书面劳动合同的，应当向劳动者每月支付二倍的工资。在本案中，A公司一直未与王先生签订书面劳动合同，故王先生要求A公司支付未签订劳动合同的二倍工资的仲裁请求于法有据。

在实操中，用人单位与员工不签订劳动合同，不仅仅是赔付二倍工资的问题，还有以下多种风险。

1. 用人单位不能以"试用期不符合录用条件"为由辞退员工

"试用期不符合录用条件"，是用人单位在试用期内合法辞退员工且不需要支付经济补偿的尚方宝剑，但如果用人单位未与员工签订合同，就不存在试用期，如果用人单位依然以此理由辞退员工，往往会被认定为违法辞退，需要承担相当于双倍经济补偿的赔偿金。

2. 视为已订立无固定期限劳动合同的风险

自用工之日起满一年未订立劳动合同的，视为用工单位自用工之日起满一年的当日已与劳动者订立无固定期限劳动合同，并应当立即与劳动者补订书面劳动合同。

3. 员工可随时解除劳动合同，且不承担任何违约或赔偿责任的风险

4. 不利于用人单位保护商业秘密的风险

5. 用人单位不能免除为劳动者缴纳各项社会保险费义务的风险

6. 用人单位承担赔偿员工损失的风险

7. 用人单位可能面临劳动行政部门的行政处罚的风险

8. 劳动争议发生后处于被动状态的风险

关联法条

1.《劳动合同法》（2012年修订）

第八十二条 【不订立书面劳动合同的法律责任】用人单位自用工之日起超过一个月不满一年未与劳动者订立书面劳动合同的，应当向劳动者每月支付二倍的工资。

用人单位违反本法规定不与劳动者订立无固定期限劳动合同的，自应当订立无固定期限劳动合同之日起向劳动者每月支付二倍的工资。

2.《劳动合同法实施条例》（2008年颁布）

第六条　用人单位自用工之日起超过一个月不满一年未与劳动者订立书面劳动合同的，应当依照劳动合同法第八十二条的规定向劳动者每月支付两倍的工资，并与劳动者补订书面劳动合同；劳动者不与用人单位订立书面劳动合同的，用人单位应当书面通知劳动者终止劳动关系，并依照劳动合同法第四十七条的规定支付经济补偿。

前款规定的用人单位向劳动者每月支付两倍工资的起算时间为用工之日起满一个月的次日，截止时间为补订书面劳动合同的前一日。

第七条　用人单位自用工之日起满一年未与劳动者订立书面劳动合同的，自用工之日起满一个月的次日至满一年的前一日应当依照劳动合同法第八十二条的规定向劳动者每月支付两倍的工资，并视为自用工之日起满一年的当日已经与劳动者订立无固定期限劳动合同，应当立即与劳动者补订书面劳动合同。

防范要点

虽然自2012年《劳动合同法》修订以来，通过相关部门的广泛宣传，劳动合同的签订比例有了大幅度的提升，但在广大的中小企业及民营企业，仍然大量存在不签劳动合同的现象，这将给企业带来极大的法律风险。

要想避免此类风险，用人单位和HR一定要对劳动合同的签订足够重视，最好是坚持**先签劳动合同再入职**的原则。若确实有特殊情况导致无法在入职时即签订劳动合同，也一定要在正式入职后一个月内签订劳动合同。

2.4　高管未签劳动合同能否主张二倍工资赔偿？

员工入职一个月后未签订书面劳动合同，用人单位需要承担二倍工资的赔偿责任。这是对用人单位不规范用工行为的一种惩罚性规定，旨在倒逼用人单位及时与劳动者签订书面劳动合同。

但在实际操作中，经常会发生企业的高管未签订劳动合同而主张二倍工资赔偿的案例。

典型案例

2016年8月29日，陈某经猎头公司推荐进入A公司工作，职位为人力资源总监，统管A公司人事工作。A公司为其颁发了聘任书，聘任书中约定了陈某的职责、权限等事务性工作内容。

任职期间，陈某多次擅离工作岗位，因其为公司高层管理人员，上下班不用考勤，A公司也就没有直接证据证明其存在迟到早退的行为。

入职3个月后，陈某因个人原因提出辞职。2016年12月25日，陈某申请劳动仲裁，要求A公司向其支付未签订劳动合同的二倍工资。

此案经历了一裁两审，劳动仲裁机构及法院均未支持陈某的诉请。

案例解读

这是一起非常典型的高管未签劳动合同索赔二倍工资差额的案例。争议的焦点主要有两点：其一是聘任书是否等同于劳动合同，其二是用人单位高管是否适用《劳动合同法》第八十二条的双倍罚则。

聘任书仅包含工作权责等内容，不具备《劳动合同法》规定的劳动合同的必备条款，同时，聘任书系公司单方面颁发给员工，是公司赋予其管理权力的体现，而并非双方意思一致的表示。因此，聘任书并不能等同于书面的劳动合同。

根据《中华人民共和国公司法》（以下简称《公司法》）附则中第二百一十六条的规定，公司的"高级管理人员，是指公司的经理、副经理、财务负责人，上市公司董事会秘书和公司章程规定的其他人员"。对于高管是否适用《劳动合同法》第八十二条二倍工资罚则的问题，司法实践中争议颇多。结合众多的劳动仲裁裁决书和法院判决书，比较主流的观点是根据高管的管理职责的不同而分以下三种情况区别对待。

1. 高管与用人单位之间不存在劳动关系

公司高管并不必然与用人单位之间存在劳动关系。实践中有很多人同时担任两家甚至是多家公司的高管,譬如同时担任A公司的董事长、B公司的总经理、C公司的副总经理。而这些身份的取得是基于股东会或股东的委派而从事生产经营管理。

此种情形下,公司高管与实际经营管理的单位之间就不存在劳动关系,所以公司高管自然也就不能依据《劳动合同法》的相关规定来主张未签订劳动合同的二倍工资差额。

2. 对公司劳动合同的签订负有管理职责的高级管理人员

对公司劳动合同的签订负有管理职责的高级管理人员,对于其未签订书面劳动合同不应支付未签劳动合同的二倍工资。主要原因如下。

其一,《劳动合同法》规定的未签订劳动合同的二倍工资罚则,其真正目的不在于惩罚用人单位,而是要借助惩罚的方式来倒逼用人单位切实履行与劳动者订立书面劳动合同的义务。对于未签订书面劳动合同的高级管理人员不应一律适用此条款,要求用人单位支付二倍工资。

其二,对公司签订劳动合同负有管理职责的高管,其有别于普通劳动者的弱势地位,在工作中具体分管甚至是主管公司的劳动合同或人事,劳动者的招录、劳动合同的签订及试用期的考核管理等各项工作均系其职责范围。

其三,也是更为重要的,高级管理人员对公司还负有管理职责,对于公司的不规范用工行为负有提醒、监督和管理的义务。公司高管明知自己没有与公司签订劳动合同,而不督促用人单位与其签订书面劳动合同,本身就是一种过错,应由其承担不利的法律后果。

无论公司高管是故意不签订还是过失没有签订书面劳动合同,其均有过错,不能让其从自己的过错行为中获利,否则会鼓励更多的公司高管不签订书面劳动合同而主张二倍工资。

一般而言,**总经理、CEO、主管行政人事工作的副总经理、总经理办公室主任、人力资源总监**等高管,被视为"对公司劳动合同的签订负有管理职责"的高级管理人员,即便是未签订劳动合同,也很难主张二倍工资赔偿。

但需要特别提醒的是,如果此类高管有证据证明其向用人单位提出签订劳动合同而被拒绝,则仍可支持二倍工资的请求。

3. 对公司劳动合同的签订没有管理职责的高级管理人员

对公司劳动合同的签订没有管理职责的高级管理人员,其对于公司的管理义务仅限于其职责权限范围内,在职责范围内对公司负责,劳动合同的签订与否也并非其能控制。如果要求其承担未签订劳动合同的不利后果，未免过于严苛，而且必然会严重挫伤其工作积极性，对公司的长远发展极为不利。因此，对公司劳动合同的签订没有管理职责的高级管理人员，应适用《劳动合同法》关于未签订书面劳动合同二倍工资的罚则。

例如，同样是副总经理，主管市场、研发、营销、生产的副总经理就属于"对公司劳动合同的签订没有管理职责"的高级管理人员，如果未签订劳动合同，那么完全可以向公司主张二倍工资赔偿。

关联法条

《劳动合同法》（2012年修订）

第八十二条 【不订立书面劳动合同的法律责任】用人单位自用工之日起超过一个月不满一年未与劳动者订立书面劳动合同的，应当向劳动者每月支付二倍的工资……

防范要点

高管的工资一般比较高，一旦被判令因未签劳动合同而需要赔偿二倍工资，用人单位的损失是相当大的。那么如何规避此类风险呢？

1. 规范劳动合同管理，全员签订劳动合同

这是最为稳妥和保险的做法，公司的所有员工，无论是高管还是普通员工，入职第一天均签订书面劳动合同。

2. 规范聘任书的内容

对于对公司劳动合同的签订负有管理职责的高级管理人员，在其聘任书中的工作职责项中明确写入与劳动合同管理工作（签订、保管等）相关的内容。

2.5 与小股东是否也需要签订劳动合同？

寻找几个志同道合的朋友一起创业，已经是非常普遍的现象。但是，公司的股东尤其是小股东，是否也需要签订劳动合同呢？

典型案例

高某与几位朋友共同投资组建了A公司，高某作为该公司股东之一，出资额占公司投资总额的20%，法定代表人和其他几位股东占投资总额的80%。高某在A公司负责销售工作，每月领取5000元工资，双方未签订书面劳动合同。

半年后，由于A公司经营状况不佳，高某退出股东身份，并向A公司提出赔偿在职期间5个月未签订书面劳动合同的二倍工资差额。

劳动人事争议仲裁委员会最终裁决：A公司应支付高某5个月的二倍工资差额。

案例解读

本案争议的焦点是公司的股东没有订立书面劳动合同是否要支付二倍工资。

这起案件具有一定的代表性，刚成立的小微企业，基本都存在用工不规范、内部制度不健全的情况。

在本案中，高某作为公司股东之一，同时也是符合法律、法规规定的劳动者，受A公司管理，其所从事的销售工作也是A公司业务的组成部分。故，仲裁委员会认为，高某具有双重身份，既是公司股东，又是公司的员工。作为公司股东，其权利和义务受《公司法》的调整；作为公司的员工，其权利和义务受《劳动法》和《劳动合同法》调整。高某与A公司建立了劳动关系，A公司就应当与其签订书面劳动合同。

关联法条

1.《关于确立劳动关系有关事项的通知》（劳社部发〔2005〕12号）

一、用人单位招用劳动者未订立书面劳动合同，但同时具备下列情形的，劳动关系成立。

（一）用人单位和劳动者符合法律、法规规定的主体资格；

（二）用人单位依法制定的各项劳动规章制度适用于劳动者，劳动者受用人单位的劳动管理，从事用人单位安排的有报酬的劳动；

（三）劳动者提供的劳动是用人单位业务的组成部分。

2.《劳动合同法》（2012年修订）

第八十二条 【不订立书面劳动合同的法律责任】用人单位自用工之日起超过一个月不满一年未与劳动者订立书面劳动合同的，应当向劳动者每月支付二倍的工资……

防范要点

如前所述，股东的身份是双重的，基于企业员工和劳动者的身份，就必须和普通员工一样签订书面劳动合同。

所以保险起见，即便是股东，无论是大股东还是小股东，一律要签订书面劳动合同。但还有几种特殊的情况需要说明。

（1）如果小股东是分管人事行政工作的，则符合"对公司劳动合同的签订负有管理职责的高级管理人员"的情况，即便未签订劳动合同，也无法主张二倍工资赔偿。但需要有相关的证据，比如，股东会议决议上载明，某某小股东分管行政人事，等等。

（2）担任法定代表人的大股东，通常不被认定为劳动关系，也无须签订劳动合同。

2.6 如何应对劳动者故意拖延签订劳动合同？

未及时签订劳动合同的原因可能有两种：一种是用人单位故意拖延或是忽略了及时签订劳动合同，另一种就是劳动者故意拖延签订劳动合同。

部分劳动者拖延签订劳动合同，是为了"钻空子"，因为入职超过1个月不签订劳动合同，用人单位就需要赔偿二倍工资。还有部分劳动者是因为对劳动合同存在误解，他们认为劳动合同就是"卖身契"，一旦签订了劳动合同，就无法再自由地寻找更好的工作机会。

值得注意的是，即便是劳动者拖延签订劳动合同，最终的结果还是未签订劳动合同，用人单位往往还是需要承担二倍工资的赔偿责任。那么，如何应对劳动者故意拖延签订劳动合同呢？

典型案例

2013年3月，朱某入职某公司并担任生产厂长一职。入职后，该公司几次通知朱某签订劳动合同，但朱某均以各种理由搪塞拖延，未予理会，并且朱某经常请假不工作。三个月半后，用人单位以朱某不能胜任工作为由，通知朱某解除劳动关系。

朱某向劳动人事争议仲裁委员会申请仲裁，主张违法解除劳动关系的赔偿金、未订立书面劳动合同的二倍工资差额等。仲裁结果是公司支付朱某赔偿金及二倍工资差额。该公司不满仲裁结果，遂请求法院判决不支持向朱某支付赔偿金及二倍工资差额。

庭审时，用人单位出示了通知朱某签订合同的劳动合同文本和相关证人证言及其他证据。法院认为，该公司虽未与朱某签订劳动合同，但双方存在事实劳动关系。朱某曾多次与其他用工单位以未签订书面劳动合同为由进行诉讼，且是朱某故意拖延，法院最终判决该公司无须向朱某支付二倍工资差额及赔偿金。

案例解读

在本案中，很显然是朱某故意拖延签订劳动合同。用人单位之所以能够胜诉，主要在于用人单位在庭审时向法庭出示了劳动合同文本和相关证人证言及其他证据，证实了用人单位曾多次通知朱某签订劳动合同，导致未签订劳动合同的责任在朱某。

更重要的是，法院还查明朱某曾多次以相同理由与其他用工单位发生过诉讼，有诈骗的嫌疑，因而判公司胜诉。

需要说明的是，在不同的省份，对于这种情况的判决口径并不一致，部分省份的法院依然会判决公司需要支付二倍工资差额。

关联法条

1.《劳动合同法》（2012年修订）

第八十二条 【不订立书面劳动合同的法律责任】用人单位自用工之日起超过一个月不满一年未与劳动者订立书面劳动合同的，应当向劳动者每月支付二倍的工资……

2.《劳动合同法实施条例》（2008年颁布）

第五条　自用工之日起一个月内，经用人单位书面通知后，劳动者不与用人单位订立书面劳动合同的，用人单位应当书面通知劳动者终止劳动关系，无需向劳动者支付经济补偿，但是应当依法向劳动者支付其实际工作时间的劳动报酬。

第六条　用人单位自用工之日起超过一个月不满一年未与劳动者订立书面劳动合同的，应当依照劳动合同法第八十二条的规定向劳动者每月支付两倍的工资，并与劳动者补订书面劳动合同；劳动者不与用人单位订立书面劳动合同的，用人单位应当书面通知劳动者终止劳动关系，并依照劳动合同法第四十七条的规定支付经济补偿。

前款规定的用人单位向劳动者每月支付两倍工资的起算时间为用工之日起满一个月的次日，截止时间为补订书面劳动合同的前一日。

防范要点

从相关法律、法规中可以看出，一旦公司未与劳动者签订劳动合同，那么公司将面临着赔偿二倍工资的惩罚及其他一系列的法律风险。而且，法律条文上并没有说未签订劳动合同的原因是来源于用人单位还是劳动者。所以，即便是员工主观上故意拖延而不签订劳动合同，用人单位也很难避免赔偿二倍工资的责任。因此，要想彻底避免此类风险，就必须做到以下几点。

（1）尽量做到新员工报到第一天就签订劳动合同，坚持"先签劳动合同再入职"的原则。对于不愿意签订劳动合同的则不予入职，但需要保留好新员工不愿意签订劳动合同的相关证据。

（2）特殊情况下，当天无法签订劳动合同的，也应在一个月内尽早与员工签订劳动合同，越早越好。

（3）如果遇到故意拖延或拒不签订劳动合同的劳动者，用人单位和HR就必须提高警惕，及时向其发送书面的《劳动合同签订通知书》，督促其在规定日期（该日期必须早于一个月的入职劳动合同签订宽限期截止日）之前与公司签订劳动合同，该通知书需要劳动者当面签收。如果劳动者拒绝签收，也可以当面交付，让其他员工见证（员工见证的法律效力比较低），同时全程录音录像或保留其他实施过送达通知的证据。当然,也可以将通知书寄送至劳动者在面试/入职登记表上注明的"可收信地址"。

(4)如果劳动者在《劳动合同签订通知书》上规定的最晚签订日期到期后仍然拒绝签订劳动合同,用人单位就需要及时发送书面的《解除/终止劳动关系通知书》,与该劳动者解除劳动关系,避免后续的纠纷和麻烦。

2.7 劳动合同条款缺失的法律风险

《劳动合同法》明确规定了劳动合同应当具备的条款,劳动部门也有通用的劳动合同版本,那么,用人单位可以使用自行拟定的劳动合同吗?缺乏必备条款的劳动合同是否就一定无效了呢?

典型案例

2016年5月,王某与公司签订了为期2年的劳动合同,工作岗位是操作工。劳动合同约定了合同期限、工作地点和工作内容、工资标准、社会保险等条款,但是没有约定休息休假、劳动保护、劳动条件和职业危害防护等必备条款。2017年3月,王某向劳动争议仲裁委员会申请仲裁,仲裁请求为:确认劳动合同无效,要求公司支付2016年6月至2017年3月未订立劳动合同的二倍工资。理由为:公司与王某签订的劳动合同缺少《劳动合同法》规定的必备条款。仲裁委员会驳回了王某的诉讼请求。

案例解读

本案中公司与王某签订了书面劳动合同,只是缺失了部分劳动合同的必备条款,这与未订立书面劳动合同是两个概念,不符合支付二倍工资的情况。但是,《劳动合同法》第八十一条规定,用人单位提供的劳动合同文本未载明必备条款的,由劳动行政部门责令改正;给劳动者造成损害的,还应承担赔偿责任。所以,公司也不能掉以轻心,同样也有可能需要承担相应的法律责任。

关联法条

《劳动合同法》（2012年修订）

第十七条　劳动合同应当具备以下条款：

（一）用人单位的名称、住所和法定代表人或者主要负责人；

（二）劳动者的姓名、住址和居民身份证或者其他有效身份证件号码；

（三）劳动合同期限；

（四）工作内容和工作地点；

（五）工作时间和休息休假；

（六）劳动报酬；

（七）社会保险；

（八）劳动保护、劳动条件和职业危害防护；

（九）法律、法规规定应当纳入劳动合同的其他事项。

劳动合同除前款规定的必备条款外，用人单位与劳动者可以约定试用期、培训、保守秘密、补充保险和福利待遇等其他事项。

第八十一条　用人单位提供的劳动合同文本未载明本法规定的劳动合同必备条款或者用人单位未将劳动合同文本交付劳动者的，由劳动行政部门责令改正；给劳动者造成损害的，应当承担赔偿责任。

防范要点

劳动合同的条款包括法定条款（必备条款）和约定条款。法律并没有明确规定没有必备条款的劳动合同无效，但用人单位还是需要尽量确保必备条款的齐全。

需要强调的是，用人单位自行拟定的劳动合同文本是否属于法律意义上的劳动合同，不以文本的名称作为判断依据，而是以其具体条款来判断。即便该文本的名称是"劳务合同""用工协议""务工协议"等，但只要具备《劳动合同法》第十七条规定的必备条款（尤其是试用期、工资、社会保险等条款），依然属于法律意义上的劳动合同。反之，即便该文本的名称是"劳动合同"，但其不具备或不完全具备上述必备条款，依然有可能被劳动仲裁机构或法院认定为不属于法律意义上的劳动合同。

2.8 劳动合同中劳动报酬条款的法律风险

劳动报酬就是我们通常所说的工资,是劳动合同的必备条款之一。严格来讲,是一定要在劳动合同中写明的。但是,大部分用人单位都有自己的绩效考核方案,也就是说,工资并不是一个非常确切的数值,而是会根据劳动者的实际工作表现和业绩有所浮动。那么,究竟应该如何在劳动合同中约定劳动报酬呢?操作不当又会带来什么法律风险呢?

典型案例

2017年3月,孙某通过应聘进入A公司担任程序员一职。双方订立了期限为2年的书面劳动合同,约定了3个月的试用期。在劳动报酬这一项,填写的是试用期为每个月8000元(税前),试用期满后为每个月10 000元(税前)。

2017年8月,A公司开始推行绩效考核。虽然公布了绩效考核方案,但该方案并未让孙某及其他员工签字。随后的8月和9月,孙某均因为绩效考核扣分而被扣发了800元和1000元的工资。

2017年10月10日,孙某在领取了9月份的工资后,向当地劳动仲裁机构以A公司拖欠工资为由提出仲裁申请,要求解除与A公司的劳动合同,补发被扣的工资1800元,并支付相当于1个月工资的经济补偿。劳动仲裁机构在审理后做出裁决,支持了孙某的诉请。

案例解读

在本案中,孙某与A公司订立了书面劳动合同,并在劳动合同中载明了工资的发放标准。后期A公司公布了绩效考核方案,但并未让孙某签字确认,可视为是A公司的单方面调薪。A公司根据绩效考核的评分而扣发孙某的工资,是不合法的做法。

关联法条

《劳动合同法》(2012年修订)

第十七条　劳动合同应当具备以下条款：

……

(六)劳动报酬；

……

第十八条　劳动合同对劳动报酬和劳动条件等标准约定不明确，引发争议的，用人单位与劳动者可以重新协商；协商不成的，适用集体合同规定；没有集体合同或者集体合同未规定劳动报酬的，实行同工同酬；没有集体合同或者集体合同未规定劳动条件等标准的，适用国家有关规定。

防范要点

一方面，虽然劳动报酬是劳动合同的必备条款之一，但劳动合同中不约定劳动报酬或不写明具体的数值，并不影响劳动合同的有效性。

另一方面，如果企业执行浮动工资制，让员工多劳多得，就能够调动员工的劳动积极性，这对企业和劳动者都是有利的。

那么，我们究竟该如何约定劳动合同中的"劳动报酬"条款呢？

(1)在劳动合同中只写明基本工资，绩效工资或奖金根据考核情况而定，这是完全符合法律规定的做法。具体文字表述可以为，"**基本工资××元/月(试用期××元/月)，绩效工资及奖金按公司绩效考核方案执行**"。

(2)在劳动合同中不写明具体的工资数值，具体文字表述为，"**按公司绩效考核方案执行**"。

(3)绩效考核方案(绩效协议)需要员工签字确认。

2.9　就业协议的法律效力及法律风险

就业协议是《全国普通高等学校毕业生就业协议书》的简称，俗称"三方协议"。

就业协议是明确毕业生、用人单位和学校三方在毕业生就业工作中的权利和义务的书面表现形式，能解决应届毕业生户籍、档案、保险、公积金等一系列相关问题。

就业协议在毕业生到单位报到（凭《全国普通高等学校本专科毕业生就业报到证》或《全国毕业生研究生报到证》）、用人单位正式接收后自行终止。

近年来，因为就业协议而引发的纠纷甚至是诉讼并不少见。

典型案例

2014年6月27日，陈某、南京某医院及南京某大学签订《毕业生就业协议》一份，约定：医院同意录（聘）用陈某，陈某同意毕业后到医院工作。另附加手写部分条款："①……，②违约责任为5000元人民币"。

7月3日，陈某通知医院另择就业，同时缴纳了5000元违约金，医院当天退还了陈某的就业推荐表。

10月28日，陈某向南京市劳动人事仲裁委员会申请仲裁，请求裁决医院退还其违约金5000元。

11月4日，劳动人事仲裁委员会以双方签订了《毕业生就业协议》，但未产生直接用工关系，不属于劳动仲裁处理范围为由，出具了不予受理通知书。后陈某向法院提起诉讼，请求判决医院退还其违约金5000元。

南京市鼓楼区人民法院判决陈某要求医院退还5000元违约金的诉讼请求没有事实和法律依据，不予支持。

案例解读

在本案中，陈某、医院及学校签订的就业协议，系三方真实的意思表示，手写的违约金条款并不违反法律、法规的禁止性规定，故合法有效。

陈某未按就业协议履约，而是另择单位就业。其行为构成违约，应当承担相应的违约责任。

就业协议书是普通高等学校毕业生和用人单位在正式确立劳动关系前，经双向选择，在规定期限内确立就业关系、明确双方权利和义务而达成的书面协议。它的主要作用：一方面是用人单位确认毕业生相关信息真实、可靠及接收毕业生的重要凭据;另一方面是高校进行毕业生就业管理、编制就业方案及毕业生办理就业落户手续等有关事项的重要依据。

需要特别强调的是,就业协议书不属于劳动合同(不具备劳动合同的必备条款,毕业生和用人单位未实际建立劳动关系),通常被视为普通的民事合同。因此而产生的争议或纠纷不属于劳动争议,也就不适用《劳动合同法》,而适用于《民法典》。

关联法条

《民法典》(2020年颁布)

第一百三十三条 民事法律行为是民事主体通过意思表示设立、变更、终止民事法律关系的行为。

第一百三十六条 民事法律行为自成立时生效,但是法律另有规定或者当事人另有约定的除外。

行为人非依法律规定或者未经对方同意,不得擅自变更或者解除民事法律行为。

第一百四十三条 具备下列条件的民事法律行为有效:

(一)行为人具有相应的民事行为能力;

(二)意思表示真实;

(三)不违反法律、行政法规的强制性规定,不违背公序良俗。

第五百七十七条 当事人一方不履行合同义务或者履行合同义务不符合约定的,应当承担继续履行、采取补救措施或者赔偿损失等违约责任。

防范要点

若因就业协议书产生纠纷,不仅可能会给用人单位造成经济上的损失,更为重要的是会打乱用人单位的招聘及经营计划。为此,我们可以从以下几个方面预防法律风险。

1. 约定违约金

用人单位进行校招需要花费一定的人力和财力,毕业生的违约(爽约)行为会给用人单位造成直接和间接的经济损失。《劳动合同法》规定了用人单位与劳动者只能在培训服务、竞业限制方面约定违约金,但就业协议书引发的纠纷不适用《劳动合同法》。所以，可以在就业协议书上对毕业生的违约行为约定违约金（通常不得超过5000元）。

2. 明确解除协议的情形

普通的民事合同如果没有约定在什么情形下可以解除，就只能按照《民法典》第五百六十三条规定的法定解除权来解除。但要依照法定解除权来解除就业协议书，证据要求很高，为此，我们要充分利用合同的约定解除权。

在就业协议书中我们可以约定，如果毕业生存在以下情形，用人单位可以解除协议，且无须承担违约金。

（1）在规定的报到时间内不来用人单位报到的；

（2）在报到时尚未取得毕业证书及学位证书的；

（3）在毕业离校前升学、入伍或被录用为国家公务员的；

（4）有伪造学习、实习、社会实践、社团任职经历等欺诈行为的；

（5）受到治安处罚或刑事犯罪的；

（6）体检不合格的。

3. 明确约定就业协议书在报到后即失效

就业协议书中往往会约定一些待遇方面的内容，但在毕业生实际报到后，若用人单位发现毕业生的实际能力并不匹配，就需要变更待遇。因此，可以在就业协议中约定，该协议在报到后即失效，双方的权利和义务重新商定，以最终签订的劳动合同为准。

如何避免劳动合同上的"萝卜签名"？

近几年司法界出现了不少因劳动合同签名而引发的诉讼案例：一种是劳动者找他人代签名，然后以未签订劳动合同为由向用人单位主张二倍工资赔偿；另一种是用人单位因种种原因实际并未与劳动者签订劳动合同，待劳动者主张未签劳动合同的二倍工资赔偿后，用人单位为逃避赔偿责任而伪造劳动者的签名。

在这些案例中，最终用人单位败诉的占绝大比例。既然劳动者主张未签劳动合同，往往劳动者是有足够把握的，因为只有他们自己清楚劳动合同上的签名到底是不是他自己签上去的。

典型案例

东莞J公司与唐×富劳动争议纠纷上诉案,(2013)东中法民五终字第×××号。

J公司主张双方已签订劳动合同,并向原审法院提交了一份有"唐×富"签名字样的报关员劳动合同。唐×富否认该签名的真实性,申请笔迹鉴定。2012年8月10日,广东康怡司法鉴定中心给出了康怡司鉴中心〔2012〕文鉴意字第××号文书司法鉴定意见书,鉴定意见为:送检的"报关员劳动合同"中甲方签名处"唐×富"签名字迹非本人书写。J公司认为司法鉴定针对的是签名的鉴定,没有对指纹进行鉴定,是不完整的,但其又明确不申请指纹鉴定。原审法院认为没有证据表明该劳动合同系唐×富所签,对该劳动合同不予确认,遂根据《劳动合同法》第八十二条的规定,判令J公司应向唐×富支付2011年1月1日至2011年9月30日未签订书面劳动合同的二倍工资差额共计22 500元。

案例解读

本案具有一定的代表性,类似的案例近年来出现了不少。现在已无从考证该报关员劳动合同上的签名究竟是劳动者唐×富伪造的,还是用人单位J公司伪造的。法院讲究的是证据,J公司提交了劳动合同,却无法提交该签名系唐×富伪造的证据,导致最终败诉。

2017年,浙江省温州市瓯海区人民法院曾宣判过一起伪造劳动合同的签名然后主张二倍工资赔偿的案例。两名当事人都是以**"需要仔细查看劳动合同"** 为由未当场签署,在将劳动合同带回家后请他人代为签名,然后将劳动合同交给公司。最终,两名当事人均被控诈骗罪,判处有期徒刑一年九个月,并处罚金3000元。

防范要点

现实生活中存在"萝卜章",自然也就存在"萝卜签名"。在温州的案例中,最终用人单位能够挽回损失,是因为第二家用人单位向法院提交了大量的和两名当事人签署劳动合同相关的证人证词及其他证据,公安机关经过缜密的侦查才查明真相。

虽然用人单位最终挽回了损失,但也耗费了大量的人力、物力和精力。其实,此类风险是完全可以避免的。

(1)劳动者报到当天,HR将打印出来的空白劳动合同交给劳动者,让他仔细阅看,并让他将个人信息(身份证号码、户籍地址、可收信地址、电话、紧急联系人等)填写完整,然后交给公司。

(2)HR将劳动者的相关个人信息输入电脑,仅将姓名处留空,同时在劳动合同的结尾处注明**此合同除签名和日期外,其余内容手写一律无效**,然后打印两份。

(3)HR要求劳动者当面检查一遍打印完整的劳动合同,确认无误后签名、按手印,公司盖章后一份交由劳动者保存。

(4)劳动者需要骑缝签名和按手印,公司盖章亦需骑缝盖。

2.11 装订劳动合同的注意事项

劳动合同的装订是一个非常小的细节,因此非常容易被忽略。一些经验不足的HR在打印并装订劳动合同时,基本上是用订书机在左侧订上两颗订书钉,然后让劳动者在最后一张纸的乙方处签名,用人单位在最后一张纸的甲方处盖章。这种粗心的处理极有可能带来争议和纠纷。

典型案例

广东省佛山市中级人民法院民事判决书(2013)佛中法民四终字第××号,关于缪×伟诉佛山市顺德区龙江镇Y家具厂未签订书面劳动合同的两倍工资问题。

在本案中,缪×伟主张其于2011年11月7日与Y家具厂签订劳动合同,合同期限自2011年11月7日起至2012年1月15日止。Y家具厂后来单方面将劳动合同书的第一、二页更换,其向法院提交的劳动合同书载明的合同期限2011年9月18日至2012年12月30日是不真实的。Y家具厂则主张其提交的劳动合同书是经双方协商一致签订的,内容真实。

二审期间,缪×伟向佛山市中级人民法院申请对Y家具厂提交的劳动合同书进行鉴定。法院经双方协商一致特委托湖南大学司法鉴定中心进行了鉴定。该鉴定中心出具了"湖大司鉴中心〔2013〕文鉴字第×××号司法鉴定意见书",载明:"送检的标准日期为2011年11月7日的《劳动合同书》中第2页第4面(第2页B面)'缪×伟'的签名及签署的时间与该劳动合同书第1页第1、2面(第1页A面和B面)手写部分的字迹形成时间不一致。"该鉴定意见书印证了缪×伟的部分主张。而Y家具厂回应称造成以上结果是由于其工作方法的缘故,但未能提交有力的证据予以证明。

法院比较了各自的主张,结合鉴定结论,采信了缪×伟的主张,认定双方的劳动合同期限为2011年11月7日至2012年1月15日。2012年1月15日双方的劳动合同期满后,缪×伟继续在Y家具厂工作,此后双方形成了事实劳动关系。

法院最后判令Y家具厂应向缪×伟支付2012年2月15日至2012年5月21日期间未签订劳动合同的二倍工资差额15 800元。

案例解读

本案经历了劳动仲裁、法院一审和二审,劳动者还申请了司法鉴定,前后历时近2年时间,用人单位和劳动者都耗费了大量的时间和精力。

防范要点

避免此类纠纷和风险其实并不困难,根据笔者以往的实践经验,建议如下。

(1)打印出空白的劳动合同,先让劳动者填写好相关信息,然后HR将这些信息输入电脑后打印出来,再让劳动者签名和填写日期,整份劳动合同只有签名和日期是手写的,其余内容全部电脑打印,这样就规避了涂改内容的风险。

(2)将劳动合同打印在一张A3纸上,A3纸张对折,相当于2张A4,再正反打印,相当于4页A4,这样就可以确保一份劳动合同打印在一张纸上,规避了"调包"的风险。

(3)如果是用A4纸单面打印装订的劳动合同,用人单位一定要骑缝盖章,劳动者也要骑缝签名。

订立保密协议的注意事项

在当前的市场竞争环境下,商业秘密对于一个企业的重要性是不言而喻的。一般来说,劳动者对于用人单位的商业秘密负有保护的义务,这一保护义务不来源于任何协议,而是基于劳动合同而产生的忠诚义务,甚至可以说是一种法定的义务。

为了让这项义务更具操作性,很多企业会选择与员工另行订立保密协议。

典型案例

1998年下半年,曾在原告厂从事技术开发工作的被告离开原告厂,受雇于与原告系同行业机械制造的另一机械厂,也从事技术开发工作。不久,原告接到举报,称被告将原告自行研制开发的CAD软件技术泄露给了该机械厂。随后,原告又发现其利用该技术生产的产品在某地区的销售额突然下降,经调查发现,这一地区的市场上出现了与其产品相同的被告所在厂的产品。结合上述情况,原告认为被告泄露了其CAD软件技术,遂以被告侵犯其商业秘密为由,向法院提起诉讼,要求被告赔偿损失10万元。

法院受理该案后,经审理查明,原告自行开发的CAD软件技术属商业秘密。被告在离开原告厂前几天,私自将自己掌管的CAD软件拷贝后夹在书中带回家。被告离开原告厂后,随即被其现所在厂聘用,并签订了聘用协议,协议约定被告在该厂从事和负责技术开发研制工作。但是,被告在原告厂工作期间,原告与被告未签订过任何形式的保密协议。

法院审理后认为,被告虽有侵犯原告商业秘密的事实,给原告带来了商业损失,但被告在原告厂工作期间,未与原告签订过技术保密协议,故原告要求被告赔偿损失的诉讼请求无法律依据。原告在知晓这一道理后,向法院提交了撤回起诉的申请。法院裁定予以准许原告撤诉。

案例解读

所谓商业秘密，是指不为公众所知悉，能为用人单位带来经济利益，具有实用性并经用人单位采取保密措施的技术信息和经营信息。它包括技术秘密和商业信息。

由《劳动法》第二十二条和第一百零二条的规定可知，商业秘密并不是用人单位享有的法定权利，而是用人单位与劳动者约定所产生的权利。故在一般情况下，用人单位如果以劳动者泄密为由向该劳动者主张商业秘密侵权损害赔偿，就应当举出双方所签订的或对该劳动者有约束力的带有保密条款内容的劳动合同、保密协议等依据作为证据来支持。如果没有这种证据，则即便该争议标的对社会而言，或对本单位的其他劳动者而言可构成商业秘密，也是没有作用的，追索经济赔偿的请求也很可能得不到支持。

关联法条

1.《劳动法》（2018年修订）

第二十二条 劳动合同当事人可以在劳动合同中约定保守用人单位商业秘密的有关事项。

第一百零二条 劳动者违反本法规定的条件解除劳动合同或者违反劳动合同中约定的保密事项，对用人单位造成经济损失的，应当依法承担赔偿责任。

2.《劳动合同法》（2012年修订）

第二十二条 【服务期】用人单位为劳动者提供专项培训费用，对其进行专业技术培训的，可以与该劳动者订立协议，约定服务期。

劳动者违反服务期约定的，应当按照约定向用人单位支付违约金……

第二十三条 【保密义务和竞业限制】……劳动者违反竞业限制约定的，应当按照约定向用人单位支付违约金。

第二十五条 【违约金】除本法第二十二条和第二十三条规定的情形外，用人单位不得与劳动者约定由劳动者承担违约金。

3.《中华人民共和国刑法》（2020年修订，以下简称《刑法》）

第二百一十九条 【侵犯商业秘密罪】有下列侵犯商业秘密行为之一，情节严重的，处三年以下有期徒刑，并处或者单处罚金；情节特别严重的，处三年以上十年以下有期徒刑，并处罚金：

......

（三）违反保密义务或者违反权利人有关保守商业秘密的要求，披露、使用或者允许他人使用其所掌握的商业秘密的。

......

防范要点

本案的事实告诉我们，虽然说保密义务是劳动者的法定义务，但商业秘密并不是用人单位所享有的法定权利。用人单位如果有商业秘密需要保密的，就必须与劳动者签订保密协议，否则，即便是劳动者泄密，用人单位也很难追究泄密者的法律责任，挽回自己的损失。

那么，订立保密协议要注意哪些事项呢？

1.保密协议的订立时间

保密协议一定要在劳动者入职当天，随劳动合同一起订立。

虽然说保密义务是劳动者的法定义务，但签订保密协议却不是劳动者的法定义务。也就是说，《劳动法》和《劳动合同法》等相关法律、法规并没有规定劳动者必须要与用人单位签订保密协议。

很多用人单位要么是不懂得这一点，要么是以前不重视保密协议的签订，等到老板想到这个事情再让HR找员工签订保密协议，一旦员工拒绝签字，用人单位就会非常被动。

2.明确保密信息的范围

用人单位在约定保密内容时，最好是通过列举的方式列明所有需要保密的内容，否则很容易因约定不明而引发诉讼纠纷。随着企业的发展，保密的内容可能会有所变化，用人单位应及时修改保密内容的范围。

3.哪些人需要订立保密协议？

保密协议保守的是用人单位的商业秘密。因此当劳动者能够接触、知悉、掌握商业秘密时，用人单位就应该与之签订保密协议。

虽然说需要签订保密协议的主体是掌握商业秘密的员工，而不是普通员工或职工，更不是全体员工。但从安全、稳妥的角度出发，笔者建议将全员纳入保密协议的签订范围，尤其是人员规模不大、管理层级较少的中小规模企业，完全可以在劳动者入职时统一签订保密协议。

4. 保密协议的期限

法律对保密协议的保密期限没有明确的规定，而是规定劳动者保守秘密的义务不因劳动合同的解除、终止而免除。

因此，虽然说保密义务是基于劳动合同及劳动关系的忠诚义务，但它的期限完全可以长于劳动合同。

保密期限具体的约定方法，建议采用以下两种。

（1）约定劳动关系结束后的固定期限内，一般是3~5年。

（2）不规定具体年限，而是规定自商业秘密进入公知领域起，保密义务才告解除。具体文字表述可以为"自双方劳动合同开始之日起至商业秘密信息进入公知领域止"。

需要强调的是，第（2）种无限期的方式，一般的员工可能比较难以接受。同时，企业还应该增加约定：若有关信息进入公知领域，是因员工的过错，则员工不得使用该信息，并应当赔偿给企业造成的损失，以防止员工故意或过失泄露商业秘密，不正当免除自己的保密义务。

5. 约定赔偿金而不是违约金

根据《劳动合同法》的规定，除了员工违反培训服务期约定及违反竞业限制义务两种情形之外，用人单位不得与员工约定由员工承担违约金。

因此，保密协议中不得约定员工泄露商业秘密时应向企业支付违约金，只能约定由员工赔偿由此而给企业造成的损失。

6. 无须额外支付保密费

保守商业秘密是劳动者的法定义务，是基于劳动关系的忠诚义务，和竞业限制协议不同，订立保密协议并不需要额外支付保密费。

在保密协议中可如此表述："**双方在此确认，乙方作为甲方员工，由于甲方已经按时、足额向其支付工资、奖金等劳动报酬，乙方对于前述任何甲方商业秘密的保守、秘密信息载体的归还及秘密信息的消除，均为乙方职业道德和忠诚义务的体现，不以任何额外经济报酬的支付为前提条件。**"

2.13 订立竞业限制协议的注意事项

所谓竞业限制，是指用人单位对熟悉本单位商业秘密或其他对本单位有重大影响的劳动者，限制他在终止或解除与本单位的劳动合同后的一定期限内，不得在生产同类产品、经营同类业务或有其他竞争关系的用人单位任职，也不得自己生产与原单位有竞争关系的同类产品或经营同类业务。

典型案例

林某原系百度公司的一名高管，于2018年3月30日辞职。2018年5月14日，林某经过筹备，作为唯一股东发起设立了海林上海公司，经营范围为人工智能行业应用软件开发等，其担任法定代表人、总经理。后林某又陆续投资设立了多家企业，并担任董事、高管等职位。

2018年7月底，林某收到通知，百度公司已提起劳动争议仲裁，请求裁令林某履行竞业限制义务，返还竞业限制补偿金89万余元，并支付违约金459万余元等。

原来，林某原为百度地图事业部负责人，任职期间，百度公司与其签订了《竞业限制协议》，约定若林某离职，一年内不得从事与百度公司及关联公司相竞争的业务，百度公司支付月工资的50%作为竞业限制补偿金。另约定如果林某违反协议，则须返还所有经济补偿并支付3倍数额的违约金。

林某离职后，百度公司按约定支付了2018年4月至10月的竞业限制补偿89万余元。然而不久后，林某就创办了多家企业，进行高精地图项目的开发。

劳动仲裁委员会支持了百度公司的部分请求，双方均不服裁决，向法院提起诉讼。一审法院判定林某返还竞业限制补偿金89万余元，并酌情判决其支付竞业限制违约金260万元。

百度公司与林某均不服一审判决，向上海一中院提起上诉。

上海一中院经审理后，判定驳回上诉，维持原判。

案例解读

本案是近两三年以来发生在百度公司身上的多起因竞业限制协议纠纷而引发的案件之一,在这些案件中,百度胜多败少。

在本案中,上海一中院认为,海林上海公司与百度公司的经营范围、实际开展的业务均存在一定的重合,可以认定存在竞争关系。林某系海林上海公司的唯一股东并担任法定代表人,违反了竞业限制协议。同时,在双方竞业限制协议的违约责任中,林某除返还竞业限制补偿金外,还须支付违约金,一审法院酌情调整了林某承担的违约金数额,并无不当。

关联法条

《劳动合同法》(2012年修订)

第二十三条 用人单位与劳动者可以在劳动合同中约定保守用人单位的商业秘密和与知识产权相关的保密事项。

对负有保密义务的劳动者,用人单位可以在劳动合同或者保密协议中与劳动者约定竞业限制条款,并约定在解除或者终止劳动合同后,在竞业限制期限内按月给予劳动者经济补偿。劳动者违反竞业限制约定的,应当按照约定向用人单位支付违约金。

第二十四条 竞业限制的人员限于用人单位的高级管理人员、高级技术人员和其他负有保密义务的人员。竞业限制的范围、地域、期限由用人单位与劳动者约定,竞业限制的约定不得违反法律、法规的规定。

在解除或者终止劳动合同后,前款规定的人员到与本单位生产或者经营同类产品、从事同类业务的有竞争关系的其他用人单位,或者自己开业生产或者经营同类产品、从事同类业务的竞业限制期限,不得超过二年。

第九十条 劳动者违反本法规定解除劳动合同,或者违反劳动合同中约定的保密义务或者竞业限制,给用人单位造成损失的,应当承担赔偿责任。

防范要点

从相关法律条文我们可以发现，竞业限制协议和保密协议都是为了约束劳动者能够保守企业的商业秘密，所以很多HR会将二者混为一谈。其实，两者既有关联，也有很大的区别，如果操作不当，结果往往是事与愿违。

1. 竞业限制协议和保密协议的区别

（1）义务的性质和来源不同。

保密协议中约定的保密义务是一种法定义务，义务内容来源于法律规定。也就是说，即便是不对保密事项进行约定，劳动者也应该尽到一定的保密义务。

而竞业限制是一种约定义务，义务内容由用人单位和劳动者自行商定。如果没有就此进行约定，则员工无竞业限制的义务。

（2）限制的行为不同。

竞业限制的是劳动者在离职后从事某种专业、服务或经营某类产品或服务的行为。

保密协议限制的是劳动者在任职期间和离职后不得自己使用或向第三人泄露、披露其在单位工作时获得的商业秘密或其他秘密，但并不限制劳动者在离职后从事竞争业务或到竞争企业工作的行为。

简单来理解，竞业限制是让劳动者不能"做"，而保密协议是让劳动者不能"说"。

（3）期限不同。

竞业限制是有期限的限制。劳动者离职后的竞业限制期限，由劳动者与用人单位协商确定，但最长不得超过法律规定的2年期限。

保密协议原则上没有期限，只要作为保密协议对象的商业秘密仍然存在，那么劳动者的保密义务就一直存在。但也不排除，用人单位与劳动者协商一定期限的保密时间。

2. 竞业限制协议的订立时间

和保密协议的签订一样，如果要和员工订立竞业限制协议，建议是在员工入职时就随劳动合同一并订立，避免在劳动合同履行过程中或是在员工办理离职手续时，企业让员工签订竞业限制协议而被拒绝的被动局面。

3. 避免竞业限制人员范围的扩大化

《劳动合同法》第二十四条已将竞业限制人员的范围规定为，"高级管理人员、高级技术人员和其他负有保密义务的人员"。如果无限制地扩大限制人员的范围，那么一方面会损害对企业利益不会造成威胁和损害的人员的劳动就业权利，另一方面会增加企业的成本，因为签订竞业限制协议需要企业支付竞业限制补偿金。

4. 竞业限制补偿金的设置

《劳动合同法》第二十三条只规定了用人单位在解除或终止劳动合同后，要在竞业限制期限内按月给予竞业限制对象经济补偿。至于补偿标准，《劳动合同法》和《劳动合同法实施条例》均未做明确的规定，这就给予了用人单位相对宽松的自治空间。

但《最高人民法院关于审理劳动争议案件适用法律问题的解释（一）》（法释〔2020〕26号）第三十六条规定，当事人在劳动合同或者保密协议中约定了竞业限制，但未约定解除或者终止劳动合同后给予劳动者经济补偿，劳动者履行了竞业限制义务，要求用人单位按照劳动者在劳动合同解除或者终止前十二个月平均工资的30%按月支付经济补偿的，人民法院应予支持。前款规定的月平均工资的30%低于劳动合同履行地最低工资标准的，按照劳动合同履行地最低工资标准支付。

由此可见，竞业限制补偿金的标准最低是被限制对象过去12个月平均工资的30%，且不能低于当地的最低工资标准。

需要说明的是，部分省份及地区确定了竞业限制补偿的标准。例如，北京市为"劳动关系终止前最后一个年度劳动者工资的20%~60%"（中关村为50%），上海市为"劳动者此前正常工资的20%~50%"，深圳市为"该员工离开企业前最后12个月月平均工资的二分之一"，江苏省为"该劳动者离开用人单位前12个月的月平均工资的三分之一"……各位HR需要详细了解本地的竞业限制补偿标准。

5. 竞业限制补偿金不能提前发

在实践操作中，用人单位最常犯的一个错误就是将竞业限制经济补偿包含在工资中，在劳动者尚在职期间按月支付。

《劳动合同法》第二十三条规定，对负有保密义务的劳动者，用人单位可以在劳动合同或者保密协议中与劳动者约定竞业限制条款，并约定在解除或者终止劳动合同后，在竞业限制期限内按月给予劳动者经济补偿。

竞业限制经济补偿是用人单位对劳动者履行竞业限制义务的补偿，而在劳动者离职之前，双方签署的竞业限制协议实际上尚未达到生效的条件，如果提前以工资形式发放，将不被认定为竞业限制经济补偿。

6. 违反竞业限制协议的违约金设置

权利和义务是对等的，在竞业限制的条款中也可以约定，如果用人单位履行了相关的补偿义务，但劳动者违反了相关竞业限制的约定，应该向用人单位支付违约金。但这个违约金的上限到底是多少，相关的法律、法规并没有明确规定（培训服务期的违约金最高不得超过用人单位提供的培训费用）。实际操作中，相应的违约金条款建议约定为"**乙方除了双倍返还甲方所支付的竞业限制补偿金外，还应赔偿因其违约给甲方造成的全部损失**"。

7. 竞业限制的其他常见问题

在2021年1月1日起施行的《最高人民法院关于审理劳动争议案件适用法律问题的解释（一）》（法释〔2020〕26号）中，针对竞业限制做出了一些详细的规定。

（1）即使是《竞业限制协议》未约定经济补偿或用人单位未按约定支付经济补偿，均不会导致《竞业限制协议》失效，劳动者有权要求用人单位支付。当然，劳动者也可以选择不履行该协议。

（2）双方订立了《竞业限制协议书》，但劳动合同解除或终止后，用人单位超过3个月未按约定支付经济补偿，劳动者有权解除竞业限制。

（3）用人单位可以随时通知劳动者解除竞业限制协议，但需要额外向劳动者支付3个月的竞业限制经济补偿。

（4）劳动者违反竞业限制约定，须向用人单位支付违约金，且不影响竞业限制协议的继续履行。

2.14 兼职用工及订立劳务合同的相关法律风险

在我国现有的《劳动法》相关法律体系中，其实并没有很明确的"兼职"的概念。兼职是与全职、专职相对应的，是指职工在本职工作之外兼任其他工作任务。例如，现在很多人在业余时间从事的"微商"其实就是一种兼职。

一般来说，用人单位并不会特别赞成本单位的职工在其他单位兼职。但我国相关的劳动法规规定，科学研究、教学、医疗、工农业生产等单位，根据工作需要，可以临时聘请中、高级科学技术人员担任顾问或承担讲课、讲学、科研、设计等兼职任务。兼职人员根据自己的工作量和工作成绩取得一定的报酬。

现实生活中，劳动者在与一家用人单位建立劳动关系的同时，利用业余时间、下岗或停薪留职期间，到其他单位去兼职的现象并不少见。根据《劳动合同法》第三十九条的规定，"劳动者有下列情形之一的，用人单位可以解除劳动合同：……（四）劳动者同时与其他用人单位建议劳动关系，对完成本单位的工作任务造成严重影响，或者经用人单位提出，拒不改正的"，我国《劳动合同法》实质上承认了兼职劳动关系的客观存在（从立法角度来看是一种进步），对兼职劳动关系是一种既不提倡也不禁止的态度，而是把考量权和决定权给到了用人单位。

实践中，很多用人单位热衷于使用兼职，主要的原因就是兼职用工的方式能够节省用工成本（不用缴纳社保，没有带薪年休假、产假等）。兼职用工最大的法律风险就是被认定构成事实劳动关系。

典型案例

置信公司荣城金典物管处系原告置信公司在荣昌荣城金典小区的物业服务项目部门，该公司项目经理薛某招聘被告罗某为置信公司的水电工，同时该荣城金典物管处（甲方）于2014年5月1日与罗某（乙方）签订了《兼职水电工劳务协议书》。该协议对双方的合同期限、试用期、合同续签、工作内容、劳动纪律、劳动条件、劳动报酬、不定时工作制度、工伤赔偿等内容进行了约定。

2015年4月8日，被告罗某在荣城金典小区大门口修理通行杆时受伤，原告置信公司负担了罗某受伤的医疗费，并对罗某罚款600元。后罗某为获得工伤认定，向荣昌劳动仲裁委员会提出了确认劳动关系的仲裁申请。荣昌劳动仲裁委员会经审理后，裁决罗某与置信公司从2014年5月至今的劳动关系成立。置信公司不服该仲裁裁决，诉讼至法院，要求确认原、被告之间不存在劳动关系。

荣昌法院审理后认为，从原、被告关系的形式和事实要件看，符合劳动关系的基本特征，不能当然地以双方签订的《兼职水电工劳务协议书》名称来判定双方系劳务关系，故该法院确认原、被告从2014年5月1日起成立劳动关系。一审宣判后，置信公司不服，向重庆市第五中级人民法院上诉，二审法院驳回上述，维持原判。

资源下载码：RL2023

案例解读

本案具有很强的代表性，实践中也大量存在类似的用人单位以签订兼职劳务合同来逃避劳动关系义务及劳动法律、法规监管的现象。

本案争议的焦点是置信公司与罗某之间到底是劳务关系还是劳动关系。

对于兼职到底是属于劳动关系还是劳务关系，在实践中争议很大。目前主流的观点是认为，兼职有广义和狭义之分。广义的兼职是指与某一用人单位建立劳动关系的劳动者，在劳动关系未解除或未终止的情况下到其他用人单位工作；狭义的兼职则是指劳动者在不脱离本职工作的情况下，利用业余时间从事第二职业。

对于广义的兼职，如果劳动者是全职为新的用人单位提供劳动，并且同时具备以下三个基本条件，则应视为劳动关系：

（1）用人单位和劳动者符合法律、法规规定的主体资格。

（2）用人单位依法制定的各项劳动规章制度适用于劳动者，劳动者受用人单位的劳动管理，从事用人单位安排的有报酬的劳动。

（3）劳动者提供的劳动是用人单位业务的组成部分。[《劳动和社会保障部〈关于确立劳动关系有关事项的通知〉》（劳社部发〔2005〕12号）第一条。]

但对于狭义的兼职，即劳动者在有本职工作的情况下，利用业余时间为其他用人单位工作的，即便具备以上劳动关系认定的三个基本特征，也会由于不具备全日制工作的特征，仍然不能被认定为通常情况下的劳动关系，通常会被认定为劳务关系或是非全日制用工。

那么，到底如何区分劳动者的兼职是劳动关系还是劳务关系呢？主要从以下几个方面来判别。

1. 看劳动者的身份

如果劳动者不具备法定的劳动关系主体资格，比如，已依法办理退休手续、享受养老保险待遇，在校学生，已与其他用人单位订立过劳动合同等，从事兼职，订立劳务合同，一般都能被认可。（在校学生订立实习协议，已与其他用人单位订立过劳动合同的还可以选择非全日制用工关系。）

反之，如果劳动者具备完整的劳动关系主体资格，那么用人单位再与之确立劳务关系，就要特别慎重。

2. 看工作或劳动内容的性质

如果是临时性的工作，或者是某一项具体的工作，那么通常属于劳务关系；但如果是持续性的、规律性的工作，同时又满足劳动关系构成要件的话，就容易被认定为劳动关系。

3. 看工作的时间

如果是利用业余时间、节假日、双休日来完成工作，或者虽是利用工作日正常时间来完成工作，但时间不固定，那么通常属于劳务关系；如果是规律性地利用工作日正常工作时间来完成工作，则有可能属于劳动关系。

4. 看日常管控

劳务关系是一种纯粹的雇佣关系，提供劳务服务的劳动者和用人单位之间并无任何的隶属关系，劳动者也没有义务完全遵守和执行用人单位的全部规章制度（当然，和工作岗位和工作内容密切相关的操作流程、安全规范等还是必须要遵守的）。如果用人单位明确要求劳动者要遵守其全部规章制度，那么很可能会被认定为劳动关系。

本案中，法院并未囿于原、被告签订的协议名称，而是查明双方实际履行行为，从事实劳动关系构成要件出发，认定双方关系符合劳动关系基本特征，确认双方存在劳动关系，切实维护劳动者合法权益。

关联法条

《关于确立劳动关系有关事项的通知》（劳社部发〔2005〕12号）

一、用人单位招用劳动者未订立书面劳动合同，但同时具备下列情形的，劳动关系成立。

（一）用人单位和劳动者符合法律、法规规定的主体资格；

（二）用人单位依法制定的各项劳动规章制度适用于劳动者，劳动者受用人单位的劳动管理，从事用人单位安排的有报酬的劳动；

（三）劳动者提供的劳动是用人单位业务的组成部分。

防范要点

用人单位从降低成本的角度出发，对一些辅助性的岗位，采用兼职用工的形式是无可厚非的。但从以上案例可以发现,对劳动关系的认定,并不取决于签订协议的名称,所以如果的确需要采用兼职用工形式,那么一定要注意规避和劳动关系相关的一些内容,具体如下。

(1)注意劳动者的主体资格。如果聘用的兼职人员符合法律、法规规定的劳动关系主体资格,则需要特别慎重。

(2)规章制度及劳动管理。兼职用工无须遵守企业的全部规章制度。

(3)工作内容。兼职人员一般从事的是临时性的、辅助性的工作,如果是正常的、长期性的,企业主要业务组成部分的工作,则需要慎重选择兼职。

(4)避免让兼职人员填写"面试/入职登记表""报名表"等表格。

(5)不向兼职人员发放诸如工作证、工号牌、服务证等能够证明身份的证件。

(6)避免使用"工资"等字眼,而改用"劳务费"。

(7)和兼职人员签订的劳务合同书中要避免出现"试用期""劳动纪律""劳动条件""劳动报酬""工伤赔偿"等条款。

劳动用工和兼职用工的区别如表2-1所示。

表2-1 劳动用工和兼职用工的区别

	劳动用工(劳动合同)	兼职用工(劳务合同)
主体资格	一方是法人或组织(用人单位),另一方是劳动者个人(自然人)	双方可以是法人、组织或公民
主体性质及其关系	双方不仅存在经济关系,还存在人身关系(行政隶属关系),即劳动者须接受用人单位管理、遵守其规章制度等	双方只存在经济关系,无从属关系,即劳动者提供劳务服务,雇佣者支付劳动报酬,双方地位完全平等
主体待遇	劳动者除获得工资外,还有保险、其他福利等	只有劳动报酬
适用法律	《劳动法》《劳动合同法》	《经济法》《民法典》
受国家干预程度	国家有强制性法律、法规来规范	完全由双方协商确定
违反合同的法律责任	既有民事责任,还有行政责任	仅有民事上的违约和侵权责任
承担劳动风险责任主体	由用人单位承担	由劳动者自行承担

续表

	劳动用工（劳动合同）	兼职用工（劳务合同）
纠纷处理方式	先仲裁，后起诉（当然也可以由双方协商处理）	只能向人民法院提起诉讼（当然也可以由双方协商处理）

2.15 非全日制用工的相关法律风险

《劳动合同法》第六十八条规定，所谓的非全日制用工是指以小时计酬为主，劳动者在同一用人单位一般平均每日工作时间不超过四小时，每周工作时间累计不超过二十四小时的用工形式。

非全日制用工作为一种灵活用工的模式，和全日制用工（通常所说的劳动关系）一样，都是被《劳动合同法》认可的劳动用工模式。但非全日制用工突破了传统的全日制用工模式，一定程度上弥补了全日制用工模式下存在的用工刚性和局限，既能满足一些用人单位灵活用工的需求，降低用工成本，同时也可以满足劳动者求职愿望，促进就业和新经济的发展。但企业亦应注意非全日制用工固然有诸多灵活性，但也伴随着一些限制，企业在用工过程中应注意进行适当性管理，以免承担不利责任。

全日制劳动关系和非全日制劳动关系的比较如表2-2所示。

表2-2 全日制劳动关系VS非全日制劳动关系

比较项目	全日制劳动关系	非全日制劳动关系
劳动合同	必须订立书面劳动合同	可以订立口头协议
试用期	可以约定	不得约定
多重劳动关系	没有禁止，但存在风险	可以建立
工作时间	一般每日8小时，每周40小时	一般平均每日不超过4小时，每周累计不超过24小时
工资标准	不得低于当地月最低工资标准	不得低于当地小时最低工资标准
工资支付周期	按月发放	不得超过15日

续表

比较项目	全日制劳动关系	非全日制劳动关系
解雇保护	符合法定条件，依照法定程序方可解雇	随时可以解雇
经济补偿	有（依法律规定支付）	无
社会保险	必须缴纳	只需要缴纳工伤保险
加班费/年休假	有	无

【典型案例】

2014年6月，小张大学毕业之后，由于暂时找不到合适的工作，只能进入武汉A公司工作。A公司规模不大，2014年9月小张进入A公司时，双方并未签订书面劳动合同，只是填写了一份以完成一定工作任务为期限的《非全日制用工登记表》。

小张在A公司每天工作5小时，每周工作5天，工资为每月2000元。由于A公司工作制度比较自由，有的时候小张就直接在租住的房子里将工作完成，并以邮件的形式发送给主管，也不用去A公司上班。

2015年6月，小张去另一家公司应聘并被录用，于是小张向A公司提出辞职，并以未签订书面劳动合同为由，要求A公司支付二倍工资差额18 000元。A公司认为双方签订的是非全日制用工劳动合同，拒绝了小张的要求。于是，小张向当地劳动争议仲裁委员会申请仲裁。

劳动争议仲裁委员会经审理，裁决支持了小张的诉请。

【案例解读】

本案极具代表性。在本案中，虽然A公司的工作制度比较自由，同时小张也经常在租住的房屋中完成工作，但正常情况下，小张每天工作5小时，每周工作5天，达到了25小时，超过了《劳动合同法》中关于非全日制用工的时间规定。同时，小张的月工资为2000元，这也与非全日制用工的薪资发放周期规定不符。因此，最终劳动争议仲裁委员会裁定双方形成事实劳动关系，A公司未与小张签订书面劳动合同，应向小张支付二倍工资差额18 000元。

关联法条

1.《劳动合同法》（2012年修订）

第六十八条　非全日制用工，是指以小时计酬为主，劳动者在同一用人单位一般平均每日工作时间不超过四小时，每周工作时间累计不超过二十四小时的用工形式。

第六十九条　非全日制用工双方当事人可以订立口头协议。

从事非全日制用工的劳动者可以与一个或者一个以上用人单位订立劳动合同；但是，后订立的劳动合同不得影响先订立的劳动合同的履行。

第七十条　非全日制用工双方当事人不得约定试用期。

第七十一条　非全日制用工双方当事人任何一方都可以随时通知对方终止用工。终止用工，用人单位不向劳动者支付经济补偿。

第七十二条　非全日制用工小时计酬标准不得低于用人单位所在地人民政府规定的最低小时工资标准。

非全日制用工劳动报酬结算支付周期最长不得超过十五日。

2.《关于非全日制用工若干问题的意见》（劳社部发〔2003〕12号）

第十二条　用人单位应当按照国家有关规定为建立劳动关系的非全日制劳动者缴纳工伤保险费。从事非全日制工作的劳动者发生工伤，依法享受工伤保险待遇……

防范要点

非全日制用工虽然是一种灵活和极富弹性的用工模式，在当前互联网时代，应用越来越广泛，但也存在一些法律限制。如果操作不当，就会给用人单位带来不利的影响，甚至是经济损失。

那么，从哪些方面入手可以预防和避免非全日制用工的法律风险呢？

1. 订立书面合同，明确双方权责利

虽然现行《劳动合同法》并未强制要求非全日制用工订立书面劳动合同，但司法实践中一旦发生劳动纠纷，用人单位和劳动者首先要面临的就是确认用工性质的问题。通过订立书面的非全日制用工劳动合同有利于明确用工性质和双方的责权利。

非全日制用工劳动合同可由劳动者和用人单位协商订立，应当包括工作时间和期限、工作内容、劳动报酬、劳动保护和劳动条件五项必备条款。同时，也建议对加班费、年休假、高温费、相关福利待遇等事项予以明确约定，以应对将来可能产生的争议或纠纷。

2. 切勿突破工作时间红线

根据相关法律、法规，非全日制用工与全日制用工核心的区别在于工作时间。众多的司法判例也显示，工作时间是非全日用工劳动纠纷处理中的高危因素。因此，用人单位一定要严守红线，做好工作时间的安排和考勤管理，确保**"每日工作时间不超过四小时，每周工作时间累计不超过二十四小时"**，以免在发生争议时因无法举证而产生不利后果。此外，用人单位应避免安排员工加班，以免因加班突破上述工作时间的限制而被认定为全日制用工。

需要特别说明的是，《劳动合同法》第六十八条对非全日制用工的界定是，"平均每日工作时间不超过四小时，每周工作时间累计不超过二十四小时"，单从字面意思上理解，这两句话其实是一个意思，因为《劳动法》规定用人单位每周要安排劳动者至少休息一天，所以每周的实际工作天数最多就是6天。也就是说，只要是在每周6天、累计24小时的总工作时间内，具体工作安排可由用人单位自主决定，可以每天工作6小时，每周工作4天，也可以每天工作8小时，每周工作3天。但也有不少的判例将"每日不超过四小时"和"每周不超过二十四小时"并列考虑。例如，《北京市非全日制就业管理若干问题的通知》便直接规定，"劳动者在同一用人单位每日工作时间超过4小时的视为全日制从业人员"。

因此，稳妥起见，应将非全日制用工的劳动时间严格控制在每日不超过4小时，且每周不超过24小时。

3. 加强薪酬管理，守住底线标准

计薪方式和发薪周期虽然不能作为判定非全日制用工的核心因素，但其作为非全日制用工的特征之一亦属于判定是否属于非全日制用工的危险因素。在司法实践中，裁审机关可能会结合其他案情因素，进而做出对用人单位不利的判定。

为避免承担被认定为全日制用工的风险和责任,建议用人单位:

(1)按小时计算薪酬,且计酬标准不低于当地最低小时工资标准;

(2)工资发放周期不得超过15日。

4. 禁止约定试用期

《劳动合同法》第七十条规定,非全日制用工双方当事人不得约定试用期。这是明确的禁止性规定,故用人单位在实际用工时应当注意遵守该规定,否则一旦违法约定试用期,用人单位极有可能需根据《劳动合同法》第八十三条的规定,按已经履行的超过法定试用期的期间向劳动者支付赔偿金。

5. 及时缴纳工伤保险,维护双方权益

根据相关法律规定,用人单位支付的小时工资中并未涵盖工伤保险费用。因此用人单位应当及时为建立劳动关系的非全日制劳动者缴纳工伤保险费,以避免相关风险与责任。目前各地也是基本允许用人单位为非全日制劳动者单独缴纳工伤保险费的,如确因当地政策致使单位无法为非全日制员工单独缴纳工伤保险费,那么用人单位可考虑购买雇主责任险等商业险种以分担自己的赔付风险。

6. 加强密保工作,涉密岗位慎用非全日制员工

根据法律规定,并不禁止非全日制员工建立多重劳动关系。因此为避免非全日制员工在与其他用人单位同时存在劳动关系时存在的商业秘密泄露隐患,建议用人单位加强密保工作,与涉密人员签订保密协议、竞业限制协议,或者避免在涉密岗位上使用非全日制员工。

2.16 无固定期限劳动合同就是"金饭碗"吗?

无固定期限劳动合同,是指用人单位和劳动者约定无确切劳动合同届满日期的劳动合同。这里所说的无确切届满日期,是指劳动合同没有一个确切的终止时间。也就是说,劳动合同的期限不能确定,不存在劳动合同到期的问题。

长久以来,由于缺乏对无固定期限劳动合同制度的正确认识,不少人认为无固定期限劳动合同一经签订就不能解除。因此,一方面,很多劳动者把无固定期限劳动合同视为"护身符",千方百计要与用人单位签订无固定期限劳动合同。另一方面,用人单位则将无固定期限劳动合同看成了"终身包袱",想方设法逃避签订无固定期限劳动合同的法律义务。

典型案例

孙某2004年进入一家出版社工作，与出版社签订了无固定期限劳动合同。2012年8月，孙某因与他人斗殴，被人民法院以故意伤害罪判处有期徒刑1年，缓刑2年。法院宣判后，出版社通知孙某解除劳动合同。孙某认为自己与出版社签订的是无固定期限劳动合同，不经他本人同意，出版社不能单方解除劳动合同，而且自己被判的是缓刑，并不影响工作。出版社不接受孙某的解释，执意解除劳动合同，并向孙某送达了解除劳动合同通知书。

孙某不服，向当地劳动仲裁委员会提出了仲裁申请。劳动仲裁委员会经审理后裁决，出版社解除劳动合同的行为符合法律规定，驳回了孙某的请求。

案例解读

《劳动合同法》第三十九条第（六）项规定，劳动者被依法追究刑事责任的，用人单位可以解除劳动合同。这是《劳动合同法》赋予用人单位的即时解除劳动合同权，该条款并未区分劳动合同类型。因此，无论是哪一种形式（期限）的劳动合同，只要满足了法定的解除条件，用人单位都可以解除劳动合同。在本案中，孙某被追究刑事责任，出版社当然可以行使解除劳动合同的权利。

单就无固定期限劳动合同的性质而言，其只是劳动合同期限的一种类型，强调的是没有确切的终止时间，这与计划经济年代的"终身制""铁饭碗"有着本质的区别。《劳动法》《劳动合同法》都规定了用人单位解除劳动合同和终止劳动合同的情形，但都没有区分劳动合同的类型。也就是说，这些规定对三种期限类型（固定期限、无固定期限、以完成一定任务为期限）的劳动合同都适用，唯一的不同是，无固定期限的劳动合同不存在劳动合同期满终止的情形。

关联法条

1.《劳动合同法实施条例》（2008年颁布）

第十一条　除劳动者与用人单位协商一致的情形外，劳动者依照劳动合同法第十四条第二款的规定，提出订立无固定期限劳动合同的，用人单位应当与其订立无固定期限劳动合同。对劳动合同的内容，双方应当按照合法、公平、平等自愿、协商一致、诚实信用的原则协商确定；对协商不一致的内容，依照劳动合同法第十八条的规定执行。

2.《劳动合同法》（2012年修订）

第十四条【无固定期限劳动合同】无固定期限劳动合同，是指用人单位与劳动者约定无确定终止时间的劳动合同。

用人单位与劳动者协商一致，可以订立无固定期限劳动合同。有下列情形之一，劳动者提出或者同意续订、订立劳动合同的，除劳动者提出订立固定期限劳动合同外，应当订立无固定期限劳动合同：

（一）劳动者在该用人单位连续工作满十年的；

（二）用人单位初次实行劳动合同制度或者国有企业改制重新订立劳动合同时，劳动者在该用人单位连续工作满十年且距法定退休年龄不足十年的；

（三）连续订立二次固定期限劳动合同，且劳动者没有本法第三十九条和第四十条第一项、第二项规定的情形，续订劳动合同的。

用人单位自用工之日起满一年不与劳动者订立书面劳动合同的，视为用人单位与劳动者已订立无固定期限劳动合同。

第八十二条【不订立书面劳动合同的法律责任】

……

用人单位违反本法规定不与劳动者订立无固定期限劳动合同的，自应当订立无固定期限劳动合同之日起向劳动者每月支付二倍的工资。

防范要点

根据相关法条我们可以得知，无固定期限劳动合同并不是"金饭碗"，也不是劳动者的"免死金牌"，只不过是没有确切终止时间的一种劳动合同而已。

1. 订立无固定期限劳动合同的三种情形

（1）协商一致。

用人单位与劳动者只要协商一致，就可以订立无固定期限劳动合同。

（2）出现法定情形，且劳动者要求订立无固定期限劳动合同的。

①劳动者在该用人单位连续工作满十年的（必须是连续）。

②连续订立二次固定期限劳动合同，且劳动者没有《劳动合同法》第三十九条和第四十条第一项、第二项规定的情形，续订劳动合同的。

③用人单位初次实行劳动合同制度或国有企业改制重新订立劳动合同时，劳动者在该用人单位连续工作满十年且距法定退休年龄不足十年的（此种情况目前已很少见）。

（3）用人单位与劳动者无劳动合同状态超过一年的。

用人单位自用工之日起满一年不与劳动者订立书面劳动合同的，视为用人单位与劳动者已订立无固定期限劳动合同。

2. 无固定期限劳动合同的风险防范

（1）规范企业的规章制度。

尽管无固定期限劳动合同没有确切的终止时间，但如果符合法定的劳动合同解除条件，比如，劳动者严重违反企业的规章制度，企业同样可以行使解除权。

（2）变"续签"为"补充协议"，规避第三次订立劳动合同。

因为连续订立两次固定期限劳动合同后再次续订时，如果劳动者要求订立无固定期限劳动合同，则用人单位与劳动者必须订立无固定期限劳动合同。

如果用人单位实在不愿意因此原因而订立无固定期限劳动合同，就可以选择用补充协议来代替续签。也就是一份劳动合同到期前，选择与劳动者就这份劳动合同的期限进行修改，签订补充协议。

比如，原劳动合同的期限是自2018年1月1日起至2019年12月31日止，为期2年，在2019年11月30日前，用人单位与劳动者协商，签订一份补充协议，将劳动合同的届满日期变更为2021年12月31日，其他条款维持不变。这样的话，其实还是一份劳动合同。

2.17 特殊岗位能否收取押金或风险金？

在现实生活中，用人单位向劳动者收取各种名目的押金的现象并不少见。比如，对于送货的工人，公司为其配备了电瓶车。公司为防止工人"跑路"或因工人保管不当而导致电瓶车被盗，就会收取一定金额的车辆押金。

但是，这种做法涉嫌违法，存在较大的法律风险。

典型案例

陈某进入宁波市A公司时，被收取工作服押金200元。一年后，陈某在离职时要求A公司退还200元工作服押金，A公司以工作服陈旧为由，拒绝退还200元押金。陈某向A公司所在地的劳动保障监察大队投诉，要求A公司退还工作服押金200元。

劳动保障监察大队受理后，经立案调查，（1）责令A公司立即退还给陈某工作服押金200元；（2）对A公司并以每人1000元的标准处以罚款。

案例解读

向员工收取工作服、电脑、工具等物品的押金，最终导致争议和纠纷的案件非常多。但《劳动合同法》等相关的法律、法规中，是明令禁止用人单位以各种方式向劳动者收取财物或要求提供担保的。

在本案中，A公司向员工收取工作服押金已属违法，在员工离职时还以工作服陈旧为由拒绝退还押金。最终被劳动监察部门查处，不但要如数退还押金，还要承担罚款，可谓是"赔了夫人又折兵"。

关联法条

《劳动合同法》（2012年修订）

第九条 【用人单位不得扣押劳动者证件和要求提供担保】用人单位招用劳动者，不得扣押劳动者的居民身份证和其他证件，不得要求劳动者提供担保或者以其他名义向劳动者收取财物。

第八十四条 【扣押劳动者身份等证件的法律责任】用人单位违反本法规定，扣押劳动者居民身份证等证件的，由劳动行政部门责令限期退还劳动者本人，并依照有关法律规定给予处罚。

用人单位违反本法规定，以担保或者其他名义向劳动者收取财物的，由劳动行政部门责令限期退还劳动者本人，并以每人五百元以上二千元以下的标准处以罚款；给劳动者造成损害的，应当承担赔偿责任。

劳动者依法解除或者终止劳动合同，用人单位扣押劳动者档案或者其他物品的，依照前款规定处罚。

> 防范要点

站在用人单位的角度，为了维护自身合法的财产权益，收点押金似乎也可以理解。但《劳动合同法》明令禁止这种行为，那么，用人单位该如何保护自己的利益呢？

1. 规范招聘入职录用流程

在新员工入职时，严格查验相关证件，坚持先签劳动合同再入职的原则，杜绝上班两天带着物品"跑路"的现象发生。

2. 规范物品领用流程

员工在领用工作服、贵重办公用品（如电脑、手机等）、劳动工具时，须填写物品领用单，物品领用单上须载明：

（1）领用物品的品牌、型号、名称、规格、价值、数量等。（现实操作中，绝大多数企业在发放物品时，都只是让员工在一张统一的表格上签名，而并没有载明型号、价值等信息。）

（2）因使用不当导致损坏，或因保管不当而导致丢失或损毁，须照价赔偿。

（3）离职时须交回，方可办理离职交接手续及结算薪资。

3. 变通租赁方式

为了合理避税或是其他原因，很多老板都会注册多家公司。假定A公司是平时经营的主体，也是用来和劳动者签订劳动合同的公司，那么，就可以用B公司来和劳动者签订物品租用协议，劳动者向B公司租赁电瓶车或是贵重的劳动工具，缴纳押金，B公司开具押金收据，这样可以从一定程度上规避A公司的违法风险和财产损失风险。

当然，需要强调的是，作为老板和企业的经营者，格局需要放大。现实生活中产生争议和纠纷最多的应该就是工作服，很多企业在员工离职时都会以工作服已陈旧为名进行扣款，这就显得过于小气了。工作服是员工正常工作的"工具"之一，员工为企业工作一天，就创造了一份价值，工作服的成本和员工所创造的价值相比，就微不足道了。

第 3 章
试用期环节法律风险防范

扫码观看本章
视频教学知识点

劳动者通过了面试,进入用人单位开始工作,并不一定能够适应用人单位的各种环境,也不一定能够完全符合用人单位的各种工作要求。因此,用人单位和劳动者签订了书面的劳动合同,并不代表用人单位最终一定会录用该劳动者,双方还需要有一个相互了解、考量和选择的阶段。这个阶段就是试用期,又叫适应期。

需要注意的是,试用期并非劳动合同的必备条款(**法律条文是"用人单位与劳动者可以约定试用期",重点是"可以"二字**),但几乎所有的劳动合同中都有试用期的相关条款。

尽管《劳动法》《劳动合同法》及其他相关的法律、法规都对试用期做了非常明确的规定,但近些年以来,因试用期而引发的劳动纠纷及诉讼数量却一直居高不下。

3.1 违法约定试用期的法律风险

试用期的长度和劳动合同的期限挂钩,这是非常简单的常识,但依然有不少用人单位和HR在这个问题上犯低级错误,最终付出了支付赔偿金的惨痛代价。

典型案例

2015年4月,林某应聘到A公司工作,双方签订了为期2年的固定期限劳动合同,并约定了6个月的试用期。试用期内林某工资为4000元/月,转正后工资为5000元/月。2015年11月,林某通过朋友了解到,劳动合同期限不足3年的,试用期最长不得超过2个月,而单位与他约定了6个月的试用期,明显违法。

林某向到当地劳动人事争议仲裁委员会提起仲裁申请,要求单位支付违法约定试用期的赔偿金20 000元。仲裁委经过审理后,支持了林某的仲裁请求。

案例解读

本案在日常实践中并不少见,因为试用期的薪资可以打折,部分用人单位就有意无意地滥用约定试用期的权力,超期约定试用期。

A公司与林某签订的劳动合同期限为2年,按照法律规定,试用期最长只能为2个月,而双方约定的试用期为6个月,超期4个月。因此应以林某试用期满的月工资为标准,按已经履行的超过法定试用期的期间向林某支付赔偿金,所以,仲裁委裁定A公司赔偿给林某20 000元(5000元/月×4个月)是有法律依据的。

关联法条

《劳动合同法》(2012年修订)

第十九条 【试用期】劳动合同期限三个月以上不满一年的,试用期不得超过一个月;劳动合同期限一年以上不满三年的,试用期不得超过二个月;三年以上固定期限和无固定期限的劳动合同，试用期不得超过六个月。

......

第八十三条 【违法约定试用期的法律责任】用人单位违反本法规定与劳动者约定试用期的，由劳动行政部门责令改正；违法约定的试用期已经履行的，由用人单位以劳动者试用期满月工资为标准，按已经履行的超过法定试用期的期间向劳动者支付赔偿金。

防范要点

由相关法条可以看出，超期约定试用期将受到和不签订书面劳动合同一样的二倍工资惩罚。所以，在约定试用期时，一定要严格遵守法律规定，试用期的长度不能超过法定期限。

但需要注意的是，结合民法的相关规定，**"不满""不足"一般是不包括本数（"<"），"以上"是包括本数（"≥"），"不得超过"也是包括本数的（"≤"）**。即劳动合同期限刚好1年（4月1日至次年3月31日）的就可以约定2个月的试用期，刚好3年的就可以约定6个月试用期。当然，如果是刚好3年的劳动合同期限，也可以约定2个月或3个月或4个月的试用期，只要不超过6个月就是合乎法律的。

客观来讲，6个月的试用期已经很长了，足够用人单位对劳动者做全方位的考察和评估，所以如果想约定6个月的试用期，劳动合同期限只要达到3年就行了。

此外，劳动合同期限不足3个月（不含3个月），按照法律规定是不能约定试用期的，如果违法约定了，也将承担二倍工资的赔偿金。

3.2 试用期可以延长吗？

一些用人单位为了推迟劳动者正式入职的时间，往往试图通过延长试用期来达到目的。当然也存在这样一种现象：试用期届满前，领导对新员工不算特别满意，但暂时也没有替代人选，有点"食之无肉弃之可惜"的意思，便想通过延长试用期来进行进一步的考察和了解。

典型案例

2017年3月1日,王某应聘到A公司担任市场部主管一职,双方签订了为期3年的固定期限劳动合同,试用期为3个月。试用期内王某工资为5000元/月,转正后工资为6000元/月。

5月28日,A公司人力资源部给王某下达了一份延长试用期通知书。通知书声称,鉴于王某的工作表现未能完全达到公司的要求,需要进一步考察。因为王某的劳动合同期限为3年,按照法律规定可以约定最长6个月的试用期。因此决定将王某的试用期延长3个月,至2017年8月31日止。王某并未在该通知书上签字。

8月30日,A公司人力资源部以试用期内不符合录用条件为由,向王某下达了解除劳动合同通知书,8月31日,王某办理了离职手续。

随后,王某向当地劳动人事争议仲裁委员会提出仲裁申请,要求A公司支付2017年6—8月试用期工资和转正后工资的差额总和3000元,并支付违法解除劳动合同的赔偿金12 000元。

劳动人事争议仲裁委员会审理后支持了王某的诉请,A公司不服裁决,起诉至当地法院。

一审法院经过审理,驳回了A公司的上诉,判决A公司向王某支付工资差额3000元、违法解除劳动合同的赔偿金12 000元,合计为15 000元。

公司不服一审判决,上诉到当地中院,中院经过审理,驳回了公司的上诉,维持原判。

案例解读

试用期作为劳动合同的重要条款之一,一经约定,非经双方协商一致,是不准随意延长或缩短的(缩短即提前转正,一般员工是愿意接受的,后续详细讨论)。

《劳动合同法》第十九条明确规定,同一用人单位与同一劳动者只能约定一次试用期,且不存在延长试用期一说。

在本案中,A公司以需要进一步考察为由,向王某下达延长试用期通知,属单方延长试用期,明显违法。从法律上讲,过了试用期,王某继续在A公司工作,就视为王某已通过试用期考察，双方进入劳动合同的正式履行阶段。8月30日，A公司再以试用期不符合录用条件为由解除劳动合同，就属于违法解除劳动合同。因此，一裁两审均支持王某的诉请，是完全符合法律规定的。

关联法条

《劳动合同法》（2012年修订）

第十九条 【试用期】……同一用人单位与同一劳动者只能约定一次试用期……

第三十五条 【劳动合同的变更】用人单位与劳动者协商一致，可以变更劳动合同约定的内容。变更劳动合同，应当采用书面形式。

变更后的劳动合同文本由用人单位和劳动者各执一份。

防范要点

在现实操作中，的确存在试用期届满时，用人单位虽然对劳动者不是特别满意，但暂时也没有更好的选择，希望进一步考察的情况。

如果遇到这种情况，如何合法地延长试用期呢？

（1）与劳动者协商，将原劳动合同作废，重新订立一份劳动合同，起止日期及其他条款均和原劳动合同一致，仅调整试用期的时间。

（2）与劳动者协商，针对原劳动合同的试用期条款部分签订一份补充协议。《劳动合同法》虽然规定同一用人单位与同一劳动者只能约定一次试用期，但同时也规定，双方协商一致，可以变更劳动合同约定的内容，试用期期限是劳动合同中双方约定的内容，若双方协商一致，当然可以变更。需要强调的是，即便是协商变更，总的试用期期限也不能超过试用期的法定最长期限。

需要提醒的是，**此方式不是特别保险，需要考虑当地司法实践的做法。**

员工患病或非因工受伤可以延长试用期吗？

大多数HR都知道，试用期最长不能超过6个月，且试用期不能随意延长。那么，万一出现员工入职不久就请病假或非因工受伤，病假结束试用期也快到期甚至已经过期的情况，该如何处理呢？

典型案例

李某入职某酒业集团，双方签订了为期3年的劳动合同，并约定了6个月的试用期。试用期进行到第3个月时，李某在双休日参加当地旅行社组织的登山活动，不慎右腿摔骨折。李某请病假3个月后上班时，公司提出，李某因自身原因请病假3个月，公司无法对其个人品质、工作能力等进行充分的考察和评估。因此，需要延长试用期。

李某不同意公司的决定，他认为意外摔伤并非自己的责任，何况自己已经过了3个月的试用期，公司对他应该已经有了一定的了解。

案例解读

现行《劳动合同法》只是对试用期的期限做了规定，但对于试用期间因患病或非因工负伤等特殊情况，是否应该延长试用期，并没有做明确规定。

根据《企业职工患病或非因工负伤医疗期规定》，试用期内患病或是非因工负伤，劳动者可享有3个月的医疗期，在此期间，用人单位不得解除劳动合同。

在本案中，导致试用期中断虽然是一种意外，并非李某的直接过错，但毕竟属于因李某自身原因导致的"一方不履行合同义务"。因此，李某负有承担继续履行试用期合同的义务。最后，在劳动人事争议仲裁委员会的主持调解下，李某同意了公司延长试用期3个月的要求。

关联法条

1.《民法典》（2020年颁布）

第五百七十七条 【违约责任】当事人一方不履行合同义务或者履行合同义务不符合约定的，应当承担继续履行、采取补救措施或者赔偿损失等违约责任。

2.《企业职工患病或非因工负伤医疗期规定》（劳部发〔1994〕479号）

第二条　医疗期是指企业职工因患病或非因工负伤停止工作治病休息不得解除劳动合同的时限。

第三条　企业职工因患病或非因工负伤，需要停止工作医疗时，根据本人实际参加工作年限和在本单位工作年限，给予三个月到二十四个月的医疗期：

（一）实际工作年限十年以下的，在本单位工作年限五年以下的为三个月……

防范要点

法律赋予了劳动者享有医疗期的特权，但对试用期遇到医疗期该如何处理又没有做出明确的规定。为了方便操作，根据笔者以往的经验，建议如下。

（1）加强入职体检的执行力度，以减少刚入职就患病的风险。

（2）在双方签订劳动合同时就直接明确，若在试用期间出现患病或非因工负伤的情况，则双方的试用期中止（注意不是"终止"）执行。待劳动者病假结束后，再履行原来规定的试用期，劳动合同的期限则顺延。

（3）将试用期内的出勤率作为录用条件之一，比如，试用期内若出勤率低于80%，则视为不符合录用条件，以减少劳动者混事假、泡病假的现象。如果劳动者出现试用期间请长病假的情况，虽然在病假期间无法行使劳动合同解除权，但医疗期结束后，用人单位完全可以合法解除劳动合同。

3.4　试用期最后一天解雇新员工的法律风险

试用期是用人单位和劳动者互相了解和考察的一个阶段。在试用期内，劳动者在用人单位无过错的前提下提前三天通知用人单位即可解除劳动合同，而用人单位则可以试用期内不符合录用条件为由随时解除劳动合同。

正是基于这条规定，部分用人单位习惯在试用期的最后一天以不符合试用期录用条件为由向劳动者下达解除劳动合同通知书。但若操作不当，稍有不慎便有可能引发劳动纠纷。

典型案例

2018年2月1日,左某应聘到A公司担任业务主管一职,双方签订了为期3年的固定期限劳动合同,试用期为3个月。试用期内王某基本工资为4000元/月,转正后基本工资为5000元/月,提成另计。劳动合同约定,在试用期内,左某须完成30万元的销售回款,否则视为不符合录用条件,公司有权解除劳动合同。

4月30日下班前,A公司HRD找到左某,称根据财务部的统计数据,在试用期内王某仅完成了25万元的销售回款,未达到要求。随即HRD向左某出具了解除劳动合同通知书,解除理由是在试用期间被证明不符合录用条件。

左某对财务部出具的数据并不认可,称因为公司临时调整销售政策,导致部分客户减少订货,责任不能全部由他来承担,并拒绝签收解除劳动合同通知书。

A公司HRD随即通过EMS将解除劳动合同通知书按照劳动合同上载明的地址寄给了左某。

因为正好是五一长假,左某收到EMS时已是5月4日。左某不服公司的解除决定,向当地劳动人事争议仲裁委员会提出仲裁申请,请求裁定A公司违法解除劳动合同,并支付违法解除劳动合同赔偿金6250元(2018年2—4月,左某的月平均工资为6250元)。

劳动人事争议仲裁委员会经过审理,支持了左某的仲裁请求。

案例解读

在这起案件中,A公司看起来是很"冤"的。左某试用期内的回款只有25万元,的确没有达到录用条件。原本A公司的解除合同是没有任何问题的,但败在了细节上。

以在试用期间被证明不符合录用条件为由解雇新员工必须在试用期满前做出决定并及时送达通知书给劳动者。因此,在试用期最后一天解雇新员工是没有多大的问题的。但问题在于,如果劳动者当场拒绝签收解雇通知书,那么用人单位的风险就很大了。因为即便是用人单位用EMS发出解雇通知书,原则上最快也要隔日才能送达给劳动者,当劳动者收到解雇通知书,或者说解雇通知书生效的时候,已经过了试用期,在试用期间被证明录用条件的理由也就不能继续使用,事实上已经构成了违法解除劳动合同。

另外，即便是劳动者同意被解雇，工作交接往往也很难在当天就全部完成。如果工作交接拖到了次日继续进行，现实中也存在很多争议。如果法官认为工作交接的那一天也存在劳动关系，那么用人单位也将构成违法解除劳动合同（过了试用期）。

关联法条

1.《劳动合同法》（2012年修订）

第三十九条 【用人单位单方解除劳动合同（过失性辞退）】劳动者有下列情形之一的，用人单位可以解除劳动合同：

（一）在试用期间被证明不符合录用条件的；

……

2. 原劳动部办公厅《对〈关于如何确定试用期内不符合录用条件可以解除劳动合同的请示〉的复函》（劳部发〔1995〕16号）

对试用期内不符合录用条件的劳动者，企业可以解除劳动合同；如果超过试用期，则企业不能以试用期内不符合录用条件为由解除劳动合同。

防范要点

很多用人单位在试用期间解雇劳动者都比较随意，而且基本是拖到最后一天才通知，稍有不慎，就会造成事实上解除劳动合同的时间超过了试用期，从而构成违法解除，需要承担相当于双倍经济补偿的赔偿金。

如何规避此类风险呢？

其实很简单！劳动合同关系的解除权系形成权，一方解除劳动合同关系的意思表示送达至对方，双方的劳动合同关系即告解除，而送达的方式并无限制，只要用人单位能够证明即可。

根据笔者过往的经验，通常有以下两种方式。

（1）当面向劳动者下达解除劳动合同通知书，要求劳动者签收，同时**做好录音和摄像的准备**。如果劳动者拒绝当场签收，则录音和录像可作为证据。

（2）通过电子送达的方式下达解除劳动合同通知书，如微信、短信、钉钉等方式。

3.5 试用期满前几天解雇新员工的法律风险

既然在试用期最后一天以在试用期间被证明不符合录用条件为由解除劳动合同，会存在因为送达延迟而导致实际解除时间超过试用期的风险，那么，试用期满提前几天下达解雇通知书，是不是就没有风险了呢？

典型案例

2017年6月1日，张某应聘到上海A公司担任销售主管一职。双方签订了为期3年的固定期限劳动合同，试用期为3个月。试用期内王某基本工资为8000元/月，转正后基本工资为10 000元/月，提成另计。劳动合同约定，在试用期内，左某须完成100万元的销售回款，否则视为不符合录用条件，公司有权解除劳动合同。

8月25日，A公司老板找到张某，称截至当日，张某的销售回款仅为70万元，远远低于100万元的目标值，公司认为其未达到公司要求，并向其下达了解除劳动合同通知书，理由是在试用期间被证明不符合录用条件。当日，张某即办理了工作交接手续，与A公司结束了劳动关系。

随后，张某向上海某区劳动人事争议仲裁委员会提交了仲裁申请，请求裁定A公司违法解除劳动合同，并支付经济赔偿金12 350元（张某2017年6—8月的月平均工资为12 350元）。

在仲裁庭开庭时，张某称，他认可与A公司签订的劳动合同，也认可录用条件，但录用条件载明的是在试用期内要完成100万元销售回款，虽然截至8月25日时他只完成了70余万元销售回款，但谁能肯定他最后一周时间不能完成30万元销售回款呢？A公司在8月25日就提前解除了劳动合同，事实上剥夺了他在试用期内达成录用条件的机会。因此，不认可公司的解除理由。

仲裁庭经过审理，裁定A公司解除劳动合同理由不成立，支持了张某的诉请，裁定A公司应向张某支付赔偿金12 350元。

案例解读

对于销售类岗位，大多数用人单位会约定试用期间的销售回款目标为××万元，若完不成则视为不符合录用条件。这个约定原则上并没有问题，但问题在于，这里所说的"试用期间"，严格来说应该理解为从入职之日起到试用期最后一天下班的时候止（甚至是到最后一天24时止）。

在本案中，A公司在距离试用期满还有6天的时候，就以未完成试用期回款目标，不符合录用条件为由解除劳动合同，理由比较牵强，最终导致被裁定为违法解除合同，须支付赔偿金。

关联法条

《劳动合同法》（2012年修订）

第三十九条 【用人单位单方解除劳动合同（过失性辞退）】劳动者有下列情形之一的，用人单位可以解除劳动合同：

（一）在试用期间被证明不符合录用条件的；

……

防范要点

在试用期间被证明不符合录用条件是试用期间用人单位单方免责解除劳动合同的"尚方宝剑"，但如果对录用条件约定不当，则很容易产生法律风险。具体该如何规避此类风险呢？

1. 分阶段约定录用条件

将录用条件分阶段进行拆分，而不是笼统地约定一个总的数值或目标。如本案所述，张某在试用期间的回款目标是100万元，完全可以按月甚至是按周来进行拆分。比如，2017年6月30日前应完成25万元，7月31日前累计应完成60万元，8月25日前累计应完成100万元，任何一个考核阶段未达成目标，均可视为不符合录用条件。

2. 预留出送达解除劳动合同通知书及工作交接的时间

在约定录用条件时，将目标数值的达成时间提前几天，即预留出送达解除劳动合同通知书及工作交接的时间。

如本案所述，如果约定张某应在8月25日前完成销售回款100万元，否则即可视为不符合录用条件，可操作性就很强了，也就完全可以避免违法解除劳动合同的风险。

3.6 以不符合录用条件为由解雇新员工的法律风险

虽然我国现行的法律、法规授予了用人单位在试用期间可以被证明不符合录用条件为由随时辞退劳动者，且不需要承担经济补偿的权利，但对"录用条件"这一概念没有下过定义，也没有做过列举式的表述。换言之，录用条件不是法定的。

此外，根据法律规定，用人单位对试用期员工不符合录用条件负有举证责任。那么，什么是录用条件？应该如何设定录用条件？又如何证明试用期员工不符合录用条件呢？

3.6.1 何为录用条件？

所谓录用条件，是指**用人单位**根据本企业及该岗位生产经营特点，要求劳动者符合该**工作岗位**的**具体要求**所包含的**全部条件**，该等条件必须**告知劳动者**并**由劳动者确认**后方对其生效。录用条件是试用期间用来考察员工、决定是否转正长期雇佣的主要依据。

与录用条件类似且极易混淆的一个概念是"招聘条件"。所谓招聘条件，是指用人单位在招聘人员时所确定的一些基本要求，如学历、工作经验、技术资格等。一般设置在招聘广告中，针对前来应聘的求职者。

需要强调的是，招聘条件仅适用于招聘阶段。一旦员工入职，也就意味着招聘结束，招聘条件自然也就失去了意义。

在实际操作中，很多用人单位和HR会误以为招聘条件就是录用条件，在试用期间以员工不符合招聘条件为由来辞退员工。这种辞退方式将构成违法解除劳动合同。道理非常简单，既然用人单位已经将劳动者招进来了，就说明这个劳动者肯定是符合招聘条件的。

3.6.2 如何设定录用条件？

首先需要明确的是，录用条件首先必须确保合法，比如，不能将法律明令禁止的就业歧视等内容作为录用条件。关于录用条件合法性问题，此处不再赘述。

其次，录用条件一定要明确、具体，且可量化、指标化，方便做出判断。切忌罗列一些定性的、模棱两可的条件，比如，职业素养高、道德品质好、服从用人单位安排等条件就完全没有可操作性。

在实际操作中，录用条件大致包括三方面内容，分别为入职资质、工作能力和职业道德。

1. 入职资质

入职资质条件是指劳动者具备和用人单位签订劳动合同，并从事该岗位工作的资格。比如，与前一家用人单位已解除或终止劳动关系（一般通过离职证明来体现）、与此前用人单位不存在竞业限制协议或虽存在竞业限制协议但不在限制范围之内、能够按时按照用人单位的要求签订书面劳动合同、能够及时办理社保及公积金等手续、身体健康（可规定为不得患有精神类疾病，不得有国家法律、法规规定的禁止工作的传染病，或是要满足从事某些特殊岗位的特殊要求等）、未曾被相关单位开除或未经批准擅自离职的、无与其他单位尚未了结的诉讼等纠纷的、无拖欠其他企业或单位公、私款项尚未清偿的，等等。

至于学历学位、工作经历、技术职称、外语水平等条件，在招聘条件中已罗列，且一般劳动者会将其填写在《面试/入职登记表》中，而且在《岗位说明表》中也有说明，无须在录用条件中再次重复。如果在劳动者入职后发现这些信息有假，可以认定为严重违反企业规章制度，同样可以提前解除劳动合同、终止用工。

2. 工作能力

工作能力条件是指在试用期内完成工作任务的能力，可以从"质"和"量"两个方面进行设定。

需要强调的是，这个工作能力条件的设计一定要以《岗位说明书》作为依据，且尽可能按阶段设置可量化和可考核的标准。

比如，针对业务人员，可以设置"在××月××日之前开发5个新客户，单个客户的订单金额不得低于2000元"，等等。

此外，还可以设置一些红线指标（超过这个数值就属于不符合录用条件），比如，"客户无过失投诉不得超过2次"。

工作表现主要是指劳动者遵守用人单位规章制度的情况，比如，可以设定若出现单月迟到或早退达到3次、累计迟到或早退达到5次、单月请假超过3天、累计请假超过5天、旷工等现象的，一律视为不符合录用条件。

需要说明的是，尽管考勤管理制度中对迟到、早退、旷工也有规定，但劳动者如果迟到、早退或旷工只是违反了规章制度，那么在录用条件中可以约定得更为严格。

3. 职业道德

诚实、守信、尊重领导、尊重客户、遵守法律是任何公民都应该具备的基本素质。

关于职业道德的条件，可以约定，若出现简历或《面试/入职登记表》及其他提交给公司的资料文件中有任何不实信息、顶撞领导或拒不执行领导的工作安排（此条规定一般在规章制度中也会做专门阐述），因个人原因导致公司被媒体曝光或被政府有关部门处罚等现象的，一律视为不符合录用条件。

3.6.3 不符合录用条件的法律风险

请大家再仔细读一遍《劳动合同法》第三十九条第一款的内容，用人单位可以在试用期间解除劳动合同的条件是，劳动者"在试用期间被证明不符合录用条件"，而不是"不符合录用条件"。由此可见，解除条件的核心是"证明"二字。简单来说，即便是劳动者的确不符合录用条件，但用人单位无法证明，那么依然不能据此法条来行使解除劳动合同的权利。

> 典型案例

案例一

孙某甲于2017年6月1日入职A公司担任会计职务，双方签订劳动合同，约定劳动合同期限为1年，试用期为2个月。

试用期内，同事发现，孙某甲容易劳累，而且工作效率比较低，主管安排的工作经常会拖延。经过了解之后得知，孙某甲怀孕了。

2017年7月16日，A公司HR通知孙某甲，称孙某甲在试用期被证明不符合录用条件，A公司予以辞退。

孙某甲遂申请劳动仲裁。庭审中查明：双方并未约定录用条件。

最终仲裁庭裁定A公司违法解雇。

案例二

B公司通过招聘网站发布了招聘销售经理的招聘广告，要求如下：(1)本科以上学历；(2)英语水平良好，CET-6以上水平；(3)五年以上同行业从业经验；(4)具有良好的沟通能力，责任感强、积极上进并富有强烈的企图心；(5)有一定的领导能力和团队合作精神。

孙某乙经过面试后于2017年6月1日被B公司录用，双方签订了劳动合同，约定劳动合同期限为3年、试用期为6个月，岗位是销售经理，工作任务是制订销售计划和营销策略并负责实施，且每个月的销售额应在100万元以上。

入职4个多月来，孙某乙的销售业绩并不是很好，平均每个月只有30万余元，还低于销售专员的业绩。

2017年10月15日，B公司HR通知孙某乙，称孙某乙在试用期被证明不符合录用条件，B公司予以辞退。

孙某乙遂申请劳动仲裁。

仲裁庭认为，双方并没有将孙某乙月完成工作任务约定为录用条件，双方只是在劳动合同中约定了孙某乙的工作任务。现在孙某乙完不成劳动合同约定的工作任务，只能认定孙某乙不胜任工作，而不能认定孙某乙不符合录用条件，故B公司以孙某乙在试用期间不符合录用条件为由解雇孙某乙，构成了违法解雇。

案例解读

试用期内以不符合录用条件为由解除劳动合同一直是劳动纠纷的高发诱因。

在第一个案例中，用人单位根本没有与劳动者约定录用条件；在第二个案例中，用人单位错误地把劳动合同中的工作任务或是工作目标等同于录用条件。

关联法条

《最高人民法院关于审理劳动争议案件适用法律问题的解释（一）》（法释〔2020〕26号）（2021年1月1日起施行）

第四十四条　因用人单位作出的开除、除名、辞退、解除劳动合同、减少劳动报酬、计算劳动者工作年限等决定而发生的劳动争议，用人单位负举证责任。

防范要点

用人单位以试用期间不符合录用条件为由来解除劳动合同，必须同时满足以下三个条件，才足以证明员工不符合录用条件。

1. 录用条件合法、合理、具体

首先，录用条要确保合法，这个很好理解。

其次，录用条件要合理。例如，设定劳动者迟到1次即判定为不符合录用条件，显然不合理。

再次，录用条件一定要具体，尽可能量化，少用定性和描述性的语言，避免在判定是否符合条件的时候造成歧义。

建议加上这个万能条款：**试用期届满前用人单位对劳动者进行专业知识考核，考核成绩未达到60分的，视为不符合录用条件**。（这就是传说中的"说你行你就行，说你不行就不行"，因为考题是由用人单位设计的，难易程度也可以完全由用人单位来掌控。）

2. 有证据表明录用条件已告知劳动者并由劳动者确认

录用条件一定要告知劳动者并由劳动者确认，这一点比较容易做到。但很多用人单位和HR习惯口头宣布，这样一旦用人单位行使解除合同权，而劳动者以不知道这个录用条件作为抗辩理由的话，用人单位就会非常被动，败诉也就是大概率事件了。

给大家的建议是，将录用条件整理成一个单独的文件——录用条件确认函，并作为劳动合同的附件，在与员工签订劳动合同时一并要求员工在录用条件确认函上签字确认。

录用条件必须严格按照《岗位说明书》来编写。

3. 有证据证明员工不符合录用条件

用人单位可以用具体的考核制度及留存的考核结果等作为证据，证明员工不符合录用条件。操作上可以定期（如每周、每月）对员工进行试用期考核。

当然，用人单位据以解除劳动合同的通知必须在试用期内做出并送达给劳动者，

超过试用期(哪怕是超过1天或1小时甚至是1分钟)则不能再以此作为理由来解除劳动合同。这一点在前述章节已有详细讲解,在此不再赘述。

特别需要提醒的是,据此理由解除劳动合同的通知书上的解除理由一定要写成"试用期间被证明不符合录用条件",而不能写成"不能胜任工作"(参见《劳动合同法》第四十条第二款)。

离职员工再入职可以再次约定试用期吗?

实践操作中,劳动者从一家公司离职几年后再重新入职的情况是存在的。《劳动合同法》规定了同一用人单位与同一劳动者只能约定一次试用期,那么,对于这种离职后再入职的劳动者,可以再次约定试用期吗?

典型案例

张强2015年年初进入北京某公司工作,担任客户代表一职,并且签订了为期3年的劳动合同。第二年张强提出辞职,解除劳动关系。8个月后张强重新进入该公司工作,重新签订的劳动合同约定了3个月的试用期。试用期未满,公司以张强业绩太差、不符合录用条件为由解除劳动合同。张强一气之下以公司与其约定两次试用期为由,向当地的劳动人事争议仲裁委员会提出了仲裁申请。

案例解读

在仲裁庭审阶段,公司的答辩意见是,张强离职已超过8个月,公司的情况、市场环境、公司的产品都发生了一定的变化,所以需要再次设置试用期。张强则认为,其与公司已签订过一次劳动合同,也设定过试用期,相互之间已经比较了解,公司能够再次录用他,就证明他是符合公司的录用条件的。再次约定试用期只是公司为了降低用人成本,于法不符。仲裁庭最终支持了张强的诉请,裁定公司设定试用期违法,须承担赔偿责任。

关于离职员工再录用的试用期问题,实务中有两种观点。

一种观点认为,"同一用人单位与同一劳动者只能约定一次试用期"仅限于同一段劳动关系持续期间,如果劳动合同终止或解除后再次建立劳动关系,则不受"同一用人单位与同一劳动者只能约定一次试用期"的限制,可以再次约定试用期。

另外一种观点认为,用人单位招用同一劳动者,无论岗位是否变更,劳动合同是否续签,或者终止一段时间后再次录用的,都不能再次约定试用期。

结合现有的司法判例,绝大多数是支持第二种观点的。在对《劳动合同法》有不同理解的情况下,根据法理,应当按照有利于劳动者的原则去理解。从情理上讲,劳动者原来在同一用人单位工作过,对其工作能力和工作表现,用人单位是清楚的,如果不能胜任,单位可以选择不录用,既然录用,就不能再次约定试用期。

关联法条

《劳动合同法》(2012年修订)

第十九条 【试用期】……同一用人单位与同一劳动者只能约定一次试用期……

第八十三条 【违法约定试用期的法律责任】用人单位违反本法规定与劳动者约定试用期的,由劳动行政部门责令改正;违法约定的试用期已经履行的,由用人单位以劳动者试用期满月工资为标准,按已经履行的超过法定试用期的期间向劳动者支付赔偿金。

防范要点

在目前法律尚未明确、尚存争议的情况下,对离职后再次入职的劳动者,用人单位尽量不要再次约定试用期,否则极有可能被认定为违法约定试用期,可能需要承担支付赔偿金的风险。

3.8 试用期工资可以打折扣吗?

试用期是用人单位和劳动者互相了解和考察的一个阶段。客观地讲,劳动者熟悉用人单位的各项情况需要一个过程,在试用期间,劳动者对用人单位的贡献和试用期满后可能存在一定的差异。因此，在实践中，试用期间工资打折的现象非常普遍。

但也存在部分用人单位滥用这一政策，恶意压低试用期工资的现象。

典型案例

小陈文化水平不高，学习了服装制作手艺后便到了广东的一家服装厂上班。小陈刚上班便与服装厂签订了劳动合同，期限为3年，合同约定了试用期，试用期工资为1500元，试用期之后工资为2500元。

工作了一段时间后，小陈知道了广州的最低工资为2100元，于是小陈便找到服装厂的老板，要求试用期按照最低工资标准发放。但是老板告诉小陈，他已经为小陈提供了免费的食宿，如果加上食宿的费用，小陈的工资已经超过广州2100的最低工资标准。

小陈找到当地的劳动仲裁委员会，反映了上述情况。在劳动仲裁委员会的协调下，最终服装厂老板给小陈补发了最低工资标准的差额。

案例解读

劳动者在试用期间工资可以打折，但用人单位也不能过于任性，否则就有可能受到劳动监察部门的查处。

在本案中，服装厂老板以提供了食宿为由，压低试用期间劳动者薪资的做法是不对的。

关联法条

《劳动合同法》（2012年修订）

第二十条 【试用期工资】劳动者在试用期的工资不得低于本单位相同岗位最低档工资或者劳动合同约定工资的百分之八十，并不得低于用人单位所在地的最低工资标准。

防范要点

《劳动合同法》对于试用期工资的约定存在一个小的漏洞,原因在于"**不得低于本单位相同岗位最低档工资或者劳动合同约定工资的百分之八十**"中的这个"或"字。"或"是选择关系,也就是说,只要不低于当地的最低工资标准就是合法的。但是相同岗位的最低工资档是由用人单位说了算的,比如,某岗位的最低工资档是4000元,小王的劳动合同约定工资(试用期满工资)为6000元,如果按照"相同岗位最低工资档的百分之八十"计算就是3200元,而如果按"劳动合同约定工资的百分之八十"计算就是4800元。只是在目前的司法判例中,本着有利于劳动者的原则,绝大多数是按"劳动合同约定工资的百分之八十"来理解和操作的。

由此可见,试用期间,用人单位可以对劳动者的工资打折,但要注意:

(1)不得低于试用期满工资的百分之八十;

(2)不得低于当地的最低工资标准(全勤、无其他扣款的情况下)。

3.9 能否只订立试用期劳动合同?

法律赋予了用人单位在试用期内解除劳动合同(关系)的更大的自主权,于是,在实际操作中,部分用人单位便只与劳动者先订立试用期劳动合同,如3个月,同时约定,如果试用合格,再订立正式的劳动合同。殊不知,这种做法存在极大的法律风险。

典型案例

陈×武于2014年6月2日入职北京某投资管理公司,担任美食城营运总监。投资管理公司(作为甲方)与陈×武(作为乙方)签订了期限为2014年6月2日至2014年8月31日的试用期劳动合同。双方约定乙方试用期工资为每月10 000元,筹备期间每日餐补15元;在试用期内,甲方如认为乙方不能胜任工作或发现乙方应聘材料弄虚作假,不符合录用条件的,可随时停止试用并予以解雇,工资按乙方实际考勤计算。

2014年7月25日,投资管理公司以陈×武试用期不能胜任工作构成不符合录用条件为由将其解雇，陈×武向北京市昌平区劳动人事争议仲裁委员会提出仲裁申请，主张违法解除劳动合同赔偿金、工资、餐补、周六加班费等。仲裁委裁决投资管理公司应向陈×武支付违法解除劳动合同赔偿金10 000元，以及工资、餐补和加班工资差额等。

投资管理公司不服裁决，向北京市昌平区人民法院提起诉讼。昌平区法院经过审理后认为，"试用期包含在劳动合同期限内，劳动合同仅约定试用期的，试用期不成立，该期限为劳动合同期限。故陈×武与投资管理公司签订的试用期合同系期限为2014年6月2日至2014年8月31日的劳动合同，试用期不成立。用人单位对做出的解除劳动合同决定负有举证责任。投资管理公司未提交证据证明其提出与陈×武解除劳动合同的决定符合法律规定，故应当支付陈×武解除劳动合同赔偿金10 000元"。

最终，昌平法院判决投资管理公司须向陈×武支付违法解除劳动合同赔偿金10 000元，以及工资、餐补和加班工资差额等。

案例解读

在本案中，投资管理公司仅与陈×武订立了为期3个月的试用期劳动合同，该试用期约定无效，即视为双方订立了为期3个月的固定期限劳动合同。既然不存在试用期，当然也就不能以试用期不符合录用条件为由单方解除劳动合同。

当然，现实生活中还存在另外一种情况：用人单位先与劳动者订立一份试用期劳动合同，试用合格后再订立一份固定期限劳动合同，在固定期限劳动合同到期后，用人单位便以劳动合同到期终止为由，通知不再续订劳动合同。这样做存在的问题是，因为试用期劳动合同约定的试用期实际上无效，视为一份固定期限劳动合同。所以，连续订立两次固定期限劳动合同后，在绝大部分省份，劳动者便拥有了续订无固定期限劳动合同的决定权。用人单位直接终止用工，极有可能构成违法终止劳动合同，需要承担相应的赔偿金。

关联法条

《劳动合同法》（2012年修订）

第十九条

……

试用期包含在劳动合同期限内。劳动合同仅约定试用期的，试用期不成立，该期限为劳动合同期限。

防范要点

《劳动合同法》明确规定，试用期应当包含在劳动合同期限内，单独约定试用期无效。用人单位试图通过仅约定试用期来达到"试用"员工的目的，其实没有任何必要。

《劳动合同法》赋予了用人单位可以约定最长6个月试用期的权利，而6个月时间足以考察一个员工是否适合岗位。因此，用人单位在订立劳动合同时，要绝对避免订立只约定了试用期的试用期劳动合同，而应当将试用期包含在劳动合同的期限内，同时谨记"劳动合同期限三个月以上不满一年的，试用期不得超过一个月；劳动合同期限一年以上不满三年的，试用期不得超过二个月；三年以上固定期限和无固定期限的劳动合同，试用期不得超过六个月"的相关规定。

3.10 试用期能否以经济性裁员解雇新员工？

经济性裁员是指用人单位由于经营不善等经济原因，一次性辞退部分劳动者的情形，属于用人单位单方解除劳动合同的情形。《劳动法》第二十七条规定："用人单位濒临破产进行法定整顿期间或者生产经营状况发生严重困难，确需裁减人员的，应当提前30日向工会或者全体职工说明情况，听取工会或者职工的意见，经向劳动行政部门报告后，可以裁减人员。"

在现实生活中，很多用人单位在经济性裁员时，往往是优先裁掉尚处在试用期间的新员工，他们的逻辑可能是，一方面，新员工尚处在试用期，可以随时解除劳动合同；另一方面，新员工对企业的价值也相对较低。

这种的做法合理合法吗？如果不合理合法，又存在什么风险呢？

典型案例

2018年6月1日,刘某入职南京某软件公司从事程序员工作。双方签订了劳动合同,其中试用期为2018年6月1日至11月30日。

2018年7月8日,公司召集全体员工开会,向员工说明,因为与公司合作的第三方公司项目突然减少,公司处于无订单的状态,需要裁减人员,刘某在裁员名单之列。

2018年9月10日,公司经过一系列的裁员程序后,通知刘某与其解除劳动合同,支付刘某半个月的工资作为经济补偿。刘某表示不同意,希望继续在公司工作。

2018年10月15日,刘某向劳动争议仲裁委员会提起劳动仲裁,请求撤销该公司解除劳动合同的决定,继续履行劳动合同。仲裁委在法定期限内未做出裁决,刘某向法院提起诉讼,诉讼请求同仲裁请求。

法院经过审理后,支持了刘某的诉讼请求。

案例解读

符合《劳动合同法》第四十一条规定的情形后,用人单位可以进行经济性裁员,但用人单位单方面与试用期员工解除劳动合同必须要符合法律规定的情形。

本案中,刘某在试用期当中,用人单位以经济性裁员为由与刘某解除劳动合同,而经济性裁员未包含在用人单位可以解除试用期劳动合同的情形中。用人单位与刘某解除劳动合同违法,因而法院最终支持了刘某的诉请。

关联法条

《劳动合同法》(2012年修订)

第二十一条 【试用期内解除劳动合同】在试用期中,除劳动者有本法第三十九条和第四十条第一项、第二项规定的情形外,用人单位不得解除劳动合同。用人单位在试用期解除劳动合同的,应当向劳动者说明理由。

第三十九条 【用人单位单方解除劳动合同(过失性辞退)】劳动者有下列情形之一的,用人单位可以解除劳动合同:

（一）在试用期间被证明不符合录用条件的；

（二）严重违反用人单位的规章制度的；

（三）严重失职，营私舞弊，给用人单位造成重大损害的；

（四）劳动者同时与其他用人单位建立劳动关系，对完成本单位的工作任务造成严重影响，或者经用人单位提出，拒不改正的；

（五）因本法第二十六条第一款第一项规定的情形致使劳动合同无效的；

（六）被依法追究刑事责任的。

第四十条【无过失性辞退】有下列情形之一的，用人单位提前三十日以书面形式通知劳动者本人或者额外支付劳动者一个月工资后，可以解除劳动合同：

（一）劳动者患病或者非因工负伤，在规定的医疗期满后不能从事原工作，也不能从事由用人单位另行安排的工作的；

（二）劳动者不能胜任工作，经过培训或者调整工作岗位，仍不能胜任工作的；

……

第四十一条【经济性裁员】有下列情形之一，需要裁减人员二十人以上或者裁减不足二十人但占企业职工总数百分之十以上的，用人单位提前三十日向工会或者全体职工说明情况，听取工会或者职工的意见后，裁减人员方案经向劳动行政部门报告，可以裁减人员：

（一）依照企业破产法规定进行重整的；

（二）生产经营发生严重困难的；

（三）企业转产、重大技术革新或者经营方式调整，经变更劳动合同后，仍需裁减人员的；

（四）其他因劳动合同订立时所依据的客观经济情况发生重大变化，致使劳动合同无法履行的。

防范要点

上述法条明确规定了用人单位与试用期员工解除劳动合同只能依据《劳动合同法》第三十九条（过失性辞退）和第四十条第一项（医疗期满）、第二项（不能胜任工作），除此之外，在试用期内，用人单位都不能随意解除劳动合同。

经济性裁员是《劳动合同法》第四十一条规定的用人单位解除劳动合同的情形。所以，用人单位不得以经济性裁员为由与试用期员工解除劳动合同。

第4章
员工培训法律风险防范

随着知识更新速度的不断加快,越来越多的用人单位意识到培训的重要性,开始对员工进行各种培训。但是这中间最大的风险就是,万一用人单位投入人力、物力、财力对员工进行了培训之后,员工提出离职,那么用人单位的损失该怎么办呢?因此,我国相关法律规定,用人单位可以与员工签订培训服务期协议,要求员工在接受了用人单位为其提供的培训之后要为用人单位服务一定的年限,以此来降低用人单位在培训方面的投入风险。

扫码观看本章
视频教学知识点

4.1 入职培训考核不合格可以立即辞退吗？

新员工入职后，第一件事情往往就是进行培训，这就是我们俗称的"岗前培训"。培训的内容通常包括企业的介绍、规章制度、工作流程及跟工作岗位相关的一些专业知识等。

那么，入职培训可以进行考核吗？考核不合格的话可以立即辞退吗？

典型案例

2018年5月，秦某通过面试入职杭州某电商公司，从事客服专员工作。入职当日，双方签订了为期1年的劳动合同，并约定了2个月的试用期。入职后，该电商公司即对该批入职的10余名新员工统一进行了为期3天的岗前培训，培训结束后组织了考核，结果秦某的考核结果为不及格。

公司随即通知秦某，以其入职培训考核不合格，不符合录用条件为由解除了劳动合同。秦某不服，认为其已经从事了3年多的客服工作，也通过了公司组织的两轮面试，说明其是完全具备从事客服工作的能力的，并向当地劳动人事争议仲裁委员会提交了仲裁申请，要求继续履行劳动合同。

劳动仲裁机构经审理后查明，在该公司让秦某签字的录用条件及相关的规章制度中对入职培训都有明确的规定，入职培训考核不合格的视为不符合录用条件，公司有权随时解除劳动合同。

据此，劳动仲裁机构驳回了秦某的诉请。

案例解读

本案的争议焦点是，秦某认为其已经从事了3年多的客服工作，而且通过了公司组织的两轮面试，完全具备从事该岗位的能力；但公司认为其没有通过入职培训的考核，不符合录用条件。

《劳动法》和《劳动合同法》都没有对入职培训作明确的规定，但赋予了用人单位以不符合录用条件为由单方解除劳动合同的权利。至于录用条件具体是什么，可以由用人单位来决定，只要是合乎法律规定，劳动者也签字认可，原则上就是有效的。

在本案中，用人单位将通过入职培训考核作为录用条件的一项，劳动者也签字认可了。然后劳动者入职培训考核未及格，用人单位据此解除劳动合同是完全合法的。

关联法条

《劳动合同法》（2012年修订）

第三十九条 【用人单位单方解除劳动合同（过失性辞退）】劳动者有下列情形之一的，用人单位可以解除劳动合同：

（一）在试用期间被证明不符合录用条件的；

……

第四十条 【无过失性辞退】有下列情形之一的，用人单位提前三十日以书面形式通知劳动者本人或者额外支付劳动者一个月工资后，可以解除劳动合同：

……

（二）劳动者不能胜任工作，经过培训或者调整工作岗位，仍不能胜任工作的；

……

防范要点

用人单位设置入职培训的目的，是让劳动者能够尽快熟悉公司的情况，尽快进入工作状态。但要想得知培训是否达到了效果，就一定需要设置培训考核环节，并将入职培训考核合格作为录用条件的一项。

需要强调的是，用人单位依据培训考核不合格免责解除劳动合同仅限于试用期间，如果是因试用期满之后的培训考核不合格而解除劳动合同，就只能适用不能胜任工作，经调岗或培训后仍然不能胜任工作为由解除劳动合同，且用人单位还需要支付 $N+1$ 的经济补偿。

在实践操作中还有另外一种做法，就是设置一个培训过渡期，并以协议形式规定下来，时间建议控制在3天以内。在这期间双方约定，求职者自愿参与企业为求职者开展的培训，培训期间企业不对求职者进行任何约束，求职者可以选择参加培训的方式、时间，也可以选择是否参加入职前的考试，企业提供培训场地，投入培训师资，但不收取求职者的培训费用。与此同时，企业也不与求职者存在劳动关系，不签订劳动合同，双方可以保留相互选择的权利。若求职者在培训过渡期内主动离开，则协议自然解除，企业不承担求职者的任何薪资；培训结束后组织考核，考核合格且求职者有意愿入职的，方可与企业签订劳动合同。在正式入职后，求职者培训期间的薪资可以合并计算。

这种做法在一些中小企业有使用的案例，但需要注意以下三点，以防风险。

（1）不对培训对象进行员工身份登记（填写面试入职登记表、发放上岗证或工作证、录取指纹、编制员工名册）。

（2）不对培训对象进行管理制度的约束（打卡、考勤等）。

（3）培训的内容应限制在企业文化、规章制度、企业基础知识及产品知识，避免做技术培训或直接到生产线进行培训。

4.2 对员工的所有培训都能约定培训服务期吗？

在实际操作中，很多用人单位在给员工提供培训后为了防止出现人财两空的现象，往往会和员工约定，要求员工在培训结束之后要再为用人单位服务一定的期限。如果员工违反约定提前离职，就需要向用人单位支付违约金。这个期限就是培训服务期。

给员工提供的培训有很多种，是不是对员工进行的所有培训都能够约定培训服务期呢？

【典型案例】

案例一

董先生于2012年2月6日入职A公司，担任项目主管，双方签订有3年期限的劳动合同。

2012年6月8日下午，公司人力资源部告知董先生自11日开始，参加公司组织的脱产培训，为期5天，培训内容为提高业务技能，培训讲师为公司的优秀项目经理。

2012年6月11日至15日期间，董先生参加了公司内部组织的脱产培训。15日下午培训闭幕后，人力资源部通知董先生等人到办公室，后工作人员拿出表格，其中包括课程点评、培训人员点评、服务期期限等内容。董先生认为这只是一份关于培训的反馈，就按照表中要求填好了相关内容。

2013年9月24日，董先生因个人原因提出离职。在办理离职手续时，公司告知董先生要交违约金。董先生认为这是公司故意找茬，但为了得到离职证明，董先生只能先交了这笔钱。

董先生认为公司的做法违法，故对公司提出仲裁申请。

劳动仲裁委员会查明，董先生主张该培训仅为公司的内部培训而非专项技术培训，A公司提交的培训协议也显示培训的内容为企业文化及工作分享等，未显示有专业技术培训的内容。据此，裁定公司应返还董先生的违约金。

案例二

王某经熟人介绍，于2010年10月入职某空调维修中心任空调维修工，双方签订了期限为2年的劳动合同。2012年6月，维修中心全月安排王某参加了由空调厂家提供的技术培训，培训内容为空调设备的技术维修及安装调试，维修中心共为王某报销差旅费8800元及培训费5500元。2012年7月，维修中心与王某签订了《关于培训费用的协议》，协议约定王先生须在中心工作满5年，若因个人原因提前离职，须返还全部培训费用14 300元及培训期间的工资4500元。

2013年3月，王某向中心提出离职申请。中心表示，解除合同须先返还全部培训费用和培训期间的工资总计18 800元。王某不认可，遂在递交辞职申请的30天后不告而别。6月中旬，维修中心向区劳动人事争议仲裁委员会申请仲裁，声称双方签订有《关于培训费用的协议》，约定王先生继续在中心工作5年，若因个人原因提前离职，须返还全部培训费及培训期间的工资18 800元，据此要求王先生支付各项费用共计18 800元。

区劳动人事争议仲裁委员会审理后认为，王某为中心的一名空调维修工，中心对他的培训内容为空调设备的技术维修及安装调试，属于空调维修工种的基础职业培训，所以《关于培训费用的协议》中的培训性质不属于专业技术培训。维修中心据此与王某约定服务期和违约金的做法，于法无据。因此，对维修中心的主张不予支持。

案例解读

在以上两个案例中，用人单位都落了一个人财两空的结局。究其原因就在于，这两个用人单位对于培训服务期相关法律条文的理解还不到位。

根据相关法条的规定，"用人单位为劳动者提供专项培训费用，对其进行专业技术培训的，可以与该劳动者订立协议，约定服务期"。也就是说，要约定培训服务期，必须同时满足两个条件：提供了专项培训费用、提供了专业技术培训。

1. 提供了专项培训费用

关于专项培训费用，也存在很多错误的理解，并不是用人单位支出了培训费用，给劳动者进行了专业技术培训就可以约定服务期。一般而言，这个专项培训费用的数额应该是比较大的，如果用人单位支出的不是专项培训费用，而是从工资总额中提取的职工教育经费等，则不能作为与劳动者约定服务期的条件。

所谓职工教育经费，是企业按工资总额的一定比例提取的用于职工教育事业的一项费用。根据《关于企业职工教育经费税前扣除政策的通知》（财税〔2018〕51号）：企业发生的职工教育经费支出，不超过工资薪金总额8%的部分，准予在计算企业所得税应纳税所得额时扣除；超过部分，准予在以后纳税年度结转扣除。

职工教育经费的列支范围包括：（1）上岗和转岗培训；（2）各类岗位适应性培训；（3）岗位培训、职业技术等级培训、高技能人才培训；（4）专业技术人员继续教育；（5）特种作业人员培训；（6）企业组织的职工外送培训的经费支出；（7）职工参加的职业技能鉴定、职业资格认证等经费支出；（8）购置教学设备与设施；（9）职工岗位自学成才奖励费用；（10）职工教育培训管理费用；（11）有关职工教育的其他开支。

由此可见，如果企业是将培训的费用列为了职工教育经费，则不能要求与员工约定服务期。

2. 提供了专业技术培训

相对于培训费用而言，有关专业技术培训的条文更容易引发纠纷。

一般来说，企业对员工的培训可以分为两大类。

其一，是必要的、基本的岗位技术培训。主要是针对平时工作中的一些基本技能进行培训，目的是使员工能够顺利地工作，这是用人单位应尽的义务。这类培训的特点是受众对象不确定，包括全体员工，至少是一个部门的全部员工。很显然，这类培训就不能约定服务期。通常企业对员工进行的正常的职业培训，如入职培训、管理培训、安全生产培训等都属于基本的岗位技术培训。

其二，就是针对特定或少部分员工进行的特殊的、专业性的技术培训。也就是《劳动合同法》中所指的专业技术培训，其目的是在员工已经满足了本用人单位的基本要求之后，用人单位为了提高员工的职业技能而提供的培训。比如，企业从国外引进了一条先进的生产线或一个新的项目，必须要有能够操作的人，为此，企业挑选了个别劳动者送到国外去培训，劳动者回来以后就负责操作这条生产线或这个项目，这就属于专业技术培训。

关联法条

1.《劳动合同法》（2012年修订）

第二十二条 【服务期】用人单位为劳动者提供专项培训费用，对其进行专业技术培训的，可以与该劳动者订立协议，约定服务期……

2.《关于企业职工教育经费税前扣除政策的通知》（财税〔2018〕51号）

……企业发生的职工教育经费支出，不超过工资薪金总额8%的部分，准予在计算企业所得税应纳税所得额时扣除；超过部分，准予在以后纳税年度结转扣除。

……

防范要点

用人单位要想避免人财两空的局面，就必须注意以下事项。

1. 约定服务期的前提

必须同时满足专项培训费用和专业技术培训这两个条件，才能约定培训服务期，否则即便是约定了服务期，也是无效条款。

2. 签约的时间

培训服务期协议应当在提供专业技术培训开始前就签订。

现实操作中，很多用人单位是等劳动者接受完培训返回公司后再与其签订培训服务期协议(因为培训结束才能核算出总费用)。但一旦此时劳动者不同意签订培训服务期协议,用人单位将非常被动,一般也无法要求劳动者赔偿已经支出的培训费用(现实中也出现过个别用人单位未签培训服务期协议但成功追回培训费用的案例)。

4.3 培训服务期和劳动合同期限不一致时该如何处理?

培训服务期具体应该设定为多长,法律并无统一的规定。虽然实践中,服务期从几个月到数年不等,但服务期的长度一定要合理,即与公司实际支出的培训费用要相匹配。例如,用人单位为某员工支付了5000元的培训费用,约定3年的服务期,一般就认为不太合理。

在实践操作中,往往会出现培训服务期和劳动合同期限不一致的情况。如果劳动合同期限等于或长于培训服务期,大家都会觉得不会有什么风险。但如果培训服务期长于劳动合同期限,也就是说劳动合同到期了,但培训服务期还没到期,企业存在什么风险呢?该如何处理呢?

典型案例

2010年7月,小郭大学毕业后与北京某公司签订了为期5年的劳动合同。由于小郭工作努力,2年后,公司选送他到上海某专业培训机构去进行专业技术培训。培训前,公司与小郭签订了培训服务期协议,双方约定:公司出资对小郭进行为期2个月的专业技术培训,小郭在培训结束后须为公司服务5年,若小郭提前解除合同或因小郭原因导致公司提前解除劳动合同,那么小郭应当承担违约金5万元。培训结束后,小郭即回到公司继续工作。2015年7月,双方的劳动合同期限届满,小郭提出不再续签劳动合同。公司认为,虽然双方的劳动合同期限届满,但双方的培训服务期协议还没到期,小郭应当向公司支付违约金。而小郭认为,续签劳动合同应当本着平等自愿、协商一致的原则,公司无权强迫。另外,培训服务期协议是从属于劳动合同的,现在劳动合同已经到期,双方的劳动关系终止,培训服务期协议自然也就随之终止。因此,小郭不愿意向公司支付违约金。双方为此产生了纠纷,公司向当地劳动仲裁部门提出仲裁申请,要求小郭支付违约金21 667元。

劳动仲裁委员会审理后，支持了公司的诉请，裁定小郭应向公司支付违约金21 667元。

案例解读

《劳动合同法》对培训服务期和劳动合同期限不一致的情况未做明确规定，但《劳动合同法实施条例》中则有明确的规定："劳动合同期满，但是用人单位与劳动者依照劳动合同法第二十二条的规定约定的服务期尚未到期的，劳动合同应当续延至服务期满；双方另有约定的，从其约定。"

在本案中，小郭的劳动合同先于培训服务期协议到期，公司要求小郭按照服务期限续签劳动合同或按照培训期协议承担违约责任并无不当。小郭应当继续履行劳动合同至服务期满，或者承担服务期尚未履行部分应当分摊的培训费用。

关联法条

《劳动合同法实施条例》（2008年颁布）

第十七条　劳动合同期满，但是用人单位与劳动者依照劳动合同法第二十二条的规定约定的服务期尚未到期的，劳动合同应当续延至服务期满；双方另有约定的，从其约定。

防范要点

一般来说，劳动合同往往只能约束用人单位，因为劳动者只要提前30天告知用人单位（无须用人单位同意）便可解除劳动合同（约定有培训服务期协议的除外）；而培训服务期协议则是单方面约束劳动者的，相应的违约责任也主要是针对劳动者。因此，只有约定了培训服务期，才能够真正保护用人单位的合法权益。

现行的法律对于服务期的长短并无明确的规定，实际操作中，用人单位可结合当地的经济状况和收入水平，建议根据培训费用总和，每5000~10 000元约定1年服务期，以此类推，一般以3~5年为最佳，最好不要超过10年。

对于培训服务期长于劳动合同期限的，虽然《劳动合同法实施条例》上有所表述，但还不是特别明确。稳妥起见，当签订培训服务期协议时出现培训服务期长于劳动合同期限的情况时，在培训服务期协议上加上一条，"**双方签订的劳动合同期限自动顺延至本协议期限届满为止**"。当然，用人单位也完全可以与劳动者就劳动合同签订补充协议，将劳动合同的期限延长到和培训服务期的到期时间一致。

如何约定培训服务期的违约金？

约定培训服务期的根本目的就是以防万一，一旦劳动者在完成培训之后立即离开用人单位，显然用人单位的培训成本就会非常高。所以，用人单位需要在培训服务期协议中约定，如果劳动者在培训服务期内离职，就需要支付违约金，用于弥补用人单位花在培训上的成本。

那么，这个违约金该依据什么标准来约定呢？是否可以"漫天要价"呢？在什么情况下，劳动者需要支付违约金呢？

[典型案例]

2012年5月，小王进入广州某印刷厂工作，双方签订了5年的劳动合同，一年半以后，印刷厂引进了一套全新的印刷设备，决定派小王到上海接受2个月的专业技术培训。培训前，印刷厂与小王签订了培训服务期协议。双方约定，印刷厂出资派小王外出进行2个月的专业技术培训，小王回来后需要为印刷厂再服务4年，若小王提前解除劳动合同或是因小王的原因导致公司提前解除劳动合同，那么小王须向印刷厂支付违约金10万元，双方的劳动合同期限也顺延至培训服务期结束。

小王培训结束后继续回到印刷厂工作，半年过后，小王因老家有事，向公司提交了辞职申请。公司同意小王辞职，但要求小王依照培训服务期协议，向公司支付违约金8.75万元。小王认为违约金数额过高，培训2个月花不了10万元，而且印刷厂也从未给他看过具体花了多少钱。

双方发生争议，印刷厂向当地劳动仲裁机构提出了仲裁申请。

劳动仲裁机构经过审理，认为小王提前辞职，的确违反了培训服务期协议，应该支付违约金。但双方的违约金数额明显过高，最后酌情裁定小王向印刷厂支付违约金8000元。

案例解读

这是一个非常典型的培训服务期协议履行及违约处理的案例，主要牵扯到如何约定违约金的问题。

关于违约金的数额，并不是用人单位想设置多少就设置多少。法律有着明确的规定，劳动者若违反服务期约定的，应当按照约定向单位支付违约金。违约金的数额不得超过用人单位提供的培训费用；同时，用人单位要求劳动者支付的违约金不得超过服务期尚未履行的部分所应该分摊的培训费用。

在本案中，用人单位主张按照培训服务期协议约定的数额来支付违约金，但无法提交相应的培训费用证据。而这个数额又明显偏高，最终劳动仲裁机构只能酌情裁定违约金数额为8000元。

关联法条

1.《劳动合同法》（2012年修订）

第二十二条 【服务期】用人单位为劳动者提供专项培训费用，对其进行专业技术培训的，可以与该劳动者订立协议，约定服务期。

劳动者违反服务期约定的，应当按照约定向用人单位支付违约金。违约金的数额不得超过用人单位提供的培训费用。用人单位要求劳动者支付的违约金不得超过服务期尚未履行部分所应分摊的培训费用……

2.《劳动合同法实施条例》（2008年颁布）

第十六条 劳动合同法第二十二条第二款规定的培训费用，包括用人单位为了对劳动者进行专业技术培训而支付的有凭证的培训费用、培训期间的差旅费用及因培训产生的用于该劳动者的其他直接费用。

防范要点

实践操作中，用人单位出现"人财两空"的情况并不少见。究其原因，一方面是对培训费用的约定不明确；另一方面，也是更主要的，是在于缺少了培训结束后的相关费用确认流程。

1. 培训费用的界定

相关法律对违反培训服务期协议约定的违约金的规定是，"违约金的数额不得超过用人单位提供的培训费用"，由此可见，违约金不可任性地随意确定，培训费用的界定将直接决定违约金的数额。

根据《劳动合同法实施条例》第十六条的规定，培训费用包括用人单位为了对劳动者进行专业技术培训而支付的**有凭证的培训费用**、**培训期间的差旅费用及因培训产生的用于该劳动者的其他直接费用**。

关于这三项费用，前两项比较容易理解，一般不会产生歧义和纠纷。"有凭证的培训费用"通常可直接理解成支付给培训机构或培训老师的学费、教材费、资料费等，"培训期间的差旅费用"包括员工往返培训地点的交通费、培训期间的食宿费等。当然，如果是多人参加培训，则相关的费用还需要做拆分。

但对第三项费用"因培训产生的用于该劳动者的其他直接费用"，没有更进一步明确的表述，也引发了很多的纠纷和争议。例如，培训期间劳动者的工资是否可以算作"因培训产生的用于该劳动者的其他直接费用"？这需要区分培训的性质而定。

向劳动者支付劳动报酬，是用人单位的法定义务。但根据权利义务对等的原则，劳动者获得劳动报酬的前提是完成了相应的工作内容，为用人单位创造了相应的价值。

如果培训是在岗的或是半脱产的，培训期间劳动者正常向该公司提供了劳动，那么所得的工资是劳动者应得的报酬，该部分报酬显然不能算作"因培训产生的用于该劳动者的其他直接费用"。

但如果培训是全脱产的，也就是说，在培训期间，劳动者并未向公司提供任何劳动，创造任何价值，那么所得的工资严格来讲并不是真正的劳动报酬，而是一种福利费用，该部分报酬就可以算作"因培训产生的用于该劳动者的其他直接费用"。但从另一个角度来看，劳动者参加培训的目的是向用人单位提供更优质的劳动，为用人单位创造更大的价值。加之劳资地位的不平等，用人单位理应承担更多的风险，用人单位在劳动者参加培训期间向其提供最低生活保障是应尽的义务。因此，在实际操作中，可以**将培训期间支付给劳动者的工资报酬，在扣除当地的最低工资标准数额后**，算作"因培训产生的用于该劳动者的其他直接费用"。当然，最好是在公司的规章制度和《培训服务期协议》上予以明确规定。

2. 培训费用的签字确认

由于在签订《培训服务期协议》时，培训尚未真正开始，培训费用的数额自然就无法确定。一些用人单位在违约金这一栏要么是空着，要么是随便填写一个数额，这都给后续留下了产生纠纷的隐患。具体该如何操作呢?

（1）在《培训服务期协议》培训费用的项目上载明，"**上交给培训机构的费用为××元，其他培训费用待乙方培训结束返回公司后以甲方财务部出具的培训费用汇总清单为准**"。

（2）在《培训服务期协议》上约定，"**乙方培训结束返回公司一周内，须向甲方财务部提交全部培训费用的相关凭证（包括但不限于上交给培训机构的费用、食宿费、交通费、资料费）**"。

（3）用人单位财务部在汇总好全部培训费用后，制作培训费用汇总清单，让劳动者签字确认。

3. 劳动者需要支付违约金的情形

如果出现服务期未届满但劳动合同解除的情况，哪些情况下劳动者需要向用人单位支付违约金呢？

（1）经劳动者提出双方协商一致解除劳动合同的。

（2）劳动者因个人原因单方解除劳动合同的。

（3）用人单位因劳动者有下列情形之一而依法解除劳动合同的：

①严重违反用人单位的规章制度的；

②严重失职，营私舞弊，给用人单位造成重大损害的；

③同时与其他用人单位建立劳动关系，对完成本单位的工作任务造成严重影响，或者经用人单位提出，拒不改正的；

④以欺诈、胁迫的手段或乘人之危，使用人单位在违背真实意思的情况下订立或变更劳动合同的；

⑤被依法追究刑事责任的。

4. 劳动者无须支付违约金的情形

并不是服务期未届满解除劳动合同，劳动者都需要支付违约金。用人单位一定要注意避免出现以下情形，以防导致"人财两空"的结果。

（1）未按照劳动合同约定提供劳动保护或劳动条件的。

（2）未及时足额支付劳动报酬的。

（3）未依法为劳动者缴纳社会保险费的。

（4）用人单位的规章制度违反法律、法规的规定，损害劳动者权益的。

（5）以欺诈、胁迫的手段或乘人之危，使对方在违背真实意思的情况下订立或变更劳动合同致使劳动合同无效的。

（6）以暴力、威胁或非法限制人身自由的手段强迫劳动者劳动的，或者违章指挥、强令冒险作业危及劳动者人身安全的。

（7）处于在试用期内的。

当试用期遇上培训服务期谨防"人财两空"

对于培训服务期和劳动合同期限不一致（培训服务期长于劳动合同期限）的情况，大多数用人单位都知道如何处理。即便是不做特别的约定，也还有《劳动合同法实施条例》来兜底。

但如果是培训服务期和试用期重叠，处理不当的话，用人单位就会极为被动，很容易出现"人财两空"的局面。

典型案例

凌云2003年10月21日应聘到某公司工作，签订了5年期劳动合同，试用期为6个月（至2004年4月20日）。12月1日，公司派凌云去日本接受为期3个月的技术培训，并与凌云签订了一份《培训服务期协议》。该协议约定，凌云培训结束回国之后，须为企业服务5年，若在服务期内辞职或因严重违反公司规章制度、严重失职给公司造成重大损害、被追究刑事责任等原因而被公司提前解除劳动合同，凌云须赔偿公司培训费用5万元。

2004年2月28日，凌云在完成培训后回到公司。3月5日，凌云通知公司，要提前解除劳动合同。公司要求凌云按照《培训服务期协议》的约定赔偿公司的培训费，但被凌云拒绝。

公司向劳动争议仲裁庭提出赔偿培训费，却没有获得支持。最终公司不得不给凌云办理了解除劳动合同关系的相关手续，最终"人财两空"。

案例解读

《劳动合同法》赋予了劳动者解除劳动合同的较大的"特权"，在试用期内，劳动者只需要提前三天通知用人单位，即可解除劳动合同。这个"特权"并没有附加任何其他的条件。

而服务期是劳动者因接受用人单位给予的特殊待遇而承诺必须为用人单位服务的期限。但当服务期与试用期重合时，应优先适用试用期的规定。

在本案中，虽然凌云和用人单位签订了《培训服务期协议》，但因为凌云尚处在劳动合同的试用期内，完全有权提前三天通知用人单位而解除劳动合同。

关联法条

《劳动部办公厅关于试用期内解除劳动合同处理依据问题的复函》（劳办发〔1995〕264号）

三、关于解除劳动合同涉及的培训费用问题

用人单位出资（指有支付货币凭证的情况）对职工进行各类技术培训，职工提出与单位解除劳动关系的，如果在试用期内，则用人单位不得要求劳动者支付该项培训费用……

防范要点

并不是用人单位和劳动者签订了《培训服务期协议》，劳动者提前解除劳动合同就一定需要赔付违约金，试用期就是一个非常特殊的时期。用人单位该如何规避试用期遇到培训服务期而导致的"人财两空"的局面呢？

（1）尽量避免在试用期内对员工进行"支付专项培训费用"的"专业技术培训"，因为在试用期内，用人单位对员工的性格、能力、人品等都还不甚了解，员工的稳定性也不是太好。

（2）如果确实因工作需要，要派试用期内的员工去培训，那么一定要先结束试用期，也就是提前为员工办理转正手续（需要员工签字确认，相当于双方就劳动合同的试用期条款达成补充协议）。当然，这个也很好理解，一般用人单位如果愿意出资送试用期内的劳动者去参加培训，一定是认为这个尚处在试用期的劳动者总体表现很不错，"符合录用条件"也是必然的。因此，应该及时为其办理转正手续。

第 5 章
员工在职管理法律风险防范

一旦新员工通过试用期的考核，成为企业的正式员工，那么用人单位对员工的管理也就成了一种常态。在此阶段，经常会产生各种劳动纠纷，小到加班、请假，大到调岗调薪，甚至开除和辞退。

扫码观看本章
视频教学知识点

5.1 员工的工资到底由哪几部分组成？

"工资"是一个非常普通的概念，但同时也非常重要。在核算加班费、经济补偿、赔偿金、工伤或致残的补助金时，甚至是在为员工缴纳社保及公积金时，都需要根据工资作为计算的基数。

那么，工资到底由哪几部分组成呢？

典型案例

张杰在四川成都的一家工厂已经打了5年工。在此期间，工厂一直未为他缴纳社会保险。在一次外出施工过程中，因为操作失误，张杰意外受伤，经鉴定为伤残八级。治疗完毕后，张杰想回老家工作，就向工厂提出解除劳动合同，要求工厂支付伤残补助金。

根据《工伤保险条例》的规定和四川省人民政府的通知，八级伤残，劳动者提出解除劳动合同的，用人单位应当一次性支付给劳动者伤残补助金、伤残就业补助金和工伤医疗补助金，共计为37个月的本人工资。

工厂根据政策规定，支付给张杰各类补助金共计33 300元。张杰对这个数额不满，认为该数额远远低于自己应得的补助金数额，遂向当地劳动仲裁委员会提出仲裁申请。

劳动仲裁委员会经调查后得知，工厂仅根据张杰的基本工资向其支付补助金，而张杰的实际工资由基本工资、岗位工资、奖金、加班工资等构成。经计算，张杰受伤前12个月的平均工资为3250元。

最终，劳动仲裁委员会裁定工厂应以月工资3250元为标准，向张杰支付各类补助金共计120 250元。

案例解读

在本案中，工厂对于"工资"的计算方法是错误的。根据相关法律、法规的规定，"工资"是指用人单位以货币形式直接支付给劳动者的劳动报酬，一般包括计时工资、计件工资、奖金、津贴和补贴、延长工作时间的工资报酬及特殊情况下支付的工资等。

《关于工资总额组成的规定》第四条也同样明确规定，工资总额由六部分组成：

（1）计时工资；

（2）计件工资；

（3）奖金；

（4）津贴和补贴；

（5）加班加点工资；

（6）特殊情况下支付的工资。

据此，在计算张杰的工伤相关补助金时，应将张杰的基本工资、岗位工资、奖金、加班工资等都计算在内，而不能仅以基本工资作为基数。

当然，《关于工资总额组成的规定》还对工资总额不包括的项目做了详细的规定。

关联法条

《关于工资总额组成的规定》（国家统计局令第1号，1990年颁布）

第四条 工资总额由下列六个部分组成：

（一）计时工资；

（二）计件工资；

（三）奖金；

（四）津贴和补贴；

（五）加班加点工资；

（六）特殊情况下支付的工资。

第五条 计时工资是指按计时工资标准（包括地区生活费补贴）和工作时间支付给个人的劳动报酬。包括：

（一）对已做工作按计时工资标准支付的工资；

（二）实行结构工资制的单位支付给职工的基础工资和职务（岗位）工资；

（三）新参加工作职工的见习工资（学徒的生活费）；

（四）运动员体育津贴。

第六条 计件工资是指对已做工作按计件单价支付的劳动报酬。包括：

（一）实行超额累进计件、直接无限计件、限额计件、超定额计件等工资制，按劳动部门或主管部门批准的定额和计件单价支付给个人的工资；

（二）按工作任务包干方法支付给个人的工资；

（三）按营业额提成或利润提成办法支付给个人的工资。

第七条 奖金是指支付给职工的超额劳动报酬和增收节支的劳动报酬。包括：

（一）生产奖；

（二）节约奖；

（三）劳动竞赛奖；

（四）机关、事业单位的奖励工资；

（五）其他奖金。

第八条 津贴和补贴是指为了补偿职工特殊或额外的劳动消耗和因其他特殊原因支付给职工的津贴，以及为了保证职工工资水平不受物价影响支付给职工的物价补贴。

（一）津贴。包括：补偿职工特殊或额外劳动消耗的津贴，保健性津贴，技术性津贴，年功性津贴及其他津贴。

（二）物价补贴。包括：为保证职工工资水平不受物价上涨或变动影响而支付的各种补贴。

第九条 加班加点工资是指按规定支付的加班工资和加点工资。

第十条 特殊情况下支付的工资。包括：

（一）根据国家法律、法规和政策规定，因病、工伤、产假、计划生育假、婚丧假、事假、探亲假、定期休假、停工学习、执行国家或社会义务等原因按计时工资标准或计时工资标准的一定比例支付的工资；

（二）附加工资、保留工资。

第十一条 下列各项不列入工资总额的范围：

（一）根据国务院发布的有关规定颁发的发明创造奖、自然科学奖、科学技术进步奖和支付的合理化建议和技术改进奖及支付给运动员、教练员的奖金；

（二）有关劳动保险和职工福利方面的各项费用；

（三）有关离休、退休、退职人员待遇的各项支出；

（四）劳动保护的各项支出；

（五）稿费、讲课费及其他专门工作报酬；

（六）出差伙食补助费、误餐补助、调动工作的旅费和安家费；

（七）对自带工具、牲畜来企业工作职工所支付的工具、牲畜等的补偿费用；

（八）实行租赁经营单位的承租人的风险性补偿收入；

（九）对购买本企业股票和债券的职工所支付的股息（包括股金分红）和利息；

（十）劳动合同制职工解除劳动合同时由企业支付的医疗补助费、生活补助费等；

（十一）因录用临时工而在工资以外向提供劳动力单位支付的手续费或管理费；

（十二）支付给家庭工人的加工费和按加工订货办法支付给承包单位的发包费用；

（十三）支付给参加企业劳动的在校学生的补贴；

（十四）计划生育独生子女补贴。

防范要点

从以上法条可以看出，广义的"工资"就是每个月员工拿到手的劳动报酬，而狭义的或说《劳动法》意义上的"工资"有着严格的界定，其界定标准由国家统计局制定。

合理界定"工资"构成的价值其实并不在于核算伤残补助金、赔偿金，因为毕竟这种情况并不常见。其价值主要在于据此确定员工的社会保险及公积金缴费基数。

经过合理的筹划，完全可以将社会保险及公积金的缴费基数调整到当地职工月平均工资的60%（绝大部分地区社会保险缴费的基数下限），能至少减少企业20%~50%的社会保险及公积金费用支出。

具体方法是将员工的收入进行合理的拆分，将一部分收入列为"**合理化建议和技术改进奖**""**劳动保护的支出（降温费、取暖费等）**""**讲课费**""**自带工具的补偿费用**"等。还有一个重要的项目就是**股金分红**，具体将在后续章节讲解。

5.2 用人单位能否限制或禁止员工兼职？

当前的市场经济情况下，劳动者选择第二职业的机会是比较多的，诸如微商、淘宝小店、智力众包、网约车等，越来越多的劳动者在工作之余选择从事兼职。

那么，用人单位能否限制或禁止员工兼职呢？

典型案例

王某是某高新技术公司的公共关系总监，负责公司的政府资助项目申报。王某熟悉项目申报的要求和工作流程，因而项目申报的成功率比较高，为公司争取了不少资助资金。行业内也有公司私底下请他做顾问，协助项目申报。公司知道后，与王某沟通，告知目前公司的项目进度比较慢，希望他能够全身心投入。如果申报项目资助完成，公司将予以额外奖励。公司向王某发出书面通知，要求其一周内必须终止兼职工作。王某签收了该通知，但并没有放在心上，还继续做兼职，因而影响了公司的项目申报进度。10天后，公司以严重违反公司规章制度为由解除了与王某之间的劳动合同。王某不服，向当地劳动仲裁委员会提出仲裁申请，要求予以经济补偿。

在庭审中，公司出具了公司的规章制度，其中一条是严禁利用上班时间从事兼职活动，原则上不限制员工利用业余时间兼职，但不得影响本职工作，否则将视为严重违纪，公司有权解除劳动合同。同时，公司还提交了多份材料，载明王某曾在上班时间多次通过邮件、电话与顾问单位进行沟通。

据此，劳动仲裁委员会驳回了王某的仲裁请求。

案例解读

《劳动合同法》对于劳动者的兼职没有明确禁止，也没有鼓励，而是将决定权赋予了用人单位。《劳动合同法》第三十九条的措辞是，"用人单位可以解除劳动合同"，而触发这个解除行为的条件包括"**对完成本单位的工作任务造成严重影响**"或者"**经用人单位提出，拒不改正的**"。

在本案中，王某的兼职行为显然已经影响到了本职工作的完成。公司在规章制度中也有明确的规定，因而，做出解除劳动合同的决定是完全合法的。

关联法条

《劳动合同法》（2012年修正）

第三十九条　劳动者有下列情形之一的，用人单位可以解除劳动合同：

……

（二）严重违反用人单位的规章制度的；

……

（四）劳动者同时与其他用人单位建立劳动关系，对完成本单位的工作任务造成严重影响，或者经用人单位提出，拒不改正的；

……

防范要点

对于劳动者的兼职，笔者个人的观点是要加以控制，甚至是适度收紧。

如果劳动者是在上班时间从事兼职，那么肯定是不能被接受的。但如果劳动者利用休息时间从事兼职呢？如果是体力劳动型的兼职，只要不对第二天的正常工作造成影响，则问题不大；但如果是脑力劳动型的兼职，比如，兼职给其他公司设计物品，或者自己做微商、开淘宝店，那么工作日正常上班的时候，很难保证劳动者不去处理这些兼职的事情。

需要注意的是，《劳动合同法》只是对同时与其他用人单位建立劳动关系做出了限制，但从事微商或其他兼职一般情况下并不会被认定为是与其他用人单位建立劳动关系。因而，单纯地依据《劳动合同法》第三十九条来限制员工的兼职，还存在一定的风险。

那么，具体该如何操作呢？

（1）在劳动合同和规章制度中对兼职行为做出一定的限制。

（2）一旦发现员工有兼职行为，尤其是在正常上班时间从事兼职，就需要保存相关证据（发出《违纪通知单》）。

当然，从另一个角度来看，员工为什么要从事兼职呢？无非是三方面的原因：其一，有足够的业余的时间；其二，自身的工作量不饱和导致上班时间空闲；其三，对现有的收入不满意。

堵不如疏！既然员工想利用业余时间来多赚钱，那么企业为什么不能开放和挖掘更多的工作机会给到员工呢？

在这方面，湖北群艺集团（积分制管理的发源地）做得就非常好，他们通过积分制管理，引导员工多学技能、多做事，员工主动加班，甚至是一年出勤365天，为企业创造了良好的经济效益。当然，员工也得到了更丰厚的薪酬回报，真正实现了双赢。在这种情况下，员工上班已经非常忙、非常辛苦，自然就没时间和精力去从事兼职的活动。

加班费如何计算？

加班在很多企业尤其是IT、互联网企业是非常普遍的现象，马云甚至还有过"能做996是一种巨大的福气"的表述。

虽然大多数老板和HR都知道工作日加班支付150%的加班费、休息日加班支付200%的加班费、法定节假日加班支付300%的加班费的规定，但在实践中，因为加班费核算而引发的劳动纠纷并不少见。引发纠纷的争议焦点就是加班费计算基数的问题，而恰恰对于加班费基数的确定，相关法律、法规并不明确。

那么，应该如何确定劳动者加班费的计算基数呢？

典型案例

李某在一家私营服装企业从事缝纫工作，公司对缝纫岗位实行的是综合计算工时工作制和计件工资制度，规定职工轮班作业，每做好一件服装计工资20元。李某一般每月工资为3000元左右，效率高时可以得到4000元左右。

2018年5月，公司由于需要赶制一批时装，在李某已经达到规定的工作时间的情况下，经与工会和职工本人协商，安排李某等人在休息日加班。

过后，公司以李某每月工资3000元为基数，折算出其平均小时工资标准，并据此向其发放加班工资。李某觉得公司的做法不合理，因为在加班期间，她急公司之所急，工作十分努力，工作效率与平时最高时相仿。因此她认为公司应该以每月4000元为基数计算加班工资，或者至少是以平均月工资3500元为基数来计算加班工资。

案例解读

本案其实是一个加班费计算基数的问题。原劳动部颁布的《工资支付暂行规定》（劳部发〔1994〕489号）第十三条作了明确规定：实行计件工资的劳动者，在完成计件定额任务后，由用人单位安排延长工作时间的，应分别按照不低于其本人法定工作时间计件单价的150%、200%、300%支付其工资。

在本案中，李某执行的是计件工资制度。但是在发放加班费时，却改为按计时工资制度计算，而且在确定计算基数时，又以其效率较低时的工资收入作为基数，变相减少其加班费，这种做法是错误的。正确的计算方法是，根据李某在加班期间的实际产量，按照计件单价20元/件的200%的标准，向其支付加班工资。

关联法条

1.《工资支付暂行规定》（劳部发〔1994〕489号）

第十三条 用人单位在劳动者完成劳动定额或规定的工作任务后，根据实际需要安排劳动者在法定标准工作时间以外工作的，应按以下标准支付工资：

（一）用人单位依法安排劳动者在日法定标准工作时间以外延长工作时间的，按照不低于劳动合同规定的劳动者本人小时工资标准的150%支付劳动者工资；

（二）用人单位依法安排劳动者在休息日工作，而又不能安排补休的，按照不低于劳动合同规定的劳动者本人日或小时工资标准的200%支付劳动者工资；

（三）用人单位依法安排劳动者在法定休假节日工作的，按照不低于劳动合同规定的劳动者本人日或小时工资标准的300%支付劳动者工资。

实行计件工资的劳动者，在完成计件定额任务后，由用人单位安排延长工作时间的，应根据上述规定的原则，分别按照不低于其本人法定工作时间计件单价的150%、200%、300%支付其工资。

经劳动行政部门批准实行综合计算工时工作制的，其综合计算工作时间超过法定标准工作时间的部分，应视为延长工作时间，并应按本规定支付劳动者延长工作时间的工资。

实行不定时工时制度的劳动者，不执行上述规定。

2.《劳动法》（2018年修正）

第三十六条　国家实行劳动者每日工作时间不超过八小时、平均每周工作时间不超过四十四小时的工时制度。

第三十七条　对实行计件工作的劳动者，用人单位应当根据本法第三十六条规定的工时制度合理确定其劳动定额和计件报酬标准。

第四十一条　用人单位由于生产经营需要，经与工会和劳动者协商后可以延长工作时间，一般每日不得超过一小时；因特殊原因需要延长工作时间的，在保障劳动者身体健康的条件下延长工作时间每日不得超过三小时，但是每月不得超过三十六小时。

3.《关于职工全年月平均工作时间和工资折算问题的通知》（劳社部发〔2008〕3号）

二、日工资、小时工资的折算

……

日工资：月工资收入÷月计薪天数

小时工资：月工资收入÷（月计薪天数×8小时）。

月计薪天数＝（365天－104天）÷12月＝21.75天

防范要点

对于加班费的计算，需要注意以下问题。

（1）只有双休日的加班才可以安排补休，工作日的延时加班和法定节假日的加班，都只能计算加班费。

（2）在实际操作中，有的地方性法规制定出了加班工资计算基数的标准。因此，各地对于计算加班费基数的标准并不尽相同。结合司法实务，大多数都是采用下列几种方法。

①有约定的按约定标准。如果在劳动合同中有约定确切的工资数额的，应当以劳动合同约定的工资数额作为加班费的计算基准。

应当注意的是，如果劳动合同的工资项目分为"基本工资""岗位工资""职务工资"等，就应当以各项工资的总和作为基数计发加班费，不能以"基本工资""岗位工资"或"职务工资"单独一项作为计算基数。

②没有约定的，一般采用正常工作时间的工资。在法律实务中出现纠纷最多

的就在于此。如果劳动合同中没有约定确切的工资数额，则应该采用正常工作时间的工资，也就是劳动者正常出勤所得的工资报酬。

此种情况下，就会涉及"工资"的界定问题。用人单位可以将劳动者的部分收入界定为"非工资性收入"（具体方法参见本章第一节"员工的工资到底由哪几部分组成"相关内容），从而达到降低加班费计算基准的目的。

③实行计件工资的，应当以法定时间内的计件单价作为加班费的计算基准。

5.4 加班费的法律风险防范

在现实生活中，完全没有加班的企业是很少的，尤其是在民营企业，加班的现象非常普遍。但尽管如此，大家对于加班和加班费却几乎没有什么概念，重视度明显不足。很大程度上是因为劳动关系方面的纠纷，绝大多数属于民事纠纷的范畴，民不告官不究。怎么理解呢？也就是说，即便是用人单位拖欠了劳动者的工资，甚至是违法解除了劳动合同，只要劳动者不主动去申请仲裁，劳动仲裁机构一般是不会主动介入的。

但随着广大劳动者法律意识的不断增强，如果用人单位不重视加班及加班费的相关问题，就会埋下极大的隐患。根据《中华人民共和国劳动争议调解仲裁法》（以下简称《劳动争议调解仲裁法》）的规定，劳动者离职后一年内均可以追讨在职期间被拖欠的劳动报酬，这里的劳动报酬当然包括加班费。

典型案例

小何于2018年4月初应聘进入苏州一家网络公司担任客服专员，入职时公司未与其签订书面劳动合同，只是口头约定了每月工资3000元，公司提供住宿，宿舍楼就在隔壁一栋楼。公司上下班需要考勤打卡，正常的作息时间是早9点到晚上6点，中午吃饭休息1个小时，每周工作6天。

小何因为刚入职，工作比较努力，经常晚上6点以后还主动留下来处理一些工作上的事情。加之她刚毕业不久，还是单身，宿舍离办公室也很近，所以基本每晚都是在公司待到9点左右才打卡离开。

工作半年之后，小何在工作中和直接主管发生了一些冲突，顶撞了主管，公司便以严重违反公司规章制度为由向小何下达了解除劳动合同通知书。

小何离开公司后，将这件事情告诉了一个学法律的亲戚。在亲戚的指导下，小何向苏州市吴中区劳动争议仲裁委员会提出仲裁申请，要求公司补发加班费17 580元，支付未签订劳动合同的二倍工资差额15 000元，以及违法解除劳动合同的赔偿金6000元，共计38 580元。

在仲裁庭上，小何提交了自己的考勤记录，显示大多数周一到周六，小何都是早晨9点前到岗，晚上9点左右离开公司。公司主张并未安排小何加班，小何待在公司并没有处理工作上的事情，而是在处理私事，有的时候甚至是在看网剧，但公司并未能提交相应的证据。

最终，仲裁委裁决公司向小何支付各类费用共计38 580元。

案例解读

本案是一个非常典型的案例，可能很多人会觉得这家公司赔得有点冤，但如果公司稍微懂点《劳动法》，是完全可以避免的。

在本案中，未签劳动合同而导致的二倍工资差额赔偿没有任何疑问，违法解除劳动合同是因为公司无法提交相应"顶撞领导就属于严重违反公司规章制度"的规章制度。我们重点来看加班费的问题。

公司对加班的管控比较随意，导致小何每天在公司停留的时间都差不多达到了12小时。公司主张小何晚上在公司并没工作，而是在看网剧，但又无法提交相应的证据来佐证，最终只能支付相应的加班费。

关联法条

1.《劳动法》(2018年修正)

第四十四条　有下列情形之一的，用人单位应当按照下列标准支付高于劳动者正常工作时间工资的工资报酬：

(一)安排劳动者延长工作时间的，支付不低于工资的百分之一百五十的工资报酬；

(二)休息日安排劳动者工作又不能安排补休的，支付不低于工资的百分之

二百的工资报酬;

(三)法定休假日安排劳动者工作的,支付不低于工资的百分之三百的工资报酬。

2.《最高人民法院关于审理劳动争议案件适用法律问题的解释(一)》(法释〔2020〕26号)

第四十二条 劳动者主张加班费的,应当就加班事实的存在承担举证责任。但劳动者有证据证明用人单位掌握加班事实存在的证据,用人单位不提供的,由用人单位承担不利后果。

防范要点

从司法实践来看,因为加班费而引发的劳动争议,最终用人单位败诉赔钱的比例非常高。其实,如果从制度和流程上稍加管控,这些风险都是完全可以规避的。

1. 加强对考勤的管理和对加班的审批

很多HR和劳动者想当然地认为,员工下班后继续工作、星期六或星期日来公司工作,就一定构成加班,其实不然。《劳动法》第四十四条对加班的认定其实非常清晰,"**安排劳动者延长工作时间的**",如何理解"**安排**"这两个字? 很显然,原则上只有是用人单位安排或要求员工下班后继续工作或是要求员工在休息日、节假日上班的,才属于加班。员工如果"磨洋工",正常的工作时间工作效率很低,正常的工作也都拖到下班后再做,于情于理都不能被认定为加班。

所以,用人单位需要做到以下几点。

(1)加强考勤管理。在规章制度中规定,非特殊情况每日18:30前(根据公司具体的作息时间而定)必须下班打卡,18:30后考勤机将断电,无法继续考勤。

(2)执行严格的加班报批制度。如果需要加班,就必须事先填写《加班申请单》,经主管批准后方可被认定为加班。

(3)在考勤管理制度中罗列出常见的不属于加班的情况,诸如:

①公司在节假日组织的员工自愿参加的旅游、郊游和其他文娱活动;

②公司在非节假日组织下班后的员工自愿参加的文娱体育活动;

③公司在标准工作时间以外组织的员工自愿参加的各类培训;

④用餐及休息时间;

⑤非公司组织安排而员工个人应下班又不下班的时间；

⑥员工因自身原因未能正常完成工作任务而延长工作时间；

⑦工作日提前上班；

⑧未经过审批的自动延长工作时间；

2. 对于高层岗位要事先约定工资总额已包括加班费

对于公司的高层岗位，如副总经理、店长、生产厂长、部门总监等，薪酬相对较高，尤其是执行年薪制的，因为工作性质的特殊性，很难用标准工时来衡量工作时间。因此可以事先在劳动合同中约定，公司支付的工资总额中已包括加班费，不再另行计算加班费用。

3. 考勤表须员工签字确认

在实践中这是最容易被忽视的环节。

应定期（每月或每季度）统计并汇总员工的考勤情况，然后让员工签字确认。每年年终的时候，出具当年度的工资报酬、福利待遇结算单，并让员工签字，确认当年的所有工资报酬（包括加班费）均已结算完毕。

4. 只有双休日的加班才能安排补休

需要注意的是，只有休息日（双休日）的加班才可以补休，工作日及法定节假日的加班是不能补休的。但在实际操作中，对于工作日及法定节假日的加班，很多企业也是安排员工事后补休，这样做存在一定的风险。

如果非要安排补休，建议让员工书面申请补休，以减轻企业的主观过错，降低后期企业需要补发加班费差额的风险。

5. 制定激励性薪酬方案，引导员工自动自发地工作

那些执行996工作制的互联网企业，如果要计算加班费，那么每个月的加班费大概相当于月工资的112%。也就是说，在工资之外，还要支付相当于工资112%的加班费。

房产中介行业是一个非常特殊的行业，很少有休息日（大部分房产中介，每月只休息两天），每天从早晨9点可能要工作到晚上9点，但很少听说房产中介行业有加班费的，也很少有房产中介员去申请劳动仲裁向公司索要加班费的。原因何在？因为房产中介行业基本是低底薪（甚至是零底薪）高提成，员工的干劲非常足，他们认为每天都是在为自己干，自然就不会去计较工作时间和加不加班的问题。

在笔者的线下培训课程中就介绍了一种激励性的薪酬方案——KIE。笔者所辅导的很多学员单位，实施KIE方案后，大都取消了原先的按加班时长来核算加班

费的制度，员工的收入和自己的业绩、产出高度相关，真正实现了多劳多得。结果是员工都争着加班，因为他们都是在为自己工作。

5.5 周六周日上班必须支付加班工资吗？

现实生活中，我们最常见的工作模式是"朝九晚六、做五休二"。其中的"做五休二"一般是"周一至周五工作、周六周日休息"最为常见，通常我们所说的休息日加班，也就是周六或周日加班。那么，如果用人单位安排劳动者周六或周日上班，是否必须支付加班工资呢？

典型案例

案例一

2016年4月，小李应聘入职一家贸易公司从事市场推广工作，双方订立了为期3年的固定期限劳动合同。劳动合同约定小李执行标准工时制，月工资8000元。

贸易公司的作息制度为，每周工作6天，周一至周五每天工作7小时（早晨9点至12点、下午1点至5点），周六工作5小时（早晨10点至12点，下午1点至4点）。

2019年3月（劳动合同到期前1个月），贸易公司通知小李，公司将不与小李续订劳动合同，并给予小李3个月工资的经济补偿。

劳动合同到期后，小李办妥了工作交接正式离职。随后，小李向当地劳动争议仲裁委员会提起仲裁申请，主张在职期间的休息日加班工资合计6万余元。仲裁委经过审理，并未支持小李的仲裁请求。仲裁委的理由是，贸易公司虽然安排小李周六上班，但每周的工作时间并未超过40小时，该工作制度并未违反标准工时制，小李要求支付休息日加班工资的主张不能成立。

案例二

2014年10月20日，吴某能与绍兴某物业管理有限公司签订《全日制劳动合同》，从事物业电工工作。物业公司安排吴某能每周六、周日上班，每周四休息一天。2015年3月1日，物业公司向吴某能送达《辞退函》，告知其在次月2日办理离职手续。同年4月3日吴某能在《员工离职申请表》《员工离职清单》《员工面谈表》中签字，其中注明工资结算至4月15日，补偿吴某能半个月工资。

离职后，吴某能向新昌县劳动人事争议仲裁委员会申请劳动仲裁，要求物业公司补缴社保、支付休息日加班工资2654元、支付违法解除劳动合同的赔偿金6000元。仲裁委裁决支持物业公司为吴某能补缴社保，驳回了其他仲裁请求。

吴某能不服裁决，向新昌县人民法院提起诉讼。新昌法院经过审理，驳回吴某能要求物业公司补缴社会保险费、支付休息日加班工资、支付违法解除劳动合同赔偿金的诉讼请求。

吴某能不服一审判决，向绍兴市中级人民法院提起上诉。关于休息日加班工资的问题，二审法院认为，"根据《中华人民共和国劳动法》第三十六条之规定，国家实行劳动者每日工作时间不超过八小时、平均每周工作时间不超过四十四小时的工时制度。该法第三十八条规定，用人单位应当保证劳动者每周至少休息一日。前述法条规定了劳动者的工作时间和休息办法，即劳动者每日工作时间不超过八小时、平均每周工作时间不超过四十四小时；用人单位每周安排劳动者休息一日应视为用人单位已保障劳动者休息权利。根据双方当事人均认可之事实，被上诉人作为用人单位，安排上诉人吴某能每周星期四休息，上诉人吴某能每周星期四均未工作。因此，由于被上诉人已安排星期四作为劳动者周休息日，已保障了劳动者休息权利。上诉人吴某能主张其存在休息日加班工作的事实，应对该事实承担举证证明责任。然上诉人对该主张仅有己方陈述，未能提供证据证明，故本院不予采信。结合上诉人吴某能的工作时间及休息时间，上诉人吴某能在星期六、星期天工作不能认定为系其加班工作。"[（2015）浙绍民终字第2354号]

案例解读

以上两个案例在现实生活中并非个案，部分用人单位因为行业特性，需要安排劳动者在周六或周日上班，还有很多用人单位执行每周6天工作制。但是，并非周六或周日上班就一定属于休息日加班。这是因为用人单位可以根据实际情况灵活安排每周的休息日，例如，如果周一至周五是工作日，那么周六和周日就是休息日，如果周二至周六是工作日，那么周日和周一就是休息日。与此同时，《劳动法》规定须确保劳动者每周至少休息一天，而这一天休息日可以是周一至周日之中的任意一天，只要确保每周的工作时间不超过40小时即可。如果超过了40小时，则需要支付加班工资或是安排补休。

关联法条

1.《劳动法》（2018年修订）

第三十八条　用人单位应当保证劳动者每周至少休息一日。

2.《国务院关于职工工作时间的规定》（1995年3月25日修订）

第三条　职工每日工作8小时、每周工作40小时。

第五条　因工作性质或者生产特点的限制，不能实行每日工作8小时、每周工作40小时标准工时制度的，按照国家有关规定，可以实行其他工作和休息办法。

第七条　国家机关、事业单位实行统一的工作时间，星期六和星期日为周休息日。

企业和不能实行前款规定的统一工作时间的事业单位，可以根据实际情况灵活安排周休息日。

防范要点

从各地的判例来看，基本都把握住了基本工时的固有特征，即每天工作时间不超过8小时、每周工作时间不超过40小时、每周起码安排劳动者休息1天。凡是超出这个法律底线的，用人单位都需要承担相应的法律责任。而至于休息哪一天则没有明文规定，给到了用人单位充分的自主权。

在实际操作中，一方面，建议用人单位与劳动者对于工作时间的安排协商一致，落在书面上；另一方面，用人单位在安排劳动者休息的时候，务必遵守法律、法规，给到劳动者休息权。

需要强调的是，本节讨论的仅仅是标准工时制下的工作时间安排问题，并不涉及不定时工时制和综合工时制的相关问题。后两者则是完全不同的时间管理和计算方式。

5.6 出差的加班工资如何计算

因加班而引发的加班工资争议在所有劳动争议中占了相当大的比例，而在这些加班工资的争议中，涉及出差的加班问题尤为复杂。比如，出差往返途中超出法定工作时间或遇到休息日是否属于加班，出差期间的休息日及节假日是否属于加班，等等。

虽然很多用人单位都设置了加班补助，但涉及出差的加班问题依然极易引发纠纷，必须引起足够的重视。

典型案例

案例一

鲍某于2014年3月24日入职A公司担任投资总监，双方签署了期限为2014年3月24日至2019年12月7日的劳动合同。在职期间，鲍某经常前往A公司业务开展地出差。其中，存在出差期间跨休息日的情况。鲍某提交机票行程详情截图，以及他自行整理的双休日加班统计，证明他在出差期间的休息日也在加班，一共有35个休息日。

鲍某未提交其他证据佐证其关于出差期间休息日加班的工作内容，双方均认可A公司员工出差享有出差补助，标准为80元/天。

鲍某向北京市东城区劳动人事争议仲裁委员会提起仲裁申请，要求A公司支付35个休息日的加班工资。

仲裁委虽然对鲍某关于其在职期间共有35个休息日在外地出差的主张予以采信，但同时认为双休日加班统计为其自行整理，其既未提交其他证据佐证其关于出差期间休息日加班的工作内容，也未提交证据证明系A公司要求其在休息日进行上述工作内容，故鲍某提交的证据不足以证明A公司要求其出差期间利用休息日工作。

最终，仲裁委驳回了鲍某的仲裁请求。

案例二

宋某于2017年9月18日入职北京某信息技术有限公司担任销售岗位,双方先后签订了2份固定期限劳动合同,工作时间为上午9点至12点,下午1点至6点,月工资为10 000元,2019年7月30日,双方解除劳动关系。

2019年9月2日,宋某向北京市丰台区劳动人事争议仲裁委员会提起仲裁申请,请求公司支付销售提成、2017年9月18日至2019年7月30日期间延时加班工资23 922.41元和休息日加班工资75 402.3元,以及未休年休假工资和违法解除劳动合同赔偿金等。仲裁委仅裁决公司支付宋某未休年休假工资9195.4元和违法解除劳动合同赔偿金40 000元,未支持延时加班工资和休息日加班工资。

宋某不服裁决,起诉至北京市丰台区人民法院。宋某认为公司经常安排其在休息日出差,应当支付加班工资。一审法院审理后认为,宋某在职期间存在多次出差,且多次在途时间在法定工作时间外,亦时间较长。据此,信息技术公司应支付宋某上述期间的延时及休息日加班工资。具体数额,法院综合宋某的工作内容、出差次数及出差在途时间等因素酌情予以确定。宋某主张其他时间存在加班,但未举证证明加班事实的存在,且信息技术公司不予认可,故对宋某主张信息技术公司支付其他时间加班工资的诉讼请求,法院不予支持。最终,一审法院判决信息技术公司支付宋某延时加班工资10 000元、休息日加班工资3000元、未休年休假工资9195.4元和违法解除劳动合同赔偿金40 000元。

信息技术公司不服一审判决,向北京市第二中级人民法院提起上诉。北京市二中院经审理后认为,一审法院综合考量宋某在信息技术公司工作期间频繁出差的特殊情况,将宋某出差在途的部分合理时间区间视为加班,并无不妥。据此,北京市二中院驳回了信息技术公司的上诉,维持原判。[(2020)京02民终9518号]

案例解读

以上两个案例都发生在北京,情况也有相似之处,但最终的结果却不尽相同,足以说明因为出差而引发的加班问题非常复杂。

由于销售、咨询等行业的客户分散性和业务跨区域性等行业特征,上述行业的从业人员经常需要出差以完成相应的工作业绩和绩效指标。出差时间受出差距离、客户安排、项目时长等因素的影响,实务中许多劳动者存在休息日仍在外地无法返回的情况。那么,上述休息日出差是否应当按照休息日加班为劳动者核算加班工资？在实践中应当综合考虑出差时间是否为工作日跨休息日、出差期间的休息日或节假日是否确有加班事实（是否提供劳动或有产出）、是否有关于出差补助的相关规定等。具体可分以下几种情况讨论。

1. 出差的起始和终止时间都在法定工作时间内

如果劳动者迟于标准工时制下的上班时间出发，早于下班时间回程，则不涉及加班及加班费计算的问题。

2. 出差的起始和终止时间跨越法定工作时间段或涉及双休日或法定节假日

对于超出法定工作时间或跨越双休日、法定节假日的在途时间是否构成加班，在司法实践中存在不同观点。

一种观点认为，出差在途时间属于为工作做准备的时间，不视为加班。因为员工除了投入时间之外，并不需要实际投入精力。[（2016）京0108民初5053号、（2014）沪一中民三（民）终字第1958号]

另一种观点认为，出差在途时间与工作有关，应当视为加班。[（2015）滨功民初字第504号]

3. 出差员工提供工作服务和在途时间均在法定工作时间内，但出差期间跨越双休日或法定节假日的情况

由于出差所跨越的双休日或法定节假日期间员工并未提供劳动，而是在休息，只不过是在出差地而不是在居住地休息。这种情况下，员工并不是加班，用人单位不需要支付加班工资。

4. 出差员工提供工作服务的时间和在途时间均在法定工作时间之外

毫无疑问，这种情况下，用人单位应当区分工作日延长工作时间、双休日安排加班、法定节假日安排加班等不同情况，对于服务时间和在途时间分别给予150%、200%（无法安排补休）、300%的加班费。

关联法条

《最高人民法院关于审理劳动争议案件适用法律问题的解释（一）》（法释〔2020〕26号）

第四十二条 劳动者主张加班费的，应当就加班事实的存在承担举证责任。但劳动者有证据证明用人单位掌握加班事实存在的证据，用人单位不提供的，由用人单位承担不利后果。

防范要点

如前所述，对于出差超出法定工作时间或跨越休息日、节假日是否属于加班的问题，在司法实践中存在一定的争议。不同的地区，甚至是同一地区的同一法院，实际裁判的口径也存在一定的差异。

要想规避因为出差而引发的加班工资争议，用人单位可以从以下几个方面入手。

（1）从人性化的角度出发，用人单位在规章制度中对出差在途时间是否属于加班做出明确的规定，比如：

①工作日出差出发时间早于规定上班时间不超过1小时（具体可根据劳动者正常上班在途时间而定）的不视为加班；

②工作日出差返回用人单位所在城市的时间不晚于规定下班时间的不视为加班；

③除以上两种情况外的出差出发时间或返回用人单位所在城市时间超过标准工作时间的均视为加班，单位依法给予补休或支付加班工资。

（2）如果用人单位不希望将员工节假日出差的在途时间算为加班，则可以考虑以下措施，以降低法律风险。

①在规章制度里建立加班审批制度，并且严格执行。

②在规章制度里明确规定加班时间的统计和计算规则。例如，明确规定出差的在途时间不计为加班。

③向员工提供出差补助，对员工的在途时间给予一定的经济补助。相应的，再次强调出差的在途时间不计为加班。

（3）针对存在长期出差或频繁出差的特殊工作岗位，用人单位可依法向劳动行政部门申请不定时工作制。经批准实行不定时工作制的劳动者，用人单位可以不支付加班工资。

5.7 值班和加班的区别

和"加班"相似的一个名词即"值班"，比如，在医院还存在"值班医生"这一说。值班和加班虽然仅一字之别，但牵扯到的法律关系却相差非常大。对于值班，我国现行的法律、法规及规章制度并无专门的规定。有关值班的规定只是出现在部分地方法院的审判指导文件之中。总体来说，审判指导和相关判例原则上都不认可值班属于加班，不支持劳动者追索值班期间的加班费。

即便如此，因为值班而引发的劳动纠纷也并不少见。

典型案例

2017年11月，劳动保障监察机构接到匿名举报，反映某物业公司（以下简称A公司）维修电工岗位存在超时加班的情况，做一休二，即从早上8点工作到次日早上8点，连续工作24小时，再休息48小时。接报后，劳动保障监察机构立即指派监察员上门实施监察。

经查实，A公司采用多种工时制度，如办公室员工实行标准工时制，维修电工、保洁、保安等实行综合计算工时制，物业经理等实行不定时工时制，且均已获得人力资源社会保障部门批准。监察员仔细核对考勤后发现，其中物业维修电工确实存在做一休二的情况，其他岗位暂未发现超时加班的情况。

A公司称，维修电工工作情况特殊，实行的是综合计算工时制。为确保项目安全，夜间需要有维修电工值班，万一发生情况可以立即处理。但实际的工作时间并非连续24小时，正常工作时间是从早上8点至晚上8点，晚上8点至次日早上8点为值班时间。

该公司在与维修电工签订的劳动合同中，对工作时间进行了约定：实行综合计算工时制，早上8点工作到晚上8点，做一休二。另外，A公司又与这些员工签订了一份值班协议，明确值班时间为晚上8点下班后至次日早上8点。值班期间，除了不能离岗之外，可以休息，A公司提供了值班室，值班室内有床、电视机等基本设施。同时，值班协议也约定了公司须向员工支付值班费，若值班期间发生情况需要抢修的，均按照加班计算。

通过调查，劳动保障监察机构未发现举报反映的超时加班情况，但也建议A公司向员工做好解释说明工作，以免引起误解和纠纷。

案例解读

本案争议的焦点在于维修电工晚8点至次日早8点的这12个小时到底算加班还

是算值班。实践中,加班与值班非常容易被混为一谈,从而导致权利和义务难以厘清。突出的表现就是"是否应当支付加班费及支付的标准为何"。

仔细分析不难发现,值班和加班具有以下共同点。

(1)都发生在正常工作时间之外。

(2)都是基于用人单位的安排。

(3)从事的工作均与用人单位的业务组成有或多或少的关联。

(4)员工均可能因此而获得报酬。

但是两者也有着非常明显的区别,主要体现在两个方面。

1. 工作的内容不同

多数情况下,加班是用人单位因为生产经营需要,安排劳动者继续在自己的工作岗位上从事着一定的生产经营活动,而且大多数时候就是本职工作。而值班则是用人单位因安全、消防、节假日等需要,或处理突发事件等原因,安排劳动者在夜间、休息日、法定节假日等非工作时间从事的非生产经营性活动。

2. 工作的强度不同

加班的工作强度等同于正常工作时间的工作强度,甚至因为工作量大或时间紧迫,加班的工作强度还要大于正常的工作强度。而值班则一般没有太大的工作量,有事则忙,无事则闲,劳动者有较多的休息时间。

本案中,维修电工在晚8点至次日早8点的12个小时中可以休息,劳动强度明显小于正常的工作标准,且A公司通过值班协议的形式对值班费和特殊情况下的加班费做了明确规定,因而是合乎规定的。

关联法条

《上海市高级人民法院关于审理劳动争议案件若干问题的解答》(沪高法民一〔2006〕17号)

三、关于单位值班的若干问题

(一)以下情形中,劳动者要求单位支付加班待遇的,劳动争议处理机构不予支持:

1. 因单位安全、消防、假日等需要担任单位临时安排或制度安排的与劳动者本职工作无关的值班;

2. 单位安排劳动者从事与其本职工作有关的值班任务,但值班期间可以休息的;

（二）上述情形中，劳动者可以要求单位按照规章制度、集体合同、单项集体协议、劳动合同或惯例等支付相应待遇。

防范要点

值班和加班虽然仅一字之别，但在待遇上却相差甚远。一般而言，值班费（值班补助）远远低于加班费的标准。

企业应在劳动合同或规章制度中尽可能明确值班的情形和待遇标准，遇到需要安排员工值班的情况，做好登记工作，并让员工签字确认。

5.8 年薪制的法律风险防范

年薪制是一种针对高级管理人员的比较普遍的计薪方式，通常的做法是每个月先发放一部分薪资，剩余部分年底根据考核结果发放。但如果操作不当，依然会存在一定的法律风险。

典型案例

2013年5月，某科技公司招聘了一名副总经理程某。入职当日，双方签订了为期5年的劳动合同。合同中约定：乙方（程某）年薪为50万元，每月先预发2万元，每月预留5000元，乙方工作满2年后按月逐月返还，剩余的20万元根据年底的综合考评结果浮动支付。

2015年10月，程某以公司拖欠工资为由，向当地劳动争议仲裁委员会提出仲裁申请，要求解除劳动合同，返还每月扣除的5000元，并计算当年的年薪剩余部分金额。

劳动争议仲裁委员会经过审理，支持了程某的请求。

案例解读

在这个案例中，用人单位采用了"每月预留5000元，待乙方工作满2年后按月逐月返还"的薪酬发放方式。企业这么做的目的可能比较单纯，留住人才，但这样做的风险极大，很容易被认定为克扣和拖欠工资。

关联法条

1.《劳动法》（2018年修正）

第五十条　工资应当以货币形式按月支付给劳动者本人。不得克扣或者无故拖欠劳动者的工资。

2.《劳动合同法》（2012年修正）

第八十五条　【未依法支付劳动报酬、经济补偿等的法律责任】用人单位有下列情形之一的，由劳动行政部门责令限期支付劳动报酬、加班费或者经济补偿……逾期不支付的，责令用人单位按应付金额百分之五十以上百分之一百以下的标准向劳动者加付赔偿金：

（一）未按照劳动合同的约定或者国家规定及时足额支付劳动者劳动报酬的……

防范要点

在上述案例中，如果换一种做法，风险就会减小很多甚至是完全没有风险：双方约定乙方每月固定工资2万元，年度综合考评合格的额外奖励20万元（浮动，上不封顶）；做满2年的，从第3年开始，每月发放固定工资2.5万元；做满5年的，无论是否续签合同，均一次性奖励12万元。这样5年下来，程某的总收入依然是250万元，做满5年一次性奖励的12万元其实就是前2年每月暂扣的5000元的总和。这种处理方式我们称为"加法"，即达到一定的条件则增加一定数额的薪酬；而本案中的方式被称为"减法"，即如果出现某些情况则扣减一定数额的薪酬。纵览近些年的司法判例，采用"减法"的方式最终用人单位败诉的比例比较高，风险比较大。

除此之外，年薪制还存在一个和年终奖比较类似的法律风险，那就是未做满一年而中途离职的员工，能否按照当年度已工作的时间，按比例享受年薪的剩余部分？这个问题在司法实践中还存在较大的争议，站在风险防范的角度，用人单位应该在劳动合同及规章制度中约定"中途离职的员工无权享受当年年薪的剩余部分"，但最终能否执行还要看仲裁员及法官的个人理解。因为这种方式会存在用人单位宁可承担单方解除劳动合同的经济补偿或是赔偿金而逃避支付年薪剩余金额的可能性。

比较稳妥也比较公平的做法是，建议在劳动合同中予以明确：

（1）若出现甲方须支付经济补偿或赔偿金而解除劳动合同的情形，则年薪的剩余部分甲方须按履职月份的相应比例发放；

（2）若出现甲方无须支付经济补偿或赔偿金而解除劳动合同的情形，则年薪的剩余部分甲方无须支付。

5.9 年中离职员工能享受年终奖吗？

年终奖一般是在次年年初（农历的春节前）发放，实践中，一些在年中离职的劳动者，在知悉用人单位发放了年终奖后，经常会要求用人单位按照该年度已工作时间的比例向自己发放年终奖。但用人单位通常会拒绝发放，认为劳动者已离职，不符合发放年终奖的条件。

那么，年中离职的员工能否享受年终奖呢？

典型案例

黄先生2015年9月进入郑州一金融公司上班，双方签订了为期3年的劳动合同，公司的劳动合同和规章制度中都对年终奖做了约定：(1)年终综合考评80分以上方可享受年终奖；(2)年中员工主动离职或因员工严重违纪等原因被公司辞退（员工过失性辞退）则无权享受年终奖；(3)年中员工非过失被公司辞退则有权按已履职时间享受年终奖。

2016年12月下旬，黄某因向客户索要回扣被公司查获，公司以严重违纪为由向黄某下达了解除劳动合同通知书。黄某向公司索要2016年度的年终奖，但是公司认为，根据公司的相关制度及劳动合同约定，黄某因严重违纪被辞退，没有享受年终奖的权利。

双方各执一词，最后诉至劳动仲裁庭。劳动仲裁庭经过审理，驳回了黄某的请求。

案例解读

这个案例很有代表性,几乎每年春节后都会集中出现一批因为年中离职索要年终奖而引发的劳动纠纷。

首先必须明确一点,根据《关于工资总额组成的规定》,年终奖属于奖金的一种,当然也就属于工资总额的一部分。既然如此,年终奖的发放过程就必须遵循工资发放的一些原则。

1. 同工同酬

如果公司没有事先约定年终奖的具体发放方式,就必须做到同工同酬。也就是说,同样的岗位,年终奖的发放方式和基数应该是相同的。万一发生纠纷,劳动仲裁机构和法院也会按照此原则来裁决或判决。

2. 依规章制度执行

如果公司的规章制度对年终奖的发放方式已有明确规定,就应该按照此规章制度来执行。当然,前提是此规章制度的制定流程和公示流程都合乎规范。

3. 依劳动合同约定执行

如果在劳动合同中对年终奖的相关内容有明确约定,就应该按照双方的约定来执行。

以上三个原则的效力大小为:劳动合同约定＞规章制度＞同工同酬。

也就是说,劳动合同有约定的按约定执行,劳动合同没有约定的按规章制度执行,规章制度没有规定的按同工同酬的原则来执行。

在本案中,公司的规章制度和劳动合同中对年终奖的发放均有明确的约定,黄某因为严重违纪而被辞退,按约定就无法享受年终奖。

关联法条

1.《关于工资总额组成的规定》(国家统计局令第1号,1990年颁布)

第四条 工资总额由下列六个部分组成:

……

(三)奖金;

……

2.《国家统计局〈关于工资总额组成的规定〉若干具体范围的解释》(1990年颁布)

二、关于奖金的范围

(一)生产(业务)奖包括超产奖、质量奖、安全(无事故)奖、考核各项经济指标的综合奖、提前竣工奖、外轮速遣奖、**年终奖(劳动分红)**等。

防范要点

由上分析可知,年终奖发放应遵循的三个原则的效力大小顺序是:劳动合同约定＞规章制度＞同工同酬。据此,我们可以合理规避员工年中离职索要年终奖的相关风险。

(1)在劳动合同和规章制度中明确规定年终奖非应发工资,而是用人单位的福利,用人单位有权根据当年度的经营状况决定发放与否。

(2)在劳动合同和规章制度中明确年终奖的发放范围、发放标准和发放方式。例如:

①当年度出勤率达到××比例、年终综合考评达到××分方可享受年终奖;

②若出现用人单位须支付经济补偿或赔偿金而解除劳动合同的情形,可享受年终奖;

③若出现用人单位无须支付经济补偿或赔偿金而解除劳动合同的情形,无权享受年终奖。

(3)直接将年终奖定义成"**过年红包**"或"**留任津贴**"。

既然是叫留任津贴,当然就是为了保证年底公司的人员稳定而给予年底尚在职人员的津贴。如果年中离职,自然就没有了。

特别需要强调的是,如果是以规章制度的形式约定,那么一定要注意规章制度制定流程和公示流程的规范性,否则,这个制度是没有效力的。

在实践中还有一部分企业执行年终双薪,也就是年底最后一个月发放两倍于平时数额的工资。年终双薪不等于年终奖,年终双薪从性质上讲属于平时的月工资,相当于把劳动者平时每月收入的一部分积累下来,放在年末集中发放。如果用人单位明确规定为年终双薪,则劳动者如果在年中提前离职,则有权要求获得相应比例的年终双薪。

5.10 调岗调薪的相关法律风险

调岗调薪是用人单位人事管理工作中很常见的事情，也是最为敏感的事情，同时更是劳动纠纷的高发诱因。所谓调岗，就是将员工从一个工作岗位调整到另一个工作岗位；所谓调薪，主要是指降低员工的薪酬，因为提高员工的薪酬一般不会产生纠纷。

一方面出于保护劳动者的需要，《劳动合同法》及相关法律、法规规定用人单位不得随意调整劳动者的工作岗位；但另一方面，在市场经济中，法律亦不能干涉作为市场经济主体的用人单位的自主经营权。

对于工作岗位的调整，实践中我们应当如何把握呢？能否对表现不好的员工进行调岗呢？

典型案例

案例一

2008年3月1日，郑某进入北京某化工有限公司，担任销售职务。双方订立了为期3年的书面劳动合同，工作地点为北京。2009年8月20日，该公司口头通知郑某将其岗位调至山东青岛，郑某表示不同意。

9月10日，公司以郑某未到新岗位报到工作，也未向直接领导请假为由通知郑某解除劳动关系。郑某与该公司协商不成，向北京市某区劳动争议仲裁委员会提起仲裁申请。

仲裁委做出裁决，裁定该公司解除劳动合同违法，应向郑某支付赔偿金32 000元。

案例二

小陈与某外资企业签订了为期3年的劳动合同，合同期限自2015年4月3日至2018年4月2日。劳动合同中约定，小陈的岗位是行政经理秘书，月工资为6000元。

2017年3月1日，该公司给小陈下达了调岗通知书。通知书称因公司组织架构调整，须调小陈到销售部任经理助理兼内勤，工资不变。小陈虽内心不太愿意，但仍然在办理完工作交接后于3月6日到销售部报到并开始工作。

到销售部工作一段时间后，小陈觉得销售部的工作压力比较大，经常需要加班，而自己正在自考本科，感觉时间不够用。4月10日，小陈向公司提出，自己的劳动合同中约定的岗位是行政经理秘书，希望继续回到原部门工作，公司拒绝了小陈的要求。

4月11日开始，小陈便未到公司上班。4月14日，公司向小陈下达了解除劳动合同通知书，称小陈连续旷工3天，严重违反了公司的规章制度。

小陈不服，向当地劳动争议仲裁委员会提出仲裁申请，要求公司支付违法解除劳动合同的赔偿金16 000元。

仲裁委经过审理，驳回了小陈的仲裁申请。

案例解读

这两个案例非常具有代表性。案例一中，用人单位的调岗被裁定违法；而案例二中，用人单位的调岗被认可，原因何在？

所谓工作岗位，是组织（企业）为完成某项工作任务而确定的，由**工种**、**职位**、**职务**和**职能**等四要素组成。

（1）工种是指根据劳动管理的需要，根据劳动的性质、特征或服务的特点而划分的工作种类。比如，广告行业的工种有雕刻工、喷涂工、电焊工、印刷工和设计师等。

（2）职位是指工作中的位置或地位，如主任、经理、总监等。

（3）职务是指职位应担任的工作，如设计部总监是职位，职务是负责整个设计部的运营管理工作等。

（4）职能指的是知识、技能、行为与态度的组合。设计部总监的职能是高层管理。

从广义的角度而言，工作岗位中**工种**、**职位**、**职务**、**职能**中的任何一个要素的变动都构成工作岗位的变动。

工作岗位的调整，通常分为上调、平调和下调。所谓上调，就是通常所说的升职；所谓平调，就是平行调整，职位不变，但工种和职务有变化；所谓下调，就是通常所说的降职。

一般来说，调岗无外乎两种情况。

1. 协商一致调岗

《劳动合同法》第三十五条规定，双方协商一致，可以变更劳动合同约定的内容。而调岗（变更工作岗位）显然属于变更劳动合同约定的内容。所以，用人单位与劳动者协商一致可以调整工作岗位（虽然不太合理，但只要不违法就行）。

在实际操作中，给员工升职其实就是调岗的一种，员工一般是乐于接受的。除此之外，平行调岗（也称平调）就需要和劳动者进行协商，劳动者同意，就可以直接调岗。

2. 用人单位单方调岗

即用人单位单方面提出调整劳动者的工作岗位，处理不当的话，极有可能发生劳动纠纷。

当然，用人单位单方调岗也可分为法定调岗和约定调岗。

所谓**法定调岗**，即《劳动合同法》赋予了用人单位在一定条件下可以行使单方调岗权，主要有以下几种情况。

（1）劳动者患病或者非因工负伤，在规定的医疗期满后，若不能从事原工作，那么在解除劳动合同前，用人单位享有一次单方调岗权（见《劳动合同法》第四十条第一款）。

（2）劳动者第一次出现不能胜任工作的情况。用人单位享有一次单方调岗权（见《劳动合同法》第四十条第二款），实践操作中，用人单位调岗的绝大部分理由是"不能胜任工作"，但是这个理由不能滥用，必须确保"不能胜任工作"的条件合法，即有充足的理由证明劳动者不能胜任工作。

（3）劳动合同订立时所依据的客观情况发生重大变化，致使劳动合同无法履行（见《劳动合同法》第四十条第三款），经协商，可以调整岗位。

需要强调的是，这里所说的"重大变化"，并不是由用人单位来界定的。根据原劳动部办公厅1994年颁布的《劳动部关于〈中华人民共和国劳动法〉若干条文的说明》的解释，"客观情况"是指发生不可抗力或者出现致使劳动合同全部或者部分条款无法履行的其他情况，如企业迁移、被兼并、企业资产转移等。

（4）企业转产、重大技术革新或者经营方式调整，可以变更劳动合同，调整员工的工作岗位。现实中这种情况也是非常多见的，随着技术进步的不断加快，企业要想在竞争中立足，就必须不断地调整经营方向、经营理念，也需要不断地进行技术革新，这必然会涉及劳动岗位的变更。

所谓**约定调岗**，即用人单位和劳动者事先在劳动合同中对调岗的条款有过约定，当约定的条件发生时，用人单位也可以行使单方调岗权。

例如，某连锁品牌在市内现有4家连锁门店，在招聘店长时，就可以在劳动合同中进行约定，"鉴于甲方为连锁经营，若合同期内甲方新增门店，甲方可调整乙方实际工作的门店，乙方愿意服从安排"。

关联法条

1.《劳动合同法》（2012年修正）

第三十五条 用人单位与劳动者协商一致，可以变更劳动合同约定的内容。变更劳动合同，应当采用书面形式。

变更后的劳动合同文本由用人单位和劳动者各执一份。

第四十条 有下列情形之一的，用人单位提前三十日以书面形式通知劳动者本人或者额外支付劳动者一个月工资后，可以解除劳动合同：

（一）劳动者患病或者非因工负伤，在规定的医疗期满后不能从事原工作，也不能从事由用人单位另行安排的工作的；

（二）劳动者不能胜任工作，经过培训或者调整工作岗位，仍不能胜任工作的；

（三）劳动合同订立时所依据的客观情况发生重大变化，致使劳动合同无法履行，经用人单位与劳动者协商，未能就变更劳动合同内容达成协议的。

第四十一条 有下列情形之一……，可以裁减人员：

……

（三）企业转产、重大技术革新或者经营方式调整，经变更劳动合同后，仍需裁减人员的；

……

2.《最高人民法院关于审理劳动争议案件适用法律问题的解释（一）》（法释〔2020〕26号）

第四十三条 用人单位与劳动者协商一致变更劳动合同，虽未采用书面形式，但已经实际履行了口头变更的劳动合同超过一个月，变更后的劳动合同内容不违反法律、行政法规且不违背公序良俗，当事人以未采用书面形式为由主张劳动合同变更无效的，人民法院不予支持。

> **防范要点**

调岗调薪一旦处理不好,就会导致劳动者主动要求解除劳动合同并要求支付经济补偿;或是用人单位将劳动者辞退,最终因构成违法解除劳动合同而承担赔偿金。

如何才能在调岗中做到确保合法、尽量合理,减少不必要的风险呢?给大家一些操作上的建议。

1. 劳动合同中对岗位的描述和约定要适当

在和劳动者订立劳动合同时,除非一些专业性非常强的岗位(如财务),否则对岗位的描述和约定要适当,不要太粗也不能太细。太粗的话会被认为是约定不明,如约定为员工、工人,等于没有约定岗位;太细的话不利于管理和变动,如约定为电工、车工、铸工,要想调整为水电维修工,可能就涉及岗位的变动,就需要双方协商。

为便于管理,一般而言可将岗位约定为管理、操作、生产、技术、辅助、文员、销售、设计等岗位,这样相对而言,调整的空间会更有弹性。

2. 务必在劳动合同中明确企业具有单方调岗调薪的权利

结合众多的司法判例来看,只要劳动合同中明确企业有权调岗调薪,同时具备合理的依据,司法实践中对此把握的标准相对宽松,大多数是支持企业的调岗调薪的。

所以,在劳动合同中须明确载明"**甲方有权根据生产和工作需要及乙方的工作能力和表现升、降乙方的职务,调整乙方的工作岗位,乙方同意并愿意服从公司安排**";同时应明确,在"**乙方的工作岗位、职务发生变化时,按照薪随岗位的原则,乙方同意甲方按照调整后的工作岗位、职务支付工资**"。

当然,如有可能,还是尽可能地将调岗的条件进行细化(参照前文中连锁门店的调岗约定)。事先约定得越明确,事后的操作就越方便,产生争议的可能性就越小。

3. 加强日常绩效管理

用人单位单方调岗的绝大部分理由是劳动者"不能胜任工作",而认定能否胜任工作的关键点就是绩效是否达标。

因此,用人单位一定要加强日常的绩效管理,将绩效考核方案提前公示并让劳动者签字，绩效考核的结果要让劳动者签字确认。

4. 调岗的理由要确保合法

调岗的理由必须合法，也就是说，要么是符合法定的调岗条件，要么是达到劳动合同约定的调岗条件。否则，如果劳动者拒绝被调岗，那么最终极有可能构成违法解除劳动合同。

5. 调岗要符合合理性原则

大致包括以下5种情况。

（1）调岗是用人单位生产经营的需要。

比如，企业经营发生严重困难，需要调整或缩减生产线，对被调整或被缩减的人员就可以调岗；或者企业突然接到几个比较大的订单，生产上来不及，需要从其他部门临时抽调人员去支援。

（2）调岗后劳动者的工资水平与原岗位基本相当或下降不太多。

通常发生争议的调岗都是高往低调，或者是平行调整。如果是给员工升职，应该不会产生争议。而企业的薪酬体系肯定是薪随岗变，岗位变动了，工资应该也会变化。如果这个变动是在一定的范围内，就是合理的；如果调整幅度过大，可能就有问题。但至于调整时降低多少算过大，并没有确切的标准。一般来说，调低10%～20%属于正常，但如果调低50%肯定就属于调整过大。

（3）调岗不具有侮辱性、惩罚性或报复性。

类似的侮辱性、惩罚性或报复性的调岗纠纷非常多，比如，将一个财务总监调整到仓库担任保管员，即便是工资一分钱不降，也是不合理的，明显带有侮辱性，是用人单位变相逼迫劳动者自己离职。

（4）劳动者能胜任调岗后的岗位。

通常调岗的理由是劳动者不能胜任原有的岗位，但如果对于调整之后的新岗位劳动者明显也无法胜任，那么这种调岗就是不合理的。比如，用人单位将一个一直操作国产机器的工人以不能胜任工作为由，调整到去操作进口机器，而该工人根本不懂外语，这种调岗显然就是不合理的。用人单位的用意可能在于利用两次不能胜任工作的理由来合法辞退该员工。

（5）行使单方法定调岗权时原则上只能横向调整或向下调整。

用人单位行使单方调岗权，针对的基本是劳动者对原岗位不太胜任的情况。基于常识来看，如果要调岗，原则上只能横向调整或向下一个岗位调整，同时，新岗位的胜任能力要求不能高于原岗位。

6. 对"三期"女员工的调岗要慎重

实际操作中经常会遇到以下现象：A女工因怀孕，须休产假，于是公司决定调整其他岗位的B去顶替A女工的岗位，B同意调岗并履行了变更手续。当A休完产假返回时，问题就出来了。A有权要求继续以前的岗位，但B不愿意腾出此岗位而回到自己最初的岗位。

遇到这种情况，在第一次调整B顶替A的岗位的时候就约定好，只是暂时顶替，等A返岗后，公司有权要求B重回以前自己的岗位。

7. 履行好调岗的手续

在决定调岗时，一定要给员工下达书面的《岗位调整通知书》。虽然在司法实践中存在口头通知事实调岗的情况，但稳妥起见，必须履行好书面的相关手续，避免后期的纠纷和争议。

一般而言，让员工在《岗位调整通知书》上签字确认即可，并不需要订立劳动合同变更协议。

同时，一定要记得，让员工对新岗位的《岗位职责说明书》进行签字确认，这是判定是否胜任工作的重要依据。

当然，无论调岗是上调、平调还是下调，在调整完成后，都需要以公司公告的形式告诉全体员工，以方便被调岗员工在到达新岗位后能够尽快地开展各项工作。

8. 调岗后不能再次约定试用期

在实践操作中，部分用人单位会在调整劳动者的工作岗位尤其是平行调岗后，订立变更劳动合同协议书，或者是重新订立新的劳动合同，再次约定试用期。

请务必注意，此种做法是违法的。根据《劳动合同法》对约定试用期的相关规定，同一用人单位与同一劳动者之间只能约定一次试用期，如果再次约定试用期，就属于违法约定试用期的情节，将承担相应的赔偿责任。

9. 注意事实调岗的认定

根据《最高人民法院关于审理劳动争议案件适用法律问题的解释（一）》（法释〔2020〕26号）第四十三条的规定，只要用人单位能够证明与劳动者就变更劳动合同协商过，且劳动者到达新岗位正常履行新岗位职责超过一个月时间，也就是实际履行口头变更的劳动合同超过一个月，即便双方未签订书面的变更劳动合同协议书，也视为劳动者事实接受了调岗。

10. 在规章制度中进行规定

在企业的规章制度中进行明确规定：员工不服从工作安排、不配合调岗的行为，属于严重违纪。

5.11 带薪年休假的相关法律风险

年休假是指法律规定的劳动者工作满一定年限后,每年享有的保留工作带薪的连续休假。

《职工带薪年休假条例》在2007年12月7日由国务院第198次常务会议通过,自2008年1月1日起施行。紧接着,人力资源和社会保障部于2008年7月17日通过了《企业职工带薪年休假实施办法》,并于2008年9月18日发布实施。但十几年过去了,企业职工带薪年休假的实施情况却不甚理想,尤其是在一些中小规模的企业,基本没有年休假。一方面是因为和法定节假日、加班费、工伤等相比,年休假的相关法律、法规宣传还很不够,劳动者知道年休假的并不多;另一方面是因为,在过去的很长一段时间,我国都处于人口红利期,劳动力相对比较充足,即便是用人单位违规,不给劳动者年休假,劳动者担心饭碗不保,通常也是敢怒不敢言。

但随着人口红利的逐步消失,以及劳动者法律意识的不断增强,越来越多的劳动者开始关注年休假。广大的中小企业老板和HR,也必须要对年休假的相关法律、法规及政策足够重视,以规避相关的法律风险。

典型案例

小王于2012年大学毕业并开始工作,2017年6月1入职A广告公司,担任设计主管一职,劳动合同期限为2年,试用期2个月。到2017年7月31日试用期届满时,小王如期转正。

2017年8月10日,小王向公司提出年假休假申请,申请休年休假5天,请问:

（1）小王能休年休假吗?

（2）小王能休几天年休假?

（3）公司一定要批准小王的年休假申请吗?

案例解读

全国人大制定的《劳动法》对于享受年薪假的条件只有一个,那就是"劳动者连续工作一年以上",但"具体办法由国务院规定"。

国务院制定的《职工带薪年休假条例》对年休假的天数做了规定,即"累计工作已满1年不满10年的,年休假5天;已满10年不满20年的,年休假10天;已满20年的,年休假15天",但对"连续工作一年以上"未做进一步的解释。

对于劳动者在什么情况下可以享受带薪年休假这个问题,理论界和实务界还存在着一定的争议,也引发了不少的劳动纠纷和诉讼。大致有以下两种意见和观点。

观点一: 劳动者在以前的工作单位连续工作满一年以上(含一年),到新工作单位就立即可以享受年休假。

观点二: 劳动者必须在新工作单位连续工作满一年以上,才能在新工作单位享受年休假。

对此,人社部做了专门的解释,《人力资源和社会保障部办公厅关于〈企业职工带薪年休假实施办法〉有关问题的复函》(人社厅函〔2009〕149号),"职工连续工作满12个月"既包括职工在同一用人单位连续工作满12个月,也包括在不同用人单位连续工作满12个月。也就是说,只要劳动者在以往的工作单位(可以是多家累计)工作超过了12个月,到新单位就可以享受年休假。

这个连续工作的时间可以通过劳动者的社保缴费记录、入职和离职手续等来证明。(如果劳动者在以往的工作单位都没有缴纳过社保,也没有公司账户支付工资的记录,就会相对比较麻烦。)

结合本案,关于第(1)个问题,没有多大的疑问,根据相关的法律、法规,小王已连续工作了5年时间,尽管入职A公司只有2个多月时间,但他依然能享受年休假待遇,也就是说,**小王可以休年休假**。

关于第(2)个问题,小王能休几天年休假呢?小王已累计工作5年时间,也符合了连续工作满一年的条件。因此,小王的年休假天数为5天。但这是小王在2017年能够休的年休假总天数,因为小王是年中从其他公司离职再入职A公司的,他的年休假就需要分段计算:

小王于6月1日入职A公司,当年的剩余日历天数为214天。因此,2017年小王在A公司能休的年休假天数=(214÷365)×5≈2.93天,零头去掉,**实际小王在A公司只能休2天年休假**。

关于第(3)个问题,公司一定要批准小王的年休假申请吗?虽然年休假是劳动者的法定权益,但根据《职工带薪年休假条例》第五条之规定,单位可以根据生产、工作的具体情况,并考虑职工本人意愿,统筹安排职工年休假。简单来说,就是劳动者有申请年休假的权利，但用人单位也有批准和不批准的权利。只是如果不批准，就需要参照法定节假日的标准按劳动者日工资收入的3倍支付未休年休假工资报酬。

所以，年休假依然需要履行必要的请假手续，在获批准之前，如果劳动者任性地直接休假，用人单位就可以按旷工论处，但前提是用人单位对此有相应的规章制度，同时有理由证明确因生产和工作的需要而无法安排。

另外，如果公司批准了小王的年休假申请，小王休完年休假就提出离职，按照《企业职工带薪年休假实施办法》第十二条的规定，已经休完的超额年休假无法扣回。

也就是说，年休假可以延迟休，甚至是跨年度休。当年度结束时，员工如果还有应休而未休的年休假，则剩余年休假天数不会被清零，要么是和员工协商结转到第二年继续休，要么是按照员工正常日工资收入的3倍支付未休年休假工资报酬。

那么第（3）个问题的答案就是，**公司可以不批准小王的年休假申请**。

关联法条

1.《劳动法》（2018年修订）

第四十五条　国家实行带薪年休假制度。

劳动者连续工作一年以上的，享受带薪年休假。具体办法由国务院规定。

2.《职工带薪年休假条例》（2007年颁布）

第三条　职工累计工作已满1年不满10年的，年休假5天；已满10年不满20年的，年休假10天；已满20年的，年休假15天。

国家法定休假日、休息日不计入年休假的假期。

第四条　职工有下列情形之一的，不享受当年的年休假：

（一）职工依法享受寒暑假，其休假天数多于年休假天数的；

（二）职工请事假累计20天以上且单位按照规定不扣工资的；

（三）累计工作满1年不满10年的职工，请病假累计2个月以上的；

（四）累计工作满10年不满20年的职工，请病假累计3个月以上的；

（五）累计工作满20年以上的职工，请病假累计4个月以上的。

第五条　单位根据生产、工作的具体情况，并考虑职工本人意愿，统筹安排职工年休假。

年休假在1个年度内可以集中安排,也可以分段安排,一般不跨年度安排。单位因生产、工作特点确有必要跨年度安排职工年休假的,可以跨1个年度安排。

单位因工作需要不能安排职工休年假的,经职工本人同意,可以不安排职工休年假。对职工应休未休假天数,单位应当按照该职工日工资收入的300%支付年休假工资报酬。

3.《企业职工带薪年休假实施办法》(2008年颁布)

第五条 职工新进用人单位且符合本办法第三条规定的,当年度年休假天数,按照在本单位剩余日历天数折算确定,折算后不足1整天的部分不享受年休假。

前款规定的折算方法为:(当年度在本单位剩余日历天数÷365天)×职工本人全年应当享受的年休假天数。

第八条 职工已享受当年的年休假,年度内又出现条例第四条第(二)(三)(四)(五)项规定情形之一的,不享受下一年度的年休假。

第十条 用人单位经职工同意不安排年休假或者安排职工休假天数少于应休年休假天数的,应当在本年度内对职工应休未休年休假天数,按照其日工资收入的300%支付未休年休假工资报酬,其中包含用人单位支付职工正常工作期间的工资收入。

用人单位安排职工休年休假,但是职工因本人原因且书面提出不休年休假的,用人单位可以只支付其正常工作期间的工资收入。

第十二条 用人单位与职工解除或者终止劳动合同时,当年度未安排职工休满应休年休假天数的,应当按照职工当年已工作时间折算应休未休年休假天数并支付未休年休假工资报酬,但折算后不足1整天的部分不支付未休年休假工资报酬。

前款规定的折算方法为:(当年度在本单位已过日历天数÷365天)×职工本人全年应当享受的年休假天数-当年度已安排年休假天数。

用人单位当年已安排职工年休假的,多于折算应休年休假的天数不再扣回。

防范要点

通过以上案例及相关的法条我们可以得知,年休假并非劳动者的特权,不是想休就可以随时休的,依然需要履行相应的审批手续。用人单位可以根据自己的生产经营情况决定是否审批。

在实际操作中，和年休假有关的法律风险主要有两种：员工"提前"休了年休假，然后休完假就离职；员工未休年休假，离职时追索三倍工资报酬。

那么，如何规避相关的法律风险呢？

（1）在休假管理制度中对年休假做出规定，明确年休假需要履行正常的请假程序。企业有权根据生产经营情况决定是否审批同意，未经审批同意擅自休假，按旷工处理。

（2）新员工入职后，核实好他的累计工作年限（一般"连续工作一年以上"的条件基本都是符合的，无须再次核实），确定好年休假的天数。

（3）计算出该员工的年休假请假资格，即每工作多少天可申请1天年休假（事假、病假未超标的前提下），不符合条件的原则上不批准，即不批准提前休年休假（多休的无法扣回）。

①累计工作已满1年不满10年的，原则上需每工作73天才可以申请1天年休假（365÷5=73）；

②累计工作已满10年不满20年的，原则上需每工作37天才可以申请1天年休假（365÷10=36.5）；

③累计工作20年以上的，原则上需每工作25天才可以申请1天年休假（365÷15≈24.3）。

（4）在休假管理制度上明确规定，公司有权根据生产和经营的需要及实际情况，**安排**员工休年休假。若员工不接受安排的，视为自动放弃年休假，该年休假期间按正常工作日计算薪酬（须员工填写《自愿放弃年休假申请书》）。

需要特别强调的是，《职工自愿放弃年休假申请书》上必须同时载明三项内容：**公司已安排员工休年休假、员工因本人原因不能休假**（不能是工作繁忙原因不能休假）、**员工本人申请不休假**。

（5）每个自然年度的年底前，为每一名员工开具《年假结算单》。若尚有未休的年休假，则通知员工在年底前休完，或者让员工同意顺延至下一年度享用，以规避三倍工资的风险。

（6）在员工提出辞职申请，或是公司准备辞退员工时，行政人事部需要统计和核算该员工当年度累计未休的年休假天数，然后安排员工在完成工作交接后将年休假休完。但一定要注意，劳动合同的终止日期要计算到年休假结束的日期。如果员工自己提出不休假，就按正常日工资标准计算未休年休假的工资报酬。一一般来说，员工已经决定离职，最后一段时间的工作状态不会太好，让他多休几天，用人单位的成本和代价远小于按3倍标准支付工资报酬。

5.12 病假/医疗期的法律规定及工资核算

人吃五谷杂粮，难免会头疼脑热，也就是所谓的生病。一旦生病，就会牵扯到请病假。在实际操作中，很多用人单位并未对员工请病假期间的待遇做出明确的规定，因而很容易引发争议和纠纷。

典型案例

美资公司高管患病，2万多元的工资断崖式降至1200元。

尤先生是厦门一家美资物流公司的大客户经理，在这家公司已经工作了24年。2015年9月，他在体检中被确诊为肝癌。就在尤先生住院后的第二个月，他的工资条瞬间从之前的2万多元骤降至1200元。

公司给到的解释是，这个1200元是根据厦门市的地方规定制定的医疗期内的工资待遇，完全符合法律要求。

案例解读

这个案例在互联网上被曝光之后，引起了极大的关注，很多人都在谴责这家美资公司缺乏人情味。

这家美资公司依据的是《厦门市企业工资支付条例》，该条例第二十一条规定，劳动者因病或非因工负伤停止工作进行医疗，在规定的医疗期内，用人单位应当根据劳动者医疗期和工龄长短，按照国家有关规定支付劳动者病假期间的工资，但不得低于本市当年度最低工资标准的80%。

本案中，这家美资公司只依据了劳动者病假期间支付的工资不低于所在地当年度最低工资标准的80%，而忽略或有意回避了其中"**应当根据劳动者医疗期和工龄长短，按照国家有关规定**"这几个限定词语。因而，将月薪2.5万元的高管在患病治疗期间的工资降为1200元，涉嫌违法。

1. 病假和医疗期的定义和区别

病假和医疗期既紧密相关，又不完全是一回事。

所谓病假，又称病休，是指劳动者因患病或非因工负伤，需要停止工作进行医疗时，企业给予劳动者的**假期**。所以原则上讲，员工只要生病且需要停工治疗或进行必要休息的，就可以休病假（当然，员工应该履行形式上的请假手续）。

而所谓医疗期，则是一个**法律概念**，是指劳动者因患病或非因工负伤停止工作治病休息而用人单位不得解除劳动合同的时限。简单来说，医疗期是一段**解雇保护期**。在这个期间，用人单位不得以普通理由（《劳动合同法》第三十九条之外的理由）来解除劳动合同。当然，这个解雇保护是有条件的，如果劳动者出现了《劳动合同法》第三十九条中的六种情形之一，用人单位依然可以行使解除权。比如，员工在医疗期内如果犯罪了，或是严重违反用人单位的规章制度了，那么用人单位同样可以解除劳动合同。

汇总来说，病假是一个"事实"期间，即员工患病或非因工负伤事实上需要接受诊疗的真实的期间，事实上发生了多少就算多少，是一个"弹性"的时间段；而医疗期则是一个"法定"期间，由法律根据员工工作年限而规定，是一个"刚性"的时间段。

因此，病假并不等同于医疗期。如果一个劳动者法定的医疗期期满以后身体仍然不能康复，根据医生的诊断等仍然需要休息的，只要他符合本单位请病假的条件并履行了相应的请假手续，那么还可以继续休病假，享受病假待遇。当然，用人单位也可以依据《劳动法》第二十六条的规定行使劳动合同解除权，但需要支付经济补偿。

2. 医疗期的天数

医疗期是一个法律上的概念，不是说患病治疗需要多长时间，医疗期就是多长时间。根据《企业职工患病或非因工负伤医疗期的规定》的相关规定，医疗期的长短取决于**员工的累计工作年限**和**在本单位的累计工作年限**，具体如表5-1所示。

表5-1 医疗期天数

累计工作年限	本单位工作年限	医疗期	累计病休时间
10年以下	5年以下	3个月	按6个月内累计
	5年以上	6个月	按12个月内累计

续表

累计工作年限	本单位工作年限	医疗期	累计病休时间
10年以上	5年以下	6个月	按12个月内累计
	5年以上10年以下	9个月	按15个月内累计
	10年以上15年以下	12个月	按18个月内累计
	15年以上20年以下	18个月	按24个月内累计
	20年以上	24个月	按30个月内累计

特别说明：

（1）"以下"不包括本数，"以上"则包括本数；

（2）上海为特例，政策和其他省份不一样。上海的政策是看劳动者在本用人单位的工作年限，在本单位工作第1年，医疗期为3个月；以后工作每满1年，医疗期增加1个月，但不超过24个月；医疗期满后经鉴定为完全丧失劳动能力但尚不符合退休退职条件的，应当由用人单位与劳动者约定延长医疗期，且约定延长的医疗期和前款规定的医疗期合计不得低于24个月；

（3）病休期间，公休日、法定节假日包括在内。

3. 劳动合同期限内员工能享受几次医疗期？

如何理解表5-1中的"累计病休时间"？合同期限内员工能够享受几次医疗期？这也是很多HR经常犯迷糊的地方。

如前所述，医疗期不是员工可以休病假的天数，而是用人单位不得解除劳动合同的保护期。医疗期的计算从病休第一天开始，累计计算。如果员工在规定的累计周期内实际停工治疗的时间（病假时间）未达到规定的医疗期限，则用人单位在该累计周期内就不得启动解除合同程序。相当于医疗期清零了，过了这个累计周期，如果员工再次生病或非因工负伤需要停工进行治疗时，就在一个新的周期内重新累计计算医疗期。拿驾照扣分来类比，一个自然年度内只要扣分未达到12分，第二年就自动清零，重新计算。

下面举例说明。

小王是某公司的设计师，根据相关法律、法规，小王能享受3个月医疗期。

2017年3月7日，小王第一次请病假，那么，他的第一个医疗期在3月7日至9月6日之间（6个月）累计计算，在此期间，小王陆续请了5次病假，每次病假短则十天长则半个月，累计休病假时间为85天。那么：

（1）小王在每次休病假期间，公司是不能解除劳动合同的（即便支付经济补偿也不行）；

（2）小王单次病假结束后与下次病假的空隙期，公司可以单方提出解除劳动合同（与小王协商，给予相应的经济补偿）；

（3）从9月7日开始，上一个医疗期清零，如果9月20日小王再次请病假，则一个新的医疗期就从9月20日至次年3月19日之间累计计算；

（4）假定在9月6日之前，小王累计的病休时间超过了3个月（90天）且需要继续休病假，则公司就可以选择依法（《劳动合同法》第四十条第一款）解除劳动合同（须支付经济补偿），如果不解除，则需要继续给予病假并支付病假待遇。

4. 病假工资该如何支付？

关于病假工资的问题，实践中存在很多误区。笔者见过很多HR将病假等同于事假来处理，只要员工请病假，就一律扣除请假期间的工资，或者是像前述厦门市那个案例中那样发放最低工资标准，这些做法都是错误的。

目前关于病假工资的计算，国家只是规定了最低基数，即不得低于最低工资标准的80%（《关于贯彻执行〈中华人民共和国劳动法〉若干问题的意见》（劳部发〔1995〕309号）第59条）。各省市存在比较大的差异，各位HR需要向用工所在地的人社部门咨询了解当地的病假工资支付政策。

计算病假期间的工资，需要弄清楚工资基数和计算系数。下面以上海市为例进行介绍。

（1）工资基数。根据病假时间的长短，计发病假工资或疾病救济费；病假工资的计算基数按以下原则来确定。

①劳动合同中有约定工资的，按不低于劳动合同中约定的劳动者本人所在岗位（职位）相对应的工资标准确定。

②劳动合同中无任何约定的，按劳动者本人所在岗位（职位）正常出勤的月工资的70%确定。

③该计算基数不得低于本市规定的最低工资标准。

（2）病假工资计算系数。职工请短期病假（职工因病或非因工负伤连续休假在六个月内），企业应按下列标准支付**疾病休假工资**。

①连续工龄不满2年的，按本人工资的60%计发。

②连续工龄满2年不满4年的按本人工资的70%计发。

③连续工龄满4年不满6年的按本人工资的80%计发。

④连续工龄满6年不满8年的按本人工资的90%计发。

⑤连续工龄满8年及以上的按本人工资的100%计发。

（3）疾病救济费计算系数。职工请长期病假（职工因病或非因工负伤连续休假在六个月以上），企业应按下列标准支付**疾病救济费**（长病假工资）。

①连续工龄不满1年的按本人工资的40%计发。

②连续工龄满1年不满3年的按本人工资的50%计发。

③连续工龄满3年及以上的按本人工资的60%计发。

（4）特别规定。

①职工疾病或非因工负伤待遇高于本市上年度月平均工资的，可按本市上年度月平均工资计发。

②职工疾病或非因工负伤休假待遇低于本企业月平均工资40%的，应补足到本企业月平均工资的40%，但不得高于本人原工资水平，不得高于本市上年度职工月平均工资。

③企业月平均工资的40%低于当年本市企业职工最低工资标准的80%的，应补足到当年本市企业职工最低工资标准的80%。

④企业职工疾病休假工资或疾病救济费最低标准不包括应由职工缴交的养老、医疗、失业保险费和住房公积金。

在本案中，如果在上海，按照上海的规定来执行，大致如下：

（1）在该单位工作24年，可享受24个月医疗期；

（2）病假工资的计算基数就是他本人的月工资25 000元；

（3）病休前6个月，病假工资应该按其本人工资的100%发放，但超过了上海市2015年的月平均工资5939元，因而企业可按5939元发放；

（4）从病休第7个月开始，享受疾病救济费，计算系数为60%，疾病救济费为15 000元，仍然超过了上海市的月平均工资，因而企业可按当年度的月平均工资标准发放。

5. 医疗期内劳动合同到期如何处理？

医疗期是对劳动者的保护期，在此期间，用人单位不得行使劳动合同解除权。那么，如果在医疗期内劳动合同到期，或者说劳动合同到期后医疗期尚未结束，该如何处理呢？

根据《劳动合同法》第四十五条及第四十二条的规定，劳动合同期满时若劳动者还处于医疗期，则劳动合同应当续延至相应的情形消失时终止。

这里所说的"相应的情形消失"包括以下两种情况。

（1）医疗期满。也就是劳动合同续延至医疗期届满即终止。

（2）医疗期内医疗终结。虽然医疗期尚未届满，但医疗终结，或者是经劳动鉴定为完全丧失劳动能力（可办理因病或非因工负伤退休、退保手续），或者是不需要继续停工休息治疗。

关联法条

1.《劳动法》（2018年修订）

第二十六条　有下列情形之一的，用人单位可以解除劳动合同，但是应当提前三十日以书面形式通知劳动者本人：

（一）劳动者患病或者非因工负伤，医疗期满后，不能从事原工作也不能从事由用人单位另行安排的工作的；

……

第二十九条　劳动者有下列情形之一的，用人单位不得依据本法第二十六条、第二十七条的规定解除劳动合同：

……

（二）患病或者负伤，在规定的医疗期内的；

……

2.《企业职工患病或者非因工负伤医疗期规定》（劳部发〔1994〕479号）

第二条　医疗期是指企业职工因患病或非因工负伤停止工作治病休息不得解除劳动合同的时限。

第三条　企业职工因患病或非因工负伤，需要停止工作医疗时，根据本人实际参加工作年限和在本单位工作年限，给予三个月到二十四个月的医疗期：

……

防范要点

现实生活中，因为患病和非因工负伤而引发的争议和纠纷并不少见，其中又尤以病假期间的工资待遇及医疗期满解除劳动合同最为突出。

那么，如何防范因病假和医疗期而引发的法律风险呢？

1. 完善病假的请假和审核机制

用人单位须完善休假制度，对于请病假的条件及程序作出明确的规定，杜绝虚假病假的现象，详见本书5.15节。

2. 严格遵守病假工资的相关规定

在核算病假工资时，必须严格遵守当地的相关规定，无论是从法律上还是从道义上，都不能恶意压低病假期间的工资待遇。

3. 严控超期病假

对于医疗期满后未回公司上班的员工，应当向其发出《限期返岗通知书》。如果员工拒绝返岗，则可视为旷工；如果员工要求继续请病假，则视为员工在规定的医疗期满后不能从事原工作，也不能从事由用人单位另行安排的工作，用人单位即可根据《劳动合同法》第四十条第一款之规定在支付经济补偿之后与员工解除劳动关系，避免后续更大的风险。

5.13 婚丧假的法律规定及工资核算

婚丧假也是HR日常工作中经常会遇到的一种假期。和病假、事假等假期相比，婚丧假一般不会产生很大的劳动争议和纠纷。处理得当的话，会对企业凝聚力和员工工作效率的提升有很大的好处。

典型案例

王某于2016年4月1日入职山西太原一家建筑公司担任行政文员，签订了为期3年的劳动合同，约定试用期为3个月，试用期月工资为2500元，试用期满后月工资为3000元。

4月6日，王某向公司提出要请婚假，休假日期为4月11日至5月10日。王某向公司提交了结婚证书，以及4月18日举行婚宴的相关材料。公司领导表示其刚入职不到一周时间，马上就要请一个月的婚假，难以批假。王某表示，按照山西省的相关政策法规，她的确可以休1个月的婚假。经过一番交涉，最终公司批准了王某的婚假。

5月11日，王某休完婚假回到公司继续工作。5月13日，王某在工作中和主管发生了一些分歧，吵了一架。随后，王某向公司提出辞职，并于当天办理了工作交接手续。

在结算工资时，双方产生了分歧。公司认为王某实际工作天数仅为7天，只愿意发放805元，但王某认为，婚假也是有工资的。

公司在咨询了专业律师后，经过和王某的协商，最终向王某支付了工资3500元。

案例解读

目前在国家层面，对于婚丧假及婚丧假期间的待遇，并没有非常统一的规定，各个省份的政策都有不同。

以本案为例，《山西省人口与计划生育条例》第二十五条规定："**依法办理结婚登记的夫妻可以享受婚假30日，……婚假、产假、护理假期间，享受与在岗人员同等的待遇**。"因此，在本案中，虽然王某的做法在情理和道义上难以令人接受，但公司必须依法支付休假期间的工资待遇。

1. 关于婚假的相关法律规定

婚假，顾名思义就是劳动者结婚时的假期。这是我国的相关法律赋予劳动者的一项休假权益。

在《人口与计划生育法修正案（草案）》（2016年1月1日起执行）颁布前，全国的婚假和晚婚晚育假政策基本是统一的：正式职工初婚按法定结婚年龄（男满22周岁，女满20周岁）结婚的可享受婚假3天，晚婚初婚者（男满25周岁初婚者、女满23周岁初婚者）可享受7~15天晚婚假（各地政策略有不同）。

晚婚假属于一种福利待遇，人口与计划生育法规定此类福利待遇由各省区市人民代表大会结合当地实际情况，制定具体的实施办法。

2016年1月1日起执行的《人口与计划生育修正案（草案）》已取消了晚婚假、晚育假。但《中华人民共和国婚姻法》（以下简称《婚姻法》）规定晚婚晚育应予以鼓励，所以是否取消晚婚晚育假，由各省份的人大对各自省份的计划生育条例进行修订确定。

各位HR可以查询一下本省份的《人口与计划生育条例》，确定本省份的婚假和相关政策。

表5-2罗列了全国31个省份的婚假、产假、护理假政策。

表5-2　全国各省份婚假、产假、护理假　　　　　（单位：天）

序号	地区	婚假	产假	护理假
1	北京	10	158（可增加1~3个月）	15
2	上海	10	158	10
3	天津	10	158	15
4	重庆	15	178	20
5	广东	3	178	15
6	江西	18	188	30
7	安徽	13	158	10（夫妻异地生活为20天）
8	山东	3	158	7
9	福建	15	158~180	15
10	江苏	13	128	15
11	河北	18	一孩、二孩158天，三孩188天	15
12	四川	3	158	20
13	山西	30	158	15
14	湖南	3	158	20
15	河南	21（参加婚检享28天）	98+3个月	30
16	湖北	3	158	15
17	辽宁	10	158	20
18	海南	13	98+3个月	30
19	陕西	13	158（三孩再增加半年）	15（三孩再增加15天）

续表

序号	地区	婚假	产假	护理假
20	浙江	3	一孩158天，二孩、三孩188天	15
21	吉林	15	158	15
22	甘肃	30	180	30
23	青海	15	188	15
24	黑龙江	15（参加婚检享25天）	180	15
25	云南	18	158	30
26	贵州	13	158	15
27	内蒙古	18	158	25
28	西藏	10	365	30
29	广西	3	一孩158天，二孩168天，三孩178天	25
30	新疆	23	158	15
31	宁夏	10（参加婚检享13天）	158	25

（数据统计截至2023年3月31日）

2. 关于丧假的相关法律规定

和婚假相类似，丧假也是我国的相关法律赋予劳动者的一项休假权益。

丧假指的是根据原国家劳动总局、财政部颁布的《关于国营企业职工请婚丧假和路程假问题的规定》，国有企业职工的直系亲属死亡时，企业应该根据具体情况，酌情给予职工1～3天的丧假。

目前国家还没有对非国营企业职工休丧假做出具体规定，非国营企业职工休丧假的具体操作可参照上述规定执行。

关于丧假，容易产生分歧的就是对"直系亲属"的界定。

所谓直系亲属，是指和自己有直接血缘关系或婚姻关系的人。因此，严格意义上的直系亲属仅指自己的父母、子女和配偶。

但在实际操作中，从人文关怀的角度出发，通常也把配偶的父母纳入直系亲属的范畴（广义的直系亲属），也可享受丧假。

由于我国历史形成的风俗，祖辈的丧礼甚至是叔伯、姑姨的丧礼，孙辈或侄辈一般也要参加，但这些亲属已经完全超出了直系亲属的范畴，企业有自行解释权。实际操作中，可以批准假期，但一般是以不带薪的事假形式给员工批假。

上述规定也并未对丧假的天数予以明确规定，只是称"酌情给予一至三天的丧假"。此外，职工在外地的直系亲属死亡时需要职工本人去外地料理丧事的，可以根据路程远近，另外给予路程假。

在实际操作中，绝大多数企业的丧假天数是3天。

3. 婚丧假期间的工资待遇

关于婚丧假期间的工资待遇，《劳动法》第五十一条规定，"**劳动者在法定休假日和婚丧假期间及依法参加社会活动期间，用人单位应当依法支付工资**"。但具体应该如何支付、支付多少，目前并无适用于全国的统一规定。各位HR可以咨询一下本地区的人社部门，了解相关的政策。

在实际操作上，有几种常见的处理方法：其一，按照正常出勤全额发放；其二，若执行了绩效考核方案，则只发基本工资，不发考核工资、奖金及其他津贴福利。

但从人性化角度来分析，笔者比较倾向于第一种发放方案，尤其是婚假天数在10天以内省份的用人单位。毕竟结婚是劳动者的一件大事，也是喜事，尤其是绩效工资占比较小的企业，更应全额发放，权当是企业给员工的喜钱。

需要注意的是，婚假为日历日假期。也就是说，婚假天数是按自然日来计算的，而非实际工作日。如果婚假期间包含法定节假日、休息日，则法定节假日和休息日不用剔除，婚假不予顺延。当然，在实践中一般是将婚假和法定假日或是休息日连在一起休，比如，10月份请10天婚假，就可以从10月8日开始到10月17日结束，而10月1日至7日为国庆假期，这样就可以实际从10月1日休假至10月17日。

关联法条

《劳动法》（2018年修订）

第五十一条　劳动者在法定休假日和婚丧假期间以及依法参加社会活动期间，用人单位应当依法支付工资。

> **防范要点**

实际操作中，因为婚丧假而引发的劳动纠纷和争议相对较少，法律风险也不是太大，一般只要注意以下几点就可以了。

1. 从制度上预防入职就休婚假，休完就辞职

本节中所举的案例虽然并不常见，但一旦发生，用人单位的损失还是比较大的。

国家的相关法律、法规并没有规定婚假的有效期，也就是说，并没有规定婚假必须在登记领取结婚证之后多长时间内休完。因此才会出现劳动者在入职前已领取结婚证，入职后即申请休婚假，个别省份的婚假长达30天（甘肃、山西），劳动者休完婚假后就向用人单位提出离职，然后换一家企业继续申请休婚假……这对用人单位来说是非常不公平的。

从另一个角度来分析，领取了结婚证，法律意义上就已经结婚了（但民间通常是以举办婚宴酒席作为正式结婚的仪式），员工在A公司工作期间领取了结婚证，理应在A公司申请婚假；如果是等到了B公司再申请婚假，从道理上说不过去，从法理上也说不过去。

如何规避此类"钻空子"的行为呢？需要用人单位从制度和流程上进行规范。

（1）在规章制度中明确规定：**入职满半年且入职后领取结婚证的方可申请婚假**。

尽管这种规定的法律效力不是特别大（如果员工强行要求休婚假，甚至因此而发生劳资纠纷，如何裁决，取决于仲裁员的个人判断和理解），但至少对那些想钻空子的员工能起到一定的约束作用。

（2）对婚假的请假流程做出规定。

鉴于中国人的传统习惯，一般请婚假要么是为了举行婚礼，要么是旅游度蜜月，或者是二者兼有。

因此，可在请假制度上规定：①请婚假必须提交结婚证原件、举行婚礼或旅游度假的相关证据（婚宴预订单、旅游订单等）；②需要至少提前1个月申请（具体提前几个月，各单位可自行决定，因为很少有人是当天临时决定一周后举行婚礼的）；③领取结婚证之日起半年内一次性休完，否则视为自动放弃。

（3）加强对试用期的考核。

如果一个员工在入职前或刚入职就领取了结婚证，然后很快就要求休婚假，此时一般尚在试用期（劳动合同签3年，试用期可约定为6个月），这说明该员工对

企业的规章制度缺乏基本的尊重和敬畏之心,用人单位完全可以找到多种方法提前解除劳动合同,辞退该员工。

2. 在劳动合同或规章制度上对婚丧假期间的工资进行明确约定

现行的法律并未对婚丧假期间的工资待遇进行非常明确的规定,极易产生劳动争议和纠纷。因此,有必要在劳动合同或规章制度上对婚丧假期间的工资如何发放进行明确的约定。

3. 在规章制度中对"直系亲属"进行界定

实际操作中,经常会出现员工以奶奶、外婆去世为由请丧假。事实上,奶奶和外婆均不属于直系亲属,也就不存在丧假。如果要请假,就只能请事假,而事假是没有工资的。

因此,需要在规章制度中对"直系亲属"进行明确的界定,规定好"直系亲属"包括本人及配偶的父母、配偶和子女。

5.14 产假/计划生育假的法律规定及工资核算

产假是法律赋予在职妇女产期前后的休假待遇,此前为90天(从产前15天到产后2个半月)。2012年4月18日,国务院常务会议审议并通过了《女职工劳动保护特别规定》,将女职工生育享受的产假从90天延长到了98天。女员工在休产假期间,用人单位不得降低工资、辞退或以其他形式解除劳动合同。

目前大多数省份除了国家规定的98天之外,都额外延长了产假。目前产假最长的为西藏,长达1年,最短的为江苏,128天,大部分省份还明确规定了配偶的陪产假。

1. 产假/计划生育假的法律规定

《女职工劳动保护特别规定》第七条规定:女职工生育享受98天产假,其中产前可以休假15天;难产的,增加产假15天;生育多胞胎的,每多生育1个婴儿,可增加产假15天。

女职工怀孕未满4个月流产的,享受15天产假;怀孕满4个月流产的,享受42天产假。

第八条规定:女职工产假期间的生育津贴,对已经参加生育保险的,按照用人单位上年度职工月平均工资的标准由生育保险基金支付;对未参加生育保险的,按照女职工产假前工资的标准由用人单位支付。

女职工生育或流产的医疗费用,按照生育保险规定的项目和标准,对已经参加生育保险的,由生育保险基金支付;对未参加生育保险的,由用人单位支付。

而所谓计划生育假,是指在职的男女方实行计划生育期间所享有的带薪假期,如结扎、放环手术后等。

接受节育手术的正式职工,经医生证明,分别给予以下计划生育假。

(1)放置宫内节育器的,自手术之日起休息3天,手术后7天内不得从事重体力劳动。

(2)经计划生育部门批准取宫内节育器的,休息1天。

(3)男性输精管结扎的,休息7天。

(4)女性输卵管结扎的,休息21天。

(5)同时施行两种节育手术的,可以合并计算假期。

关于各省份的具体产假、护理假的规定,请参见"表5-2 全国各省份婚假、产假、护理假"。

2. 产假期间的工资核算

女员工在产假期间,也就是从怀孕到产后的各个阶段,其工资的发放数额也各不相同。

需要特别提醒的是,全国各个省份针对产假工资的标准和政策并不完全一样,还请各位读者和HR向当地的人社部门了解当地的政策。

下面以上海市的标准为例来进行讲解。

(1)孕期休假——保胎假。

符合国家相关生育政策的计划内怀孕,且有医生开具的需要保胎的病假证明,单位须按病假待遇发放工资。

①连续工龄不满2年:**60%**;

②连续工龄满2年不满4年:**70%**;

③连续工龄满4年不满6年:**80%**;

④连续工龄满6年不满8年:**90%**;

⑤连续工龄8年及以上:**100%**。

需要注意,此处的"连续工龄"不是指在该用人单位的连续工龄,而是指在不同用人单位连续工作(未中断)的累计年限。

（2）孕期休假二——孕期检查假。

《女职工劳动保护特别规定》第六条规定，怀孕女职工在劳动时间内进行产前检查，所需时间计入劳动时间。目前尚无统一的孕期检查假的相关法律规定，原则上只要是正常必要的产检，都应当计入劳动时间，用人单位不能按事假、病假、旷工等来计算。

孕期检查假期间，由用人单位按**全勤工资**发放。

（3）孕期休假三——产前假。

《上海市女职工劳动保护办法》第十二条规定：女职工妊娠七个月以上（按二十八周计算），应给予每天工间休息一小时，不得安排夜班劳动。如工作许可，经本人申请，单位批准，可请产前假两个半月。

在此期间，由用人单位按**全勤工资的80%**发放。

（4）产假情形一——顺利生产。

产假一般和生育假连续使用（包括双休日），如遇到法定节假日则顺延。

产假包括：98天+30天（上海市增加的生育假）+15天（难产）+15天/胎（多胞胎每多生一个婴儿）。

产假期间的工资由**生育保险基金**发放，需要本人或委托人在产后到社区服务中心或社保中心申请。

（5）产假情形二——流产。

未满4个月流产的，产假为15天；满4个月流产的，产假为42天。

流产的产假工资同样由**生育保险基金**发放，流程同顺利生产。

（6）哺乳假。

根据《上海市女职工劳动保护办法》的规定，女职工生育后，若有困难且工作许可，由本人提出申请，经单位批准，可请哺乳假六个半月（哺乳假不包含产假）。经二级以上医疗保健机构证明患有产后严重影响母婴身体健康疾病的，本人提出申请，用人单位应当批准其6个半月的哺乳假。

哺乳假期间的工资，由用人单位按照正常工资的80%发放。

3. 违反计划生育政策能享受的待遇

女职工和生育相关的待遇主要包括：产假及产假期间的工资待遇、"三期"特别保护、生育保险待遇（生育医疗费用的报销及生育津贴）。

对于符合计划生育政策的生育，所有的待遇都可以享受，这一点没有任何争议。那么，如果是违反计划生育政策的怀孕、生育，是否能够享受相应的待遇呢？

何为"违反计划生育政策"？简单来说就是不符合法律、法规等相关政策的怀孕及生育，通常包括未婚生育和违反计划生育的超生。

（1）违反计划生育政策享受基本产假，但不享受奖励产假。

产假是法律赋予在职妇女产期前后的休假待遇，只以生育的事实为条件，而不论这种生育行为是否合法。所以，只要有生育的事实，就能享受国家规定的98天的合法产假。

而奖励产假，则是各地方政府给予产期女职工的一些额外的福利。它的获取前提是"符合法律、法规规定生育子女的夫妻"，如果夫妻双方有任何违反了计划生育政策的情况，女方都无法获得奖励产假。

（2）违反计划生育政策的员工不能享受产假工资。

符合计划生育政策的女职工，在产假期间可以依法获得产假工资。但对于违反计划生育政策的女职工，无法享受产假工资，用人单位可以不支付工资报酬，改按事假处理。不过**建议用人单位将此规定写进内部的规章制度**，这样做会更为稳妥。

（3）对于违反计划生育政策的女职工，"三期"内能否解除劳动合同？

关于这个问题，长期以来存在两种观点。

第一种观点认为，女职工违反计划生育政策了，就是违法了，用人单位可以解除和她的劳动合同，甚至还有一些用人单位在其规章制度中明确规定，违反计划生育政策的一律开除。

第二种观点认为，"三期"特别保护对所有女职工都是适用的，而无论其是否符合计划生育政策。只要是处于"三期"的女职工，无论她的工作表现如何，用人单位都不能解除劳动合同。

这两种观点都是不正确的，至少是不全面的。

首先，法律对于"三期"女职工的保护，的确不以是否符合计划生育政策为条件。也就是说，只要处于"三期"，用人单位原则上不得解除劳动合同。如果劳动合同在"三期"内到期，则需要顺延至"三期"结束，这体现了法律对"三期"女职工的特殊保护。但这种保护也是有节制的，而不是无限度的。如果女职工出现了法律、法规中严令禁止的行为，或是企业规章制度中规定的严重违纪的行为（前提是规章制度本身合法，且制定及公布的程序合法有效），用人单位依然可以与其解除劳动合同关系。

具体而言，"三期"女职工如果出现"不能胜任工作""医疗期满不能从事工作""客观情况发生重大变化""经济性裁员"等女职工本人没有任何过错的情形，用人单位不得与其解除劳动合同；但如果"三期"女职工出现了《劳动合同法》第三十九条规定的"在试用期内被证明不符合录用条件""严重违反用人单位规章制度""严重失职、营私舞弊，给用人单位造成重大损害""同时与其他用人单位建立劳动关系，对完成本单位的工作任务造成严重影响，或者经用人单位提出，拒不改正""因欺诈、胁迫致使劳动合同无效""被依法追究刑事责任"等女职工本身有严重过错的情形，用人单位依然可以依法解除劳动合同关系。

（4）违反计划生育政策能否报销生育医疗费用及领取生育津贴？

虽然各省基本都有自己的地方性政策，但都有一个相同的规定：女职工享受生育保险待遇（报销生育医疗费用及享受生育津贴）的前提条件是符合计划生育政策。

也就是说，如果违反了计划生育政策，很显然，既无法报销生育医疗费用，也无法申领生育津贴。

5.15 如何防范员工虚报病假及"泡病假"

关于病假员工的管理问题，无疑是每个用人单位都会面临的问题。很多老板和HR对于病假的相关问题还存在很多疑惑、不解，甚至是误解，在日常管理中就会出现各种各样的问题，最终甚至演化成劳资双方的冲突、对抗和纠纷。

近些年以来，因为病假而引发的劳动纠纷呈现逐年上升的趋势。作为用人单位的老板和HR，必须对病假做全方位的了解和认识。

典型案例

2013年4月1日，北京阿里巴巴云计算技术有限公司（以下简称阿里巴巴公司）与丁×生签订了劳动合同，合同期限自2013年4月1日起至2016年1月27日止，合同中并未约定试用期。2013年4月19日丁×生通过电子邮件向阿里巴巴公司请病假两周，阿里巴巴公司予以批准。丁×生提交的诊断证明书、病历手册、医疗费单据记载，2013年4月18日丁×生到北京按摩医院就诊，北京按摩医院诊断及建议为：颈椎病，建议休两周。

丁×生于2013年4月19日前往巴西，2013年5月4日回国。阿里巴巴公司认为丁×生提出两周病假全休申请后当日即赴巴西出境旅游，属提供虚假申请信息并恶意欺骗公司。2013年5月16日，阿里巴巴公司以严重违反公司规章制度为由，向丁×生送达了解除劳动合同通知。

本案经历了劳动仲裁、一审、二审，并最终上诉至北京市高级人民法院，历时4年多，2017年11月22日，北京市高级人民法院做出了再审判决，撤销了一审和二审法院的判决，确认阿里巴巴公司与丁×生的劳动合同于2013年5月16日解除。

案例解读

这起案件曾经在HR界引起了广泛的关注，即便是再审判决，也还有很多争议。

北京市高级人民法院在再审中认为：用人单位的规章制度虽然未对劳动者休假地点做出限定，但是劳动者休假期间的行为应当与其请假事由相符。按照一般生活常识判断，阿里巴巴公司有理由质疑丁×生请病假的目的并非休养或治疗，丁×生在阿里巴巴公司向其了解情况时拒绝提供真实信息，违背诚信原则和企业规章制度，对用人单位的工作秩序和经营管理造成了恶劣影响。据此，再审判定阿里巴巴公司以丁×生严重违反企业规章制度为由决定与其解除劳动合同合法有效。

虽然现实生活中存在一些虚报病假的员工，但大多数员工还是好的。人吃五谷杂粮，难免生病。因此，对于员工的病假，企业应当具有足够的容忍度，这是法律对于企业的最基本的要求，更是企业的最基本的道义。

从另一个角度来讲，法律、法规也赋予了患病劳动者休息的权利。

在实践中，病假管理中常见的问题有哪些呢？主要是虚假病假和小病大养。

1. 虚假病假

实践中，部分劳动者抱着侥幸、贪便宜的心态，向企业提交虚假的材料（病假单及相关资料），来骗取病假，主要包括以下两种情况。

其一，病假单及相关资料都是假的。部分劳动者通过互联网购买虚假的病假单及相关材料，或者是私刻印章自行填写虚假病假单。

其二，病假单是真的，但生病是假的。部分劳动者通过关系，找在医院上班的亲戚、朋友、同学等开具"真实"的病假单。

劳动者向企业提交虚假病假单的目的是骗取病假，对于这类行为，企业应当保持零容忍。客观上这种行为给企业也带来了一定的损失，企业可以在规章制度上将此类行为规定为"严重违纪"，一经发现，立即辞退。

另外，如果劳动者通过虚假病假单获利（病假期间领取的薪酬）达到一定的金额（各地略有不同，大致在5000元），就涉嫌诈骗了。司法实践中，此类因为劳动者提交虚假病假单而获刑的判例很多。当然，还有医生因为违规开具虚假病假单而被处罚甚至是被判刑的案例。

2. 小病大养

小病大养，俗称"泡病号"。

简单来说，就是企业认为劳动者不需要病休，但劳动者认为自己需要病休而主动找到医生要求开具病假单。诸如高血压、颈椎病、精神抑郁之类的病假单，相信一定会让很多HR哭笑不得。

关联法条

《劳动合同法》（2012年修订）

第三十九条 【用人单位单方解除劳动合同（过失性辞退）】劳动者有下列情形之一的，用人单位可以解除劳动合同：

……

（二）严重违反用人单位的规章制度的；

……

防范要点

俗话说，没有规矩不成方圆。在目前的社会环境下，企业要进行病假管理，预防漏洞，就必须制定规范的、合法的病假管理制度。

一个规范的病假管理制度，至少应包括以下6个方面内容。

1. 规定紧急请假、代请假的流程

员工确因突发疾病需要治疗而无法正常上班，必须在上班前半小时，以电话及短信或微信形式向直接主管进行请假；特殊情况下员工本人无法请假的，可委托亲属或同事等以电话及短信或微信形式代为请假。

备注：为什么是电话及短信或微信形式？电话及短信或微信＝电话＋短信或电话＋微信。这主要是为了避免后期的纠纷，员工电话通知直接主管，是告知请假的事情，同时以短信或微信形式再次确认，可留存证据。这一点在实际操作中绝大多数HR和劳动者都会忽略，很容易引发纠纷。

员工须在返岗后1个工作日之内按照公司要求补办休假的请假手续。

2. 病假延期（续假）的规定

一个病假休满之后，员工若因病情需要继续休假的，应当在此病假到期前办理续假手续。

3. 病假复核机制

实践中，很多企业对病假单的开具有明确规定，即要求必须到三甲医院开具病假单才有效，这样规定合法吗？

事实上，相关法律并未对开具病假单的医疗机构的级别做出规定。这就是说，用人单位有权规定企业认可的病假单的开具机构，如三甲或三乙。

但从人性化和可行性的角度出发，如果员工是突发疾病，就应该就近选择医院就诊。所以，原则上只要是合法的医疗机构开具的真实的病假单，都应该是有效的。

为预防虚假病假单和小病大养的情况，企业可以做以下规定。

①原则上必须去公司指定级别的医疗机构开具病假单方有效。

②特殊情况下的急诊，可以就近选择医疗机构就诊、开具病假单，但急诊的病假单原则上不得超过2天。（一般如果病情很严重，肯定是要转到级别较高的大医院就诊的。）

③公司有权根据员工身体的恢复情况，安排员工到专业的医疗机构进行复查。若复查病情无误，相应的交通费、复查费用由公司承担。

4. 规定完善的请假手续

相关法律规定，员工向公司请病假，除了应向公司提交正规医疗机构开具的病假单（建议休息书），还须提供相应的医疗证明。这些医疗证明通常可包括挂号单、诊疗结论、用药清单、医药费发票、X片、化验单等。

企业可在休假的相关制度中规定，员工请病假或事后补病假手续，须提交符合条件的医疗机构（如三甲）开具的病假单、挂号单、诊疗结论、用药清单、医药费发票、X片、化验单等相关材料，否则，企业有权拒绝批准。

5. 休假的纪律

为预防类似阿里巴巴公司案例中的问题，企业可以在规章制度中规定，员工在病假期间，不得从事任何营利性活动，包括但不限于开网店、代购、兼职等；也不得从事**基于常识判断**不能从事的活动，包括但不限于外出旅游、剧烈的运动等。否则，即视为严重违纪。

6. 严厉的惩戒制度

针对病假，企业必须制定明确的规章制度。比如，未按公司制度履行请假手续而擅自休假的视为旷工；病假休息期间从事营利性活动的视为严重违纪；提交虚假病假单骗取病假待遇的视为严重违纪，给予解除劳动合同，同时依法追讨企业已支付的病假待遇，构成犯罪的移送司法机关处理等。

5.16 依据"不能胜任工作"解雇员工的法律风险

《劳动合同法》第四十条规定，劳动者不能胜任工作，经过培训或调整工作岗位，仍不能胜任工作的，用人单位可以解除劳动合同。在现实生活中，每家用人单位总会有那么几个"能力较差"而且态度还不太好的员工，对于用人单位和HR来说，"不能胜任工作"基本是他们拿来辞退这些"能力较差"员工的常用武器，但如果使用这个武器不当，很可能导致用人单位因被判定违法解除劳动合同而承担赔偿金。所以在《劳动法》圈内，这条规定也有着**"不胜任解除，难于上青天"**的说法。

典型案例

李先生是厦门一家商贸公司的销售人员，公司规定采用360°绩效考核方式对员工进行考核。在相关考核内容中，工作态度占15%、工作能力占25%、工作成果占60%。最高100分，60分为及格分。

如果绩效考核不及格，公司有权调岗调薪。

2017年5月，在对李先生的考核中，他的工作态度被折算成10分，工作能力被折算成13分，工作成果被折算成35分，总得分为58分。

李先生对该考核结果表示不认可，拒绝在考核结果上签字，随后公司以"不胜任工作"为由对其进行调岗调薪。

此后，李先生申请了劳动仲裁。劳动仲裁委员会裁定公司的调岗调薪行为违法，须继续按照劳动合同的约定岗位和约定薪资履行。

案例解读

本案的核心是如何对"不能胜任工作"进行界定的问题。

1994年原劳动部办公厅关于印发《关于〈劳动法〉若干条文的说明》的通知（劳办发〔1994〕289号）第二十六条，对"不能胜任工作"进行了定义：本条第（二）项中的"不能胜任工作"，是指**不能按要求完成劳动合同中约定的任务或者同工种、同岗位人员的工作量**。用人单位不得故意提高定额标准，使员工无法完成。

因此，界定"不能胜任工作"一般有以下两种方法。

1. 有约定按约定

如果用人单位与劳动者就工作内容、绩效考核标准有书面约定，则按照约定内容的达标情况判定，达标了就是胜任，未达标就是不胜任。这个比较简单，也容易理解。通常是以《岗位说明书》《绩效考核方案》（俗称《绩效协议》）的形式来体现。（需要注意，劳动者签字确认才有效。）

2. 无约定按大多数员工都能完成的标准

如果用人单位与劳动者未约定标准，则以其他相同工种或岗位的大部分人员的完成情况来判断。同样的工作量同样的时间，大部分人员能保质保量完成，张三不能完成或完成的质量不符合要求，就可判定张三不能胜任工作。

需要强调的是，这个"大部分"到底是指多少，每个省份的规定略有不同。例如，广东省规定是70%，江苏省规定是90%，而上海市、浙江省则未规定确切的比例。

在本案中，李先生对公司的考核方案和结果不认可，而公司也无法拿出有力的证据来佐证李先生的工作态度和工作能力扣分到底扣在哪里，所以导致败诉。

关联法条

1.《劳动合同法》（2012年修订）

第四十条　有下列情形之一的，用人单位提前三十日以书面形式通知劳动者本人或者额外支付劳动者一个月工资后，可以解除劳动合同：

......

（二）劳动者不能胜任工作，经过培训或者调整工作岗位，仍不能胜任工作的；

......

第四十二条 【用人单位不得解除劳动合同的情形】劳动者有下列情形之一的，用人单位不得依照本法第四十条、第四十一条的规定解除劳动合同：

（一）从事接触职业病危害作业的劳动者未进行离岗前职业健康检查，或者疑似职业病病人在诊断或者医学观察期间的；

（二）在本单位患职业病或者因工负伤并被确认丧失或者部分丧失劳动能力的；

（三）患病或者非因工负伤，在规定的医疗期内的；

（四）女职工在孕期、产期、哺乳期的；

（五）在本单位连续工作满十五年，且距法定退休年龄不足五年的；

（六）法律、行政法规规定的其他情形。

2.《关于〈劳动法〉若干条文的说明》（劳办发〔1994〕289号）

第二十六条 有下列情形之一的，用人单位可以解除劳动合同，但是应当提前三十日以书面形式通知劳动者本人：

......

（二）劳动者不能胜任工作，经过培训或者调整工作岗位，仍不能胜任工作的；

......

本条第（二）项中的"不能胜任工作"，是指不能按要求完成劳动合同中约定的任务或者同工种、同岗位人员的工作量。用人单位不得故意提高定额标准，使劳动者无法完成。

防范要点

一个员工不能胜任工作，用人单位予以解雇，原本是非常正常也是完全可以理解的事情。但在实际操作中，用人单位据此来解除劳动合同，一旦导致劳动纠纷，用人单位的败诉率接近100%。

《劳动合同法》第四十条其实对如何解雇一个不能胜任工作的员工的操作流程有明确规定：

有具体的岗位要求→证明不能胜任岗位要求→履行培训或调岗程序→证明经

培训或调岗后仍不能胜任岗位要求→解除劳动合同并支付经济补偿及代通知金（或提前30日书面通知）。

1. 有具体的岗位要求

"不能胜任工作"，这里的"工作"其实质就是岗位要求。所以首先必须让员工知悉自己的岗位要求。

具体操作中，要在员工入职时即与其签署《岗位说明书》，让其知晓自己的工作内容、职责及主要要求；若员工在职期间发生调岗，则应该签署新岗位的《岗位说明书》。

与此同时，还必须让员工在《绩效考核方案》（俗称《绩效协议》）上签字，让员工明确自己确切的岗位要求及目标。

2. 证明不能胜任岗位要求

是否胜任岗位要求，一般是根据考核结果来判定。但恰恰是这个环节，最容易产生纠纷。

现在越来越多的企业选择KPI、BSC、OKR或是360°考核等绩效考核工具来对员工进行打分考核，并依照最终的得分来判定胜任（合格）和不胜任（不合格）。但在很多时候，这些打分都是比较主观的，尤其是一些非量化目标的岗位，如行政后勤类，管理者基本是凭感觉打分。

如此操作，就会带来很大的隐患，用人单位给劳动者打分55分，并判定其为不能胜任工作，如果劳动者不认可这个打分的结果，用人单位是很难举证的。同样一个前台接待人员，让10个领导来打分评判，很可能会出现10个不同的结果。

现实操作中还有一种常见的错误做法：用人单位定期（每月、每季度、每半年或是每年）对所有员工的绩效考核进行排名，并事先划分好区间（强制分布）。比如，排名最靠前的10%确定为A档（优秀），接下来的15%确定为B档（良好），再接着的60%确定为C档（及格），最后的10%确定为D档（不及格），然后对A档、B档进行奖励，将D档判定为不合格或是不能胜任工作，予以降职降薪甚至是直接辞退。

因为此种考核排名方案引发的劳动纠纷非常多，企业败诉的概率几乎是100%，原因何在？

因为合格与不合格不是与别人比，而是与自己的岗位职责和目标来比。道理非常简单，一个班级50个学生，即便都考90分以上，也有排名第一和排名倒数第一的，但倒数第一也考了90分，远高于及格线，一定是合格的。

那么，如何才能证明劳动者"不能胜任岗位要求"呢？

（1）考核方案中尽量少用定性的、主观性较强的指标。

如果是定性的、主观性较强的指标，一旦员工对打分结果表示异议，用人单位是很难拿出打分依据的。

（2）在绩效考核中要留存证据，证明员工未达到约定目标。

（3）绩效考核的结果一定要让员工签字确认（或使用《绩效反馈表》），每个月的考核结果出来后，HR就需要联系各部门主管，让主管盯着员工签字。

3. 履行培训或调岗程序

《劳动合同法》第四十条规定，如果劳动者不能胜任工作，必须是经过培训或调整工作岗位，仍不能胜任工作的，才能解除劳动合同。

由此可见，员工第一次出现不能胜任工作的情况，用人单位并不能立即辞退，必须经过**培训或调岗**这一法定程序（培训或调岗二选一即可），否则，即便不能胜任工作的证据确凿，立即解除劳动合同也将构成违法解除，将承担经济赔偿责任。

法律、法规对于不能胜任工作员工的再培训的形式、内容等并没有明确的规定，但从常识出发，法律规定如此培训的目的应该是提高不合格员工的工作能力，所以培训的内容应该是和员工的岗位职责紧密相关的，是为了补足员工工作能力欠缺的部分。举例来说，设计师完成设计任务的速度太慢，而且质量也不太好（客户评价不高），那么对其进行设计软件的操作或是审美能力方面的培训就是合理的，对其进行销售技巧的培训就是不合理的。

同时，经过培训后，一定要员工对该次培训的时间、内容、事由等进行确认，留存已经过培训的证据。

对不能胜任工作的员工进行调岗，也是实践中争议比较多的环节。一般情况下，这种调岗是从高往低调，也就是降岗，而降岗往往伴随着降薪，所以员工绝大多数都是拒绝接受新岗位的，进而就容易导致劳动争议。

但从目前相关的司法判例来看，只要用人单位证明了调岗的合理性，并且规章制度和劳动合同中有相关规定，调岗就是合法的。如果员工拒绝到新岗位工作，就会形成旷工的事实，用人单位就可以根据相关规章制度以严重违纪进行处理。

需要强调的是，履行调岗程序后，须对岗位职责及要求进行重新约定（签署新的《岗位说明书》及《绩效考核方案》）。

4. 证明经培训或调岗后仍不能胜任岗位要求

这个步骤和第2步类似，不再重复。

5. 解除劳动合同并支付经济补偿及代通知金

经历了上述4个步骤之后，用人单位才能合法解除劳动合同。当然需要注意，要提前30日书面通知并按规定支付经济补偿，如果无法提前通知，则需要多支付一个月工资（俗称"代通知金"）。

需要特别强调的是，《劳动合同法》对于不能以"不能胜任工作"为由解除劳动合同的情形做了明确的规定，详见《劳动合同法》第四十二条的相关内容。

5.17 如何合法辞退严重违纪违章的员工？

在日常生活中，我们经常会听到"违纪""违法"这两个词。违法就是指违反国家法律；对于企业而言，违纪是指违反企业的劳动纪律或规章制度。违纪行为根据情节和造成后果的严重程度，分为一般违纪和严重违纪。

所谓严重违纪，是指严重违反用人单位的劳动纪律或是规章制度。

很多人会说，辞退严重违纪的员工不是天经地义的事情吗？怎么还存在"合法"辞退的问题？但在司法实践中，以严重违反用人单位的规章制度为由解除劳动合同而引发的劳动纠纷和经济赔偿争议较为常见，而且通常会要求用人单位承担程序和实体义务。绝大多数被仲裁、法院判定为用人单位违法解除劳动合同的判例，都是因为用人单位在其规章制度的制定、公示、违纪处罚的证据等方面存在瑕疵，甚至是制度本身不合法。

典型案例

地产公司以人力资源总监严重违反公司规章制度、严重失职为由解除劳动合同，因缺乏直接证据未获法院支持。

2011年6月13日，孙某与北京鼎峰地产投资顾问有限公司（以下简称"鼎峰公司"）签订了为期3年的劳动合同，试用期为3个月。孙某担任鼎峰公司人力资源总监，试用期税前月工资为56 000元，试用期满其个人的年终奖最高至4个月工资。劳动合同约定：孙某不得直接或间接从事任何与鼎峰公司正在或将要从事的经营活动类似的竞争活动；孙某若严重违反劳动纪律或公司规章制度，或因严重失职、营私舞弊给公司造成重大损失，鼎峰公司可以解除劳动合同。

2012年2月16日，鼎峰公司以孙某严重违反公司规章制度、严重失职给单位造成重大损害为由解除劳动合同。

2012年3月2日，孙某向北京市朝阳区劳动人事争议仲裁委员会提出仲裁申请。该仲裁委员会撤销了鼎峰公司于2012年2月16日做出的《解除劳动合同通知书》。鼎峰公司不服，诉至北京市朝阳区人民法院。

北京市朝阳区人民法院做出一审判决后，孙某和鼎峰公司均不服判决并上诉至北京市第三中级人民法院。

北京市第三中级人民法院经过审理后，于2014年3月23日做出终审判决，认定鼎峰公司属于违法解除劳动合同，判令鼎峰公司立即恢复与孙某的劳动合同关系，并支付工资损失、年终奖、未休年假工资等合计金额153万余元。

案例解读

本案因为诉讼标的超过百万元，加之劳动者系用人单位的人力资源总监，属于用人单位与特殊劳动者解除劳动关系的类型。该案前后经历了近3年时间，在地产界、HR界、法律界都引起了广泛的讨论。

北京市第三中级人民法院认为，本案的争议焦点为：（1）鼎峰公司是否属于违法解除劳动合同；（2）违法解除劳动关系给孙某造成工资损失的支付标准问题。

关于鼎峰公司是否属于违法解除劳动关系的问题。**因用人单位做出的开除、除名、辞退、解除劳动合同、减少劳动报酬、计算劳动者工作年限等决定而发生的劳动争议，用人单位负举证责任。**本案中，鼎峰公司系以孙某严重违反公司规章制度、严重失职，给单位造成重大损害为由与其解除劳动合同。但根据本案所查事实，鼎峰公司提供的相关证据均为间接证据，并不能证明和孙某有关，不足以证明孙某存在严重失职、严重违反单位规章制度的事实，也不足以证明孙某给单位造成了重大损害，故鼎峰公司以此为由与孙某解除劳动关系，缺乏事实根据。鼎峰公司称孙某成立了与其经营范围重合的公司，但经核实，孙某担任法定代表人的品质咨询公司与鼎峰公司的经营范围并不重合，故鼎峰公司该项辩称法院不予采信。鼎峰公司称孙某的学历造假，但其提交的个人简历并不能证明系孙某本人提交，且鼎峰公司并非以此为由与孙某解除劳动合同，故鼎峰公司该项辩称法院亦不予采信。原审法院据此认定鼎峰公司构成违法解除劳动关系并判决撤销鼎峰公司2012年2月16日对孙某做出的《解除劳动合同通知书》，双方恢复劳动关系，是正确的。鼎峰公司上诉称其系合法解除劳动关系，未就此提供充足的证据予以证明，难以采信。

简单来说，鼎峰公司虽然有很多条解除劳动合同的理由，但没有一条能够找到有力的证据来支撑，最终被认定为违法解除。鼎峰公司不得不继续履行劳动合同，并支付诉讼争议期间孙某的全部工资，可谓损失惨重。

关联法条

《最高人民法院关于审理劳动争议案件适用法律问题的解释（一）》（法释〔2020〕26号）

第四十四条　因用人单位作出的开除、除名、辞退、解除劳动合同、减少劳动报酬、计算劳动者工作年限等决定而发生的劳动争议，用人单位负举证责任。

防范要点

和"不能胜任工作"一样，以严重违反规章制度为由来解除劳动合同，也非常容易构成违法解除。那么，如何避免此类风险，合法地辞退严重违纪或严重违章的员工呢？

1. 规章制度本身要有法律效力

这一点不再重复，就是通常所说的主体合法、内容合法、程序合法、公示告知。

2. 规章制度对于严重违纪有明确的界定

要想处罚员工，就要确保有法可依。这里的"法"既包括国家的相关法律、法规，也包括用人单位的规章制度。

在司法实践中，一般只要用人单位的相关规章制度中对哪些行为可视为严重违纪有明确的规定，实际操作中的风险就会小很多。

那么，哪些行为可以界定为严重违纪呢？

（1）妨碍、影响、破坏生产经营秩序的行为。比如，连续旷工3天或单月累计旷工4天，单月累计迟到或早退达到10次，和同事打架斗殴，等等。

（2）违反职业操守的行为。比如，顶撞领导或拒不执行领导的工作安排，向公司提交虚假证明材料或信息，虚构事实请假或病假等。

（3）涉及公司或他人财产的行为。比如，挪用公司钱款而不论金额多少（挪用公司钱款只有达到一定金额才构成犯罪），故意破坏公司财物，对供应商或客户吃拿卡要等。

（4）其他可视为严重违纪的行为。比如，积分累计达0分或负分，一个自然年度内有两次一般违纪行为等。

关于违纪行为的具体定性，建议参见《员工日常行为规范及奖惩制度》相关内容。

3. 违纪证据的收集

司法实践中，对于用人单位解雇劳动者之类的案件，实行举证责任倒置。简单来讲，就是用人单位需要举证证明自己的解雇理由是充分的、合法的，所以要想以劳动者严重违纪为由来行使解雇权，就必须在下达解雇通知书之前收集好相应的证据。（这一点非常重要，一旦劳动者得知自己将被解雇，他就不可能再配合用人单位来锁定违纪证据了。）

因此，当员工出现违纪违规行为时，就需要用人单位在第一时间收集证据并用拍照、录音或录像等方式来锁定相应的证据，如被损坏的生产设备照片、员工在明令禁止吸烟场所吸烟的照片或视频。如果是照片，则需要显示年月日。

4. 下达《违纪处罚通知书》

收集或锁定好违纪违规证据后，就可以给员工下达《违纪处罚通知书》了。通知单下达给员工后要求员工签字确认，如果员工拒不签字确认，同样可采用EMS邮寄送达或当众宣布并录像的方式。

5. 规避界定严重违纪行为常见的误区

（1）表述不清或画蛇添足。

某公司的《员工违纪处罚条例》中规定，在业务交往过程中，**对供应商或客户吃拿卡要，数额巨大，造成严重后果的，视为严重违纪**。

那么，一旦员工对供应商实施了吃拿卡要的行为，用人单位还需要界定如何才算"数额巨大"，同时还需要举证证明员工吃拿卡要的违纪行为已"造成严重后果"，否则，记为严重违纪就不成立，继而启动的解雇程序自然就属于违法。因为制度如此规定的话，"对供应商或客户吃拿卡要""数额巨大"和"造成严重后果"这三个状态同时满足才属于严重违纪。

其实，对供应商或客户吃拿卡要的行为本身就非常恶劣，完全可以直接规定，**只要实施了吃拿卡要，无论金额多少，无论有无造成其他后果，都视为严重违纪**。后续认定时就会简单很多，不会产生纠纷。

再如，某公司的《员工违纪处罚条例》中规定，一年内累计旷工达到3天视为严重违纪。小王2017年8月1日入职，劳动合同期限至2018年7月31日止。小王分别在2017年10月、12月和2018年5月各旷工了一天，于是，公司启动解雇程序，主张"一年内"为跨年度累计，但小王认为"一年内"应该理解为一个自然年内。最终仲裁机构认定这里的"一年内"应为一个自然年度内，公司解除劳动合同属于违法。

其实，在这个案例中，公司完全可以将该条款的表述改成"**在劳动合同有效期内累计旷工达到3天视为严重违纪**"，这样就避免了理解分歧。

（2）数值过于笼统。

举例说明，员工迟到1分钟和迟到1小时，情节和后果显然是不一样的。如果只是规定，一个月累计迟到3次视为一般违纪，显然就不太妥当。遇到这种情况，就需要尽可能量化，比如，单月累计迟到或早退达到10次、迟到或早退1小时以上达到6次，视为严重违纪。

那么，出现6次超过1小时的迟到或早退，或虽然超过1小时的迟到或早退不足6次但总的迟到早退次数达到10次，都可以认定为严重违纪。

所以，在界定违纪行为时，尽量**避免使用**"情节恶劣的""手段较恶劣的""造成严重后果的""造成不良影响的""情节轻微的"之类的描述性、画蛇添足类的表述。

5.18 员工因工作失误造成损失该如何扣罚？

员工在日常工作中难免会因为疏忽、失误等原因而造成一些质量事故，给企业造成一定的损失。

如果是因为劳动者的原因（工作失误）给用人单位造成了经济损失，那么用人单位能直接从劳动者的工资中扣罚作为赔偿吗？

答案虽然是肯定的，但如果操作不当，也很容易引发一些劳动纠纷。

典型案例

小张是一家商贸公司的配送人员，月工资为2500元。有一次，小张因一时疏忽，发错了一批货，给企业造成了近1万元的经济损失。公司领导根据劳动合同和公司的相关规章制度，要求小张承担这一损失，并从其月薪中分5个月每月扣除2000元，这样，小张每个月就只能领取500元的工资，生活都成了问题。

1个月过后，小张通知公司解除劳动合同，称其将在1个月后离职。

请问，公司可以不同意小张的离职申请吗？如果同意，公司剩下的经济损失该如何追偿？

案例解读

人非圣贤，孰能无过。员工因一时疏忽或是失误，给企业造成经济损失的情况在职场中并不少见。企业该如何挽回经济损失呢？

《劳动法》规定，工资应当以货币形式按月支付给劳动者本人，用人单位不得克扣或无故拖欠劳动者的工资。

至于员工因工作失误而给企业造成经济损失的赔偿问题，《工资支付暂行规定》中有明确的规定，用人单位可以从劳动者的工资中直接扣除，但必须满足两个条件：

（1）每月扣除的部分不得超过劳动者当月工资的20%；

（2）扣除之后的收入不能低于当地的最低工资标准。

在本案中，小张因为工作失误给企业造成了损失，企业有权从工资中予以扣除，但每月扣除的数额过高，远远超过了小张每个月工资的20%。而且扣除后，小张的工资仅剩500元，也远低于当地的最低工资标准。

小张据此提出解除劳动合同，合乎规定，一旦小张离职，企业要追偿剩余的经济损失，就只能通过民事诉讼，将会非常麻烦。

关联法条

1.《劳动法》（2018年修订）

第五十条　工资应当以货币形式按月支付给劳动者本人。不得克扣或者无故拖欠劳动者的工资。

2.《工资支付暂行规定》(1994年颁布)

第十六条　因劳动者本人原因给用人单位造成经济损失的，用人单位可按照劳动合同的约定要求其赔偿经济损失。经济损失的赔偿，可从劳动者本人的工资中扣除。但每月扣除的部分不得超过劳动者当月工资的20%。若扣除后的剩余工资部分低于当地月最低工资标准，则按最低工资标准支付。

防范要点

既然失误难以完全避免，那么用人单位如何处理才能降低法律风险呢？

1. 在劳动合同和规章制度中做相应的约定

《工资支付暂行规定》的表述非常清晰，"用人单位可按劳动合同的约定要求其赔偿经济损失"。如果在劳动合同和规章制度中没有相应的约定，处理起来就会缺少法律依据。当然，还必须区分损失的大小。建议在劳动合同和规章制度中做以下规定。

（1）因劳动者本人原因（包括但不限于疏忽大意、工作失误等）给公司造成经济损失的，公司有权要求劳动者赔偿公司的全部经济损失。

（2）单次经济损失超过1万元或劳动合同期限内累计经济损失超过1.5万元的，视为劳动者严重违纪，公司有权解除劳动合同且无须支付经济补偿。

（3）劳动者若故意破坏公司财物，公司除有权要求劳动者进行赔偿外，情节严重的，劳动者还需要承担相应的刑事责任。

2. 规范流程、锁定证据

在员工因工作失误造成经济损失后，用人单位应在第一时间内让员工签署《工作失误损失确认书》，将事故的原因、责任、损失金额等确定下来，避免后期的争议。

这一点非常重要，很多企业都不太重视，尤其是在中小企业，处理起来会更加随意。员工工作失误给企业造成损失了，老板口头宣布一下，然后就在下个月工资中扣除损失或是逐月开始扣除损失，这样一旦发生劳动争议或纠纷，企业的举证将会比较麻烦。

3. 可以直接从工资中扣除，但必须遵守法律、法规

如果确因劳动者个人原因导致了经济损失，用人单位可以从其工资中进行扣除。但必须确保每月扣除的金额不能超过其当月工资的20%，同时要确保扣除后劳动者的实际到手收入不能低于当地的最低工资标准。

4. 引入损失赔偿服务期机制

当然，从人性化的角度出发，还有一种更好的处理方法。这种方法是由湖北群艺的李荣老师发明的。

员工工作失误给企业造成损失，企业要进行扣罚，但扣罚绝对不是目的，而只是一种手段。请问扣罚的目的是什么？难道仅仅是为了挽回企业的损失？

笔者认为这种扣罚的主要目的应该是引起员工的足够重视，在以后的工作中更加认真仔细，避免再犯同样的错误。

另外，对于中小企业来说，招人留人本来就相对比较困难，现在的"90后"又比较"任性"，很可能扣款通知今天刚发出，员工明天就打辞职报告了，最后的结果一定是人财两空。

李荣老师发明了一个"损失赔偿服务期"机制。假如一个员工因为工作失误给公司造成了5000元的损失，就让员工签一份承诺书，承诺再为公司服务2年。如果正常服务满2年了，这5000元的损失就一笔勾销；如果员工在2年内主动离职或因过失被公司开除，这5000元的损失就需要员工赔偿。

这种处理机制的好处何在？如果这个员工是个优秀的员工，平时一贯表现良好，只是因为偶尔的失误造成了损失，那么这样处理，他应该是完全可以接受的，因为并没有让他付出真金白银的赔偿款项。而且这样处理后，他在以后的工作中一定会吸取教训，大概率比以前工作时会更加努力（毕竟心里多少会有内疚感）。试问，这个员工很卖力地为公司再服务2年，还无法给公司多赚5000元吗？

反之，如果这位员工平时表现很一般，经常毛毛糙糙，或是原本就没打算在公司长期干，那么他很可能不会签这样一份承诺书。这样一来，用人单位就完全可以按照正常的流程进行扣罚了。

所以，这个"损失赔偿服务期"机制还是一块很好的试金石，能够试出造成损失的员工是否愿意为公司长期服务。

5.19 员工履职中受网络诈骗而造成损失,如何赔偿?

近几年以来,电信网络诈骗频发,而且一旦发案,金额都比较高。劳动者在履职过程中如果遭受网络诈骗,给用人单位造成了巨额经济损失,是否应当赔偿?如果需要赔偿,按照何种比例赔偿呢?

典型案例

杜某曾于2014年7月至2015年5月期间在北京鸿达飞扬机电设备有限公司(以下简称鸿达公司)工作,工作岗位为财务经理。

2015年4月22日11时35分许,杜某在收到以鸿达公司总经理李某飞的名义发出的QQ消息后,通知出纳人员先后分12笔以转账的形式从鸿达公司的账户转出了60万元到一陌生账户。

鸿达公司总经理李某飞发现该笔转账情况后告知杜某,自己并未向杜某下达转账的指令,杜某才得知是有人冒用了总经理李某飞的名义,以QQ消息的形式向其下达了转账指令。杜某遂于当日向公安机关报案,但转出的款项未能追回。

鸿达公司将杜某起诉至北京市房山区人民法院,要求杜某赔偿公司的经济损失60万元,一审法院判决杜某应赔偿12万元。

杜某不服,上诉至北京市第二中级人民法院。法院最终驳回了杜某的上诉,维持一审判决,判令杜某支付鸿达公司经济损失12万元。

案例解读

这个案件的焦点其实不在杜某是否应该赔偿,而是在赔偿的比例上。

法院经审理认为:杜某作为公司的财务工作人员,就公司的对外付款业务有义务认真审慎地进行审查。而在本次诈骗案件中,杜某在接到诈骗人通过QQ发送的付款指令后,在未认真核实付款原因及收款人的基本信息,也未通过电话或直接确认的方式与公司相关领导进行沟通确认的情况下,即直接通知出纳转账汇款,杜某在此次事件中具有一定的过错，应当承担一定的责任。

同时，鸿达公司也未能严格执行规范的财务管理制度，其公司内部长期存在利用公共网络社交软件处理有关财务工作的情况，该公司亦应就其不当管理承担相应责任。

法院最终衡量了劳动者和用人单位的过错程度，并考虑了双方对风险及损失的承担能力，最终做出了相应的判决。

关联法条

《民法典》（2020年颁布）

第九百九十八条　认定行为人承担侵害除生命权、身体权和健康权外的人格权的民事责任，应当考虑行为人和受害人的职业、影响范围、过错程度，以及行为的目的、方式、后果等因素。

第一千一百六十五条　行为人因过错侵害他人民事权益造成损害的，应当承担侵权责任。

依照法律规定推定行为人有过错，其不能证明自己没有过错的，应当承担侵权责任。

防范要点

基于"权利义务相一致"的原则及"过错责任"原则，员工在履职过程中给企业造成的重大经济损失，企业往往无法全部要求员工来承担。一旦发生与案例类似的诈骗案件，企业将蒙受巨大的损失。

尽管国家各级公安机关对各类诈骗案件，尤其是电信网络诈骗案件一直是严厉打击，但依然无法彻底杜绝。

企业要想规避此类风险，只有从自身的财务制度着手。比如，财务制度中可以规定：**单笔汇款金额超过1万元的，或者同一单位当日累计汇款金额超过2万元的，必须电话请示或当面请示相关领导后方可操作，否则，由此造成的损失由相关财务人员自行承担。**

在本案中，如果鸿达公司的财务管理制度中有此条款，杜某的转款行为就属于严重违反规章制度，其承担的赔偿比例应该会远远高于20%，甚至是全部承担。

5.20 员工急辞工能否扣发当月工资？

2018年，领英（LinkedIn）发布了一份《第一份工作趋势洞察》报告。报告显示，"70后"第一份工作平均超过4年后才考虑跳槽，而"90后"骤减到19个月，"95后"更是仅仅在职7个月就选择了辞职。

概括来说，就是现在的"90后"尤其是"95后"，辞职越来越"任性"。用人单位应该如何应对劳动者的说走就走，甚至是不辞而别呢？很多企业选择采用扣发当月工资的方式来处理，殊不知，这样处理存在很大的法律风险。

典型案例

小王于2016年4月入职上海的一家商贸公司，签订了为期3年的劳动合同，试用期3个月。合同约定试用期间底薪为每月5000元，试用期满底薪为每月6000元，提成另计。

2019年1月底，小王口头向主管提出想提前回老家过年，主管没同意，1月30日，小王就直接回四川老家了。因为临近春节，主管和公司都没太在意这个事情。

春节过后，小王并没返回公司上班。2月15日是公司的发薪日，老板认为小王不辞而别，工作也未交接，便指示财务先扣下小王的工资不发。

2月底，小王返回上海，来到公司要求领1月份的工资，老板认为其不辞而别，给公司造成了一定的损失，工资暂不结算，并以小王不辞而别给公司造成了严重经济损失为由，向小王下达了解聘通知书。

小王不服，向上海市某区劳动争议仲裁委员会提出仲裁申请，要求公司支付拖欠的1月份工资7500元（含提成），并支付违法解除劳动合同的赔偿金45 300元（小王离职前12个月的月平均工资为7550元）。

最终，劳动争议仲裁委员会支持了小王的仲裁申请。

案例解读

类似的案例在现实生活中并不少见。一般而言，员工离职的情形只有四种。

（1）员工提出且双方协商一致解除劳动合同（《劳动合同法》第三十六条）。

（2）员工预告式离职，即员工在试用期内提前3天、试用期满后提前30天以书面形式通知单位（请注意是书面通知，不是辞职申请），可以解除劳动合同（《劳动合同法》第三十七条）。

（3）员工被迫离职，即在用人单位有过错的情况下，也就是单位存在《劳动合同法》第三十八条规定的情形的，员工可以提出解除劳动合同（《劳动合同法》第三十八条）。

（4）员工违法解除，即员工未按法律的规定或劳动合同的约定解除劳动合同（《劳动合同法》第九十条）。

而员工急辞一般有两种情况：一种是急辞急走（如要求今天辞职，明天就不来上班；或是上午辞职下午就走人），另一种是不辞而别。

第一种情况，即急辞急走，如果用人单位同意，就形成了"由员工提出且双方协商一致解除劳动合同"，即属于第一种离职情形。但本书讨论的重点，或者说在现实操作中更为常见的是用人单位不同意，但员工第二天就不再来上班，这就属于第四种离职情形，当然，不辞而别也属于第四种离职情形。

那么，如果员工急辞，用人单位能否扣发当月工资呢？

要回答这个问题，我们首先需要了解，在什么情况下，用人单位能够从员工的工资中扣钱。

纵览现有的法律、法规，我们可以发现，允许用人单位直接扣工资的情况，无外乎是个税、社保、法院判决的抚养费、赡养费及赔偿单位的经济损失，这里面并未包含急辞工的情况。

另外，除了订立有培训服务期协议或是竞业限制协议，用人单位也不得与劳动者约定由劳动者承担违约金。

虽然《劳动合同法》第九十条规定了如果劳动者违法解除劳动合同，应当承担赔偿责任。但对于用人单位来说，如果没有订立培训服务期协议或竞业限制协议，这个索赔的实操性是比较差的。因为这个索赔需要满足三个条件：第一，员工有违法行为或违约行为，这一点比较简单，员工未按法定时间提前提出解除劳动合同，存在违约行为；第二，有损害事实，就是要有证据证明用人单位的确因此而承受了损失，以及损失的具体金额；第三，有因果关系，就是用人单位要有证据证明这个损害的事实和劳动者违法解除劳动合同的行为之间有着必然的因果关系。

事实上，在司法实践中，用人单位主张员工未提前30天提出而解除劳动合同，给企业造成经济损失，很难举证（针对经济损失）和得到支持。

所以，即便是员工极其没有职业素养，急辞急离，用人单位也不能直接扣发当月全部工资。如果用人单位以员工急辞为由，或者是以没有交接工作为由，扣着最后一个月的工资不发，那么很有可能构成"克扣劳动者工资"。劳动者据此解除劳动合同，用人单位将承担经济补偿。

在本案中，该商贸公司以小王不辞而别，给公司造成损失为由，扣发工资，还解除了劳动合同。这样做就将原本的小王自动辞职变成了公司的违法辞退，公司须承担相当于双倍经济补偿的赔偿金。

关联法条

《劳动合同法》（2012年修订）

第三十六条 【协商解除劳动合同】用人单位与劳动者协商一致，可以解除劳动合同。

第三十七条 【劳动者提前通知解除劳动合同】劳动者提前三十日以书面形式通知用人单位，可以解除劳动合同。劳动者在试用期内提前三日通知用人单位，可以解除劳动合同。

第三十八条 【劳动者单方解除劳动合同】用人单位有下列情形之一的，劳动者可以解除劳动合同：

（一）未按照劳动合同约定提供劳动保护或者劳动条件的；

（二）未及时足额支付劳动报酬的；

（三）未依法为劳动者缴纳社会保险费的；

（四）用人单位的规章制度违反法律、法规的规定，损害劳动者权益的；

（五）因本法第二十六条第一款规定的情形致使劳动合同无效的；

（六）法律、行政法规规定劳动者可以解除劳动合同的其他情形。

用人单位以暴力、威胁或者非法限制人身自由的手段强迫劳动者劳动的，或者用人单位违章指挥、强令冒险作业危及劳动者人身安全的，劳动者可以立即解除劳动合同，不需事先告知用人单位。

第九十条 【劳动者的赔偿责任】劳动者违反本法规定解除劳动合同，或者违反劳动合同中约定的保密义务或者竞业限制，给用人单位造成损失的，应当承担赔偿责任。

防范要点

如前所述，一般情况而言，员工即便是急辞急离，用人单位也很难举证给其造成的损失情况，从而造成维权困难。难道用人单位就只能当冤大头了吗？如何规避风险和尽可能减少员工急辞工给企业带来的损失呢？

根据笔者以往的经验，可以从以下几个方面入手处理此类问题，来尽可能降低企业的损失和风险。

1. 在劳动合同中增加关于急辞急离的条款

举例如下。

（1）乙方违法解除劳动合同，应对其由此而给甲方造成的损失进行赔偿。该赔偿内容包括但不限于：乙方此前给甲方造成的尚未赔偿完毕的经济损失，甲方招录乙方时所支付的合理费用，甲方为乙方支付的培训费用，因乙方违法解除劳动合同后给甲方生产经营及工作造成的直接经济损失等。

（2）给甲方生产经营及工作造成的直接经济损失应当理解为，乙方违法解除劳动合同后，甲方为确保工作不受影响而招聘临时替代人员所支付的成本（如网络招聘服务费、招聘场地费等），甲方向该临时替代人员支付的报酬减去甲方本应向乙方在该时段支付的报酬，因乙方违法解除劳动合同致使乙方所负责的项目未能实现的预期利益，甲方为弥补或避免扩大乙方所造成的损害而付出的其他成本等。

（3）属于甲方配备给乙方的工作物品，乙方在离职时应如数交还给甲方，如乙方丢失或拒不归还，乙方应按规定予以赔偿。

关于第（1）（2）点比较好理解，第（3）点也比较好操作，因为一般情况下，员工急辞的，都不会正常办理工作交接。如果公司的相关制度非常健全，在发放办公用品时有签收手续且明确标注过该用品的型号或价格，再向员工主张赔偿这些经济损失，举证就会容易很多。

2. 在公司的规章制度及劳动合同中对离职工作交接及离职后最后一个月的工资发放予以特别约定

例如，约定员工最后一个月的工资以现金形式发放，原则上员工在办理完全部工作交接手续、结清与公司有关的所有款项后凭《离职工作交接表》至财务部领取现金。

这样设置的话，如果员工急辞急离，用人单位完全可以暂时扣发员工的最后一个月工资。即便是后续员工据此提出劳动仲裁，用人单位需要承担经济补偿的概率也会比较小。

其实设置这个条款，对于那些准备急辞急离的比较"任性"的员工，是具有一定的威慑性和警示效果的。

近三年以来，笔者的学员单位中，按此方法操作的大概有近百家公司，到目前为止，还没有发生过一起员工急辞急离的事件。

3. 做好催告流程，锁定证据

如果出现员工急辞急离且拒不配合办理工作交接的情况，可以先下达《限期返岗通知书》，规避用人单位未开具离职证明的风险。

过了《限期返岗通知书》上规定的时间，员工依然不来公司报到并配合办理工作交接，即可以严重违纪为由下达《解除/终止劳动合同通知书》（前提是规章制度中有关于旷工几天属于严重违纪的条款）。

很多HR会将员工的急辞急离按员工自动离职处理，但笔者的建议是先进行催告，再认定为旷工或严重违纪，然后解雇或辞退。很显然，对于劳动者来说，被辞退或被开除，比自己自动离职情节要严重很多，这样也可以在一定程度上对那些意欲急辞的员工起到一些震慑的作用。

需要提醒的是，如果是以EMS的形式发送相关通知书，一定要在"内件品名"处写明快件内装的文件名称，如"《解除/终止劳动合同通知书》"。同时，在发送之前，将通知书和EMS面单拍照留存，具体原因不再赘述。

4. 设置适当的薪酬模式

设置低基本工资、高变动（考核）薪酬的绩效考核和薪酬模式，并在绩效考核制度中对员工的行为进行约束，规定员工若擅自离职，将扣除绩效考核分，只向员工发放基本工资。（如果员工当月满勤，也要保证所发的实际金额不低于当地最低工资标准。）

5. 根据损失情况决定是否追索

如果员工的急辞的确给企业造成了比较大的经济损失，或是双方订立过《培训服务期协议》，那么企业可以直接起诉员工，以挽回自己的经济损失。

5.21 员工违反规章制度能扣钱吗?

在实践中,绝大多数用人单位的考勤制度中都约定了罚款的条款,比如,迟到10分钟以内罚款10元(或是乐捐10元红包),迟到半小时以内罚款20元,迟到1小时以上按旷工一天论处,旷工一天扣罚三天工资……

员工违反了企业的规章制度,企业可以扣钱吗?

典型案例

郑某于2014年3月入职大连一家科技公司,担任研发部经理,签订了为期3年的劳动合同,约定工资为10 000元/月。2015年5月,公司选派郑某到深圳去进修培训3个月,双方签订了《培训服务期协议》。协议约定,培训结束后,郑某须再为公司服务5年,否则将承担相当于专项培训费用的违约金,双方的劳动合同也顺延至服务期满。

2015年8月,郑某培训结束返回公司,经公司财务部核算,公司支付的培训总费用为79 800元。郑某就培训费用清单进行了签字确认。

2017年2月,郑某因为种种原因,出现了多次迟到的现象。根据公司的规章制度,2017年3月初,公司财务部在核算2月份的工资时,扣除了郑某工资1020元。

郑某找到公司人力资源部,表示自己虽然迟到了多次,但基本是迟到5分钟、10分钟,完全没有影响到工作进度,还有好几次是因为前一天晚上加班到很晚才导致第二天睡过头迟到的,要求公司退回被扣罚的工资。公司HRD表示,这个扣罚是根据公司的考勤管理制度来的,而且这个考勤管理制度郑某也签字认可了,所以扣罚工资是合乎制度规定的。

郑某不服,向大连市金州区劳动争议仲裁委员会提出仲裁申请,要求公司补发扣罚的工资1020元,解除与公司的劳动合同关系,支付经济补偿34 000元,并支付加班工资28 520元。

该公司在仲裁庭上的答辩意见是,公司的规章制度对迟到处罚有明确的规定(公司的考勤管理制度上对迟到的扣罚规定是,"迟到10分钟以内罚款10元,迟到

30分钟以内罚款30元，迟到半小时以上1小时以内按旷工半天论处；部门经理及以上翻倍扣罚；当月迟到2次以上，从第3次开始翻倍扣罚），郑某也签字认可了。因此扣罚没有问题，现因郑某提出解除劳动合同，公司要求郑某承担提前解除《培训服务期协议》的违约金55 860元。

金州区劳动争议仲裁委经过审理，最终裁定，该公司立即补发郑某被扣罚的工资1020元，向郑某支付经济补偿31 240元及加班工资25 853元，双方的劳动合同和培训服务期协议解除，而郑某无须承担培训服务期的违约金。

案例解读

本案也是一个比较典型的用人单位"人财两空"的案例。

企业对员工的罚款权来源于计划经济年代的《企业职工奖惩条例》，但该条例已于2008年被废止。现行的《劳动法》和《劳动合同法》对员工违反用人单位规章制度时用人单位是否可以进行经济处罚都没有做出明确的规定，只是规定"不得克扣或无故拖欠劳动者的工资"。但这里的"克扣"到底如何理解和定性，在司法实践中存在一定的分歧。

不过，严格意义上来说，罚款是《中华人民共和国行政处罚法》（以下简称《行政处罚法》）赋予国家执法机关的权力。比如，交警可以对违章停车罚款，市场监督管理局可以对违规经营罚款，等等，一般的用人单位是不具有罚款权的。

在众多的司法判例中，用人单位依据规章制度中的罚款条款实施罚款，败诉的比例是非常高的。有些省份已经明令禁止用人单位的规章制度中设置罚款条款。例如，2013年5月1日起开始施行的《广东省劳动保障监察条例》第五十一条明确规定，**用人单位的规章制度规定了罚款内容，**……，由人力资源社会保障行政部门**责令改正，给予警告**，并且用人单位对劳动者进行罚款的行为逾期未改正的，劳动行政部门有权处以每人2000至5000元的处罚。

在本案中，该公司的规章制度中规定，"迟到10分钟以内罚款10元，迟到30分钟以内罚款30元"，已经属于违法条款；而"迟到1小时以内按旷工半天论处"的违法情节更加严重，也极不合理。虽然该公司的规章制度的制定流程没有问题，也经过了郑某的签字认可，但因为制度的条款本身违法，所以依照这个制度来对郑某进行扣罚就是违法的。

另外，因为用人单位的违法行为（克扣工资）而导致郑某被迫解除劳动合同，郑某也就无须承担提前解除《培训服务期协议》的违约金。

关联法条

《劳动法》（2018年修订）

第三十二条 有下列情形之一的，劳动者可以随时通知用人单位解除劳动合同：

……

（三）用人单位未按照劳动合同约定支付劳动报酬或者提供劳动条件的。

第五十条 工资应当以货币形式按月支付给劳动者本人。不得克扣或者无故拖欠劳动者的工资。

第九十一条 用人单位有下列侵害劳动者合法权益情形之一的，由劳动行政部门责令支付劳动者的工资报酬、经济补偿，并可以责令支付赔偿金：

（一）克扣或者无故拖欠劳动者工资的；

……

防范要点

如前所述，罚款是《行政处罚法》赋予国家执法机关的专属权力，一般的企业不具备罚款权，否则就涉嫌违法。

因此，用人单位在规章制度及日常管理中，要**绝对避免"罚款"这个词汇**。

再从另一个角度来分析这个问题。用人单位为什么要在规章制度中设置罚款条款呢？相信很少有用人单位是想通过对员工罚款来增加收入的。用人单位在规章制度中设置罚款条款，根本目的是要对那些用人单位不希望看到的行为或是违规行为起到惩戒的作用，通过经济杠杆来引导劳动者避免这些行为。

但是，是不是一定要通过罚款才能达到这个效果呢？

显然不是！用人单位完全可以用扣分来实现惩戒的效果，将原来罚款扣钱的条款全部改成扣分。比如，迟到10分钟以内扣2分，迟到10分钟以上30分钟以内扣5分，旷工1天除了正常扣除工资外（旷工扣工资是合法的）再扣20分，等等。然后将总的扣分和判定一般违纪或严重违纪挂钩，达到严重违纪的程度，就能启动解雇权。

另外,相关法律、法规禁止用人单位扣员工工资,但从未禁止用人单位扣奖金、绩效。这里所说的工资,也就是我们通常所说的基本工资,只要用人单位确保劳动者的实得工资不低于当地的最低工资标准,用人单位完全有权根据自己的绩效考核方案来决定奖金或绩效或激励部分的薪酬如何发放。(当然,前提是这个绩效考核方案是劳动合同的一部分,得到了劳动者的认可。)

所以,用人单位也可以将扣分和绩效薪酬挂钩,比如,扣分达到50分的,绩效得分打9折;扣分达到100分的,绩效得分打8折。

这样操作既避免了克扣工资的法律风险,又维护了规章制度的严肃性,还能起到足够的惩戒效果。

5.22 慎用末位淘汰制

末位淘汰制是绩效考核的一种制度,是指用人单位根据自身的总体目标和具体目标,结合各个岗位的实际情况,设定一定的考核指标体系(通常为KPI),然后以此指标体系为标准对员工进行考核打分,根据考核的结果对得分靠后的员工进行淘汰(辞退)的一种绩效管理制度。

毫无疑问,末位淘汰制有它积极的一面,在一定程度上可以提高员工的工作积极性,形成一定的竞争机制。

华为实施末位淘汰制已有多年,据称每年考评排名靠后的5%将会面临转岗、降职降薪直至被解雇。2018年8月31日,网传某知名电信企业又有一位已经工作了8年的老员工因为经受不住最近一次"考评不好"的打击而跳楼自杀。这一跳楼事件再次将末位淘汰制推上了风口浪尖。

末位淘汰制的法律风险到底何在?

典型案例

2014年3月10日,彭某进入重庆某实业有限公司(以下简称某公司)工作,任招商专员,某公司为彭某办理了社会保险。双方签订了书面劳动合同,约定合同期限至2016年5月14日止，彭某月工资3500元，提成按公司制定的提成方案执行。

2016年2月17日，某公司以"按2015年度招商人员激励制度实行末位淘汰制，该员工排名综合考评排名末位，认定不能胜任工作，予以淘汰"为由，解除了与彭某的劳动关系，双方办理了工作交接。之后彭某未再到某公司工作，某公司向彭某支付了补偿款7000元。值得一提的是，双方劳动关系解除前12个月，彭某月平均工资为9924元。

随后，彭某以老东家因末位淘汰与其解除合同违法为由，向重庆某区劳动争议仲裁委员会提出仲裁申请，要求老东家支付其违法解除劳动合同赔偿金50 009.48元。仲裁委员会查明了合同签订及解除合同的细节之后，认为因末位淘汰解除合同属于违法。

2016年7月14日，仲裁委员会裁定被告重庆某实业有限公司向原告彭某支付违法解除劳动合同的赔偿金32 696元。

案例解读

末位淘汰制是一种绩效考核制度，也是一种竞争排名机制，存在一定的积极意义。这种机制本身并没有什么问题，广义来讲，高考制度也是一种末位淘汰制：考分靠前的考生能够升到好的大学，考分靠后的考生就会被淘汰，无法上大学。我们能质疑这种机制是错误的吗？

末位淘汰制引发诉讼风险，是因为滥用了这种机制，将排名和解除劳动合同直接挂钩，淘汰排名靠后的员工，而且是以不能胜任工作为由。

末位淘汰制的"淘汰"标准和依据是员工的排名，但排名高低和能否胜任工作并不能画等号。简单来说，不能胜任工作的员工排名一定靠后，但排名靠后的员工不一定不能胜任工作。

排名是用员工和员工来比，而能否胜任则是单个员工和自己比（用实际结果和目标比）。也就是说，只要员工最后的结果是达到或超过设定目标的，就属于能胜任，而不管别人的结果是比他高还是比他低。

解除劳动合同必须符合法定的条件，遵循法定的程序，如果认定排名靠后就属于不胜任，并依此单方解除劳动合同，一定构成违法解除，将承担相应的赔偿金。最高人民法院在2016年11月30日公布的《第八次全国法院民事商事审判工作会议

（民事部分）纪要》中明确指出，用人单位在劳动合同期限内通过"末位淘汰"或"竞争上岗"等形式单方解除劳动合同，劳动者可以用人单位违法解除劳动合同为由，请求用人单位继续履行劳动合同或支付赔偿金。

在本案中，该公司将综合考评排名末位等同于不能胜任工作，并据此解除劳动合同，明显违反了《劳动合同法》的相关规定。更何况，即便是被认定为不能胜任工作，也不能立即解除劳动合同，必须先经过培训或调整工作岗位，再次被认定为不能胜任工作，才可以解除劳动合同。

关联法条

1.《劳动合同法》（2012年修订）

第四十条 【无过失性辞退】有下列情形之一的，用人单位提前三十日以书面形式通知劳动者本人或者额外支付劳动者一个月工资后，可以解除劳动合同：

……

（二）劳动者不能胜任工作，经过培训或者调整工作岗位，仍不能胜任工作的；

……

2.《第八次全国法院民事商事审判工作会议（民事部分）纪要》（最高人民法院，2016年11月30日）

六、关于劳动争议纠纷案件的审理

……

（四）关于劳动合同解除问题

29. 用人单位在劳动合同期限内通过"末位淘汰"或"竞争上岗"等形式单方解除劳动合同，劳动者可以用人单位违法解除劳动合同为由，请求用人单位继续履行劳动合同或者支付赔偿金。

防范要点

是不是完全不能使用这种PK排名的机制了呢？当然不是。只要不是依照排名的结果来解除劳动合同，基本就没有很大的法律风险。末位淘汰制积极的一面是能够形成一定的良好的竞争和PK机制，这难道不是企业所需要的吗？！

在实际操作中，用人单位可以将排名和奖金、福利、升职等挂钩，不跟解除劳动合同挂钩，基本就能避免相关的法律风险。

5.23 旷工就能开除吗？考勤能否作为旷工依据？

在如今的职场上，旷工无疑是最为严重的违纪行为之一。因此，几乎所有企业的考勤管理制度都对旷工制定了比较严厉的惩罚措施，比如，"旷工一天扣三天工资""旷工三天直接开除""不服从公司的加班安排视为旷工"，等等。这些规定合理吗，合法吗，旷工的依据又到底是什么呢？

典型案例

高某2018年3月进入合肥一家电商公司担任美工，双方未签订书面劳动合同。11月6日，高某的女朋友身体不舒服，高某便打电话给部门主管请假一天，称需要陪女朋友到医院去看病。部门主管称因临近双十一，工作任务特别重，没有批准高某的请假，并要求高某立刻赶到公司上班。高某没有理会主管的要求，依然带女朋友去了医院，当天未去公司。

11月7日，高某正常上班，在晨会上，老板称高某未履行请假手续便擅自休假，以旷工论处。另查明，高某10月份的考勤记录显示，共有3天没有考勤记录，视为旷工。为严肃纪律，公司决定解除与高某的劳动合同。高某当天办理了工作交接，离开了公司。

11月8日，高某向当地劳动争议仲裁委员会提出仲裁申请，要求公司支付违法解除劳动合同的赔偿金10 000元，未签订劳动合同的二倍工资差额35 000元，以及为自己补缴社会保险。

在仲裁庭上，公司出具了考勤管理制度，制度中有规定，员工旷工2天，视为严重违纪，公司有权解除劳动合同。综合高某的考勤记录，其在10月份共旷工3天。但高某称，10月份的那3天他只是忘记考勤了，并在庭上出示了未考勤的那几天他和同事及主管讨论工作的聊天记录。仲裁员调查了相关证人，认可了高某的解释。

最终，仲裁委员会支持了高某的仲裁申请。

案例解读

对于用人单位来说，本案是一个原本可以不输的案子。但因为规章制度的缺陷及操作流程的不合理，导致了最终的经济损失。

所谓"旷工"，是指"（职工）不请假而缺勤"。（见《现代汉语词典》第7版761页。）而在实际操作中，一般的理解是，除了受不可抗拒的因素影响而导致员工无法履行请假手续的情况外，员工不按用人单位的规章制度履行请假手续，又未按时出勤。简单来说，就是**无正当理由的缺勤行为**，一般包括以下情形：

（1）未履行请假手续或虽请假但未获批准而擅自休假的；

（2）假期届满，未续假或虽续假但未获批准而逾期不归的；

（3）不服从公司或主管合理的工作安排而未按时到达指定工作岗位工作的。

《劳动法》对旷工如何处罚并没有具体的标准，用人单位依法可以在规章制度中自行规定处罚的办法（前提是要保证合法、合理）。首先是旷工期间扣罚工资，然后还能给予一定的处分（如给予警告、记过，达到一定程度可以开除等），最后，如果因为旷工给用人单位造成了实际的经济损失，用人单位还可以要求赔偿。

旷工是最为严重的违纪行为之一，理应受到用人单位的严厉处罚。而对于用人单位而言，最严厉的处罚应该就是辞退（开除）。虽然相关的法律、法规并未规定旷工几天可以解除劳动合同，但规定了严重违反用人单位规章制度的，用人单位可以提出解除劳动合同，且无须支付任何经济补偿。

因此，原则上用人单位只要在规章制度中规定了员工旷工达到什么程度就能开除的条款。只要该规章制度已经过民主程序，并告知过员工，一般都是具有法律效力的。用人单位据此解除劳动合同，法院基本上都会支持。

除此之外，这个规章制度还必须符合"合理"的原则，如果规定旷工一天就开除，就会显得过于严苛，很容易被仲裁机构或法院判为无效。

目前通行的标准是以旷工3天作为可以解雇的尺度，笔者给大家的建议是，尽可能细化这个标准，规定得越细，执行产生的纠纷就越少。可以如此规定："**连续旷工3天或单月旷工累计达到4天或自然年度内累计旷工达到5天或劳动合同期限内累计旷工达到7天，即属于严重违纪，公司有权解除劳动合同。**"

在本案中，高某仅旷工一天就被公司开除，处罚就过重了。

既然说旷工是无正当理由的缺勤行为，那么，这个缺勤行为的表现形式是什么呢？或者说用人单位用什么来证明员工的缺勤行为呢？很多人会说，这个问题很简单啊，考勤记录表！

如果用人单位以员工连续旷工4日构成严重违纪为由解除劳动合同并扣发相应的工资，员工不认可用人单位提供的未经员工签字确认的考勤记录表（绝大多数公司的考勤记录表都没有让员工签字确认的程序），用人单位败诉的风险就会相当大。

根据2021年1月1日施行的《最高人民法院关于审理劳动争议案件适用法律问题的解释（一）》（法释〔2020〕26号），**因用人单位作出的开除、除名、辞退、解除劳动合同、减少劳动报酬等决定而发生劳动争议，应由用人单位负责举证**。这就是说，如果用人单位以员工旷工构成严重违纪为由，与其解除劳动合同，就应该对员工的旷工负有举证责任。而一般用人单位提交的考勤记录表都是用人单位行政人事部门单方面制作的，并没有劳动者签字确认。劳动者进行抗辩的话，法院一般难以依据没有经过员工确认的考勤记录表作为证明员工旷工的证据，而会要求用人单位提交更准确的证据，来证明员工的旷工事实。

在本案中，公司主张高某在10月份旷工的依据仅仅是考勤记录，但这个考勤记录并未经过高某签字认可，而且高某还提供了那几天实际出勤的相关证据，因而这份考勤记录的效力就很低了。

关联法条

1.《劳动合同法》（2012年修订）

第三十九条　【用人单位单方解除劳动合同（过失性辞退）】劳动者有下列情形之一的，用人单位可以解除劳动合同：

……

（二）严重违反用人单位的规章制度的；

……

2.《最高人民法院关于审理劳动争议案件适用法律问题的解释（一）》（法释〔2020〕26号）

第四十四条　因用人单位作出的开除、除名、辞退、解除劳动合同、减少劳动报酬、计算劳动者工作年限等决定而发生的劳动争议，用人单位负举证责任。

防范要点

很显然，旷工是比较严重的违纪行为，甚至还有可能给企业带来严重的经济损失。员工旷工,用人单位可以开除,但如何才能规避违法解雇的法律风险呢?建议如下。

(1)在制度上对旷工及相应的处罚做出明确的、合理的规定。

(2)对于旷工后又返回岗位的员工(非不辞而别的情况),在其返回岗位的第一天,对其下发《旷工处罚通知书》,要求员工在回执单上签字,让其对旷工的事实进行确认。

(3)每月月底让员工对考勤记录表进行签字确认,这个考勤记录表同时还是计发薪资的依据之一。

(4)若员工不辞而别,在其旷工的第二天,向其在《面试/入职登记表》上写明的可收信地址,用EMS寄送一份《限期返岗通知书》,催告其在收到通知后第一时间与公司取得联系,并在次日返回公司正常上班(一般快递隔天就到,如果员工收到快递后次日继续旷工,连续旷工的天数就会超过3天,已构成严重违纪),同时告知其逾期不返岗的后果。

(5)《限期返岗通知书》发出后超过规定期限员工未与公司取得联系,且仍未返岗的,公司再用EMS寄送一份《解除劳动合同通知书》,这样既尽到了用人单位的管理义务,也履行了解除劳动合同的相关程序,同时也避免了违法解雇的法律风险。

5.24 严重失职、营私舞弊、重大损害的界定技巧

相对于出现得较为频繁的"严重违反用人单位规章制度",在劳动争议相关案件中,用人单位援引"严重失职,营私舞弊,给用人单位造成重大损害的"条款来解雇劳动者的情况并不多见。

但在这并不多的案件中,用人单位最终成为"冤大头"(劳动者的确营私舞弊了,也给公司造成了经济损失,但据此解除劳动合同却最终被认定为违法解除,反而还要承担违法解除的赔偿责任)的情况却非常多。

【典型案例】

冯某是某公司的一名业务主管。一次冯某请几个客户吃饭,消费了450元,在开发票的时候,冯某因为和饭店老板比较熟,就让老板将发票金额开成了550元,

然后冯某拿着发票回到公司进行报销。

此后不久，公司领导无意中得知了此事。经过询问，冯某也承认了虚报的事实，并将虚报的100元退还给了公司。

公司领导认为此事属职业道德问题，应该零容忍，随后以因营私舞弊，给用人单位造成重大损害为由解雇了冯某。

冯某不服，认为虽然自己虚报有错在先，但已经退还了金额，公司也没有什么实际的经济损失，遂向当地劳动仲裁委员会提出仲裁申请，以公司违法解除劳动合同为由，要求公司支付相当于双倍经济补偿的赔偿金。

劳动仲裁委员会审理后，支持了冯某的仲裁申请，裁定公司向冯某支付赔偿金34 000元。

案例解读

《劳动合同法》第三十九条第三款规定，劳动者"严重失职，营私舞弊，给用人单位造成重大损害的"，用人单位可以解除劳动合同。如何理解这个法条呢？

这个法条包括了三部分内容："严重失职""营私舞弊""给用人单位造成重大损害"。这三项既有选择，也有共存。很显然，前两项是选择关系，二选一，而前两项分别与第三项构成共存关系。

简单来说，这个法条可以理解成两种情况：严重失职，且给用人单位造成重大损害的，用人单位有权无条件解雇劳动者；营私舞弊，且给用人单位造成损害的，用人单位有权无条件解雇劳动者。由此可见，"给用人单位造成重大损害"是决定能够解雇的核心。如果仅仅是工作失职，或者仅仅是营私舞弊，但并未给用人单位造成重大损害，用人单位就不能据此法条解除与劳动者的劳动合同。

在本案中，冯某虚增报销金额的行为属于营私舞弊，应该是毋庸置疑的，性质比较恶劣，相信绝大多数企业的管理者都会严肃处理。但100元的金额，显然还无法达到"重大损害"的程度，公司以此理由解除劳动合同，必然会构成违法解除劳动合同。

那么，如何认定严重失职、营私舞弊及构成重大损害呢？

1. 严重失职的认定

首先，"失职"是行为，而"严重"是程度。

失职是指员工对本职工作不认真负责，未尽到注意和管理义务，未按照规定履行自己职责的行为。在这里，"职"非常重要，员工有什么样的职责，才去承担什么样的责任。所以，职责一定要非常明确、具体。如果存在员工职责不明的情况，即便是造成了比较严重的损失或后果，用人单位在认定员工严重失职时，也将面临着比较大的法律风险。

至于"严重失职"中的"严重"，则很难单独判定。一般是按造成损害的程度来确定的，造成了严重的损害，这个失职就是严重失职；没有造成严重的损害，自然就谈不上严重失职了。

2. 营私舞弊的认定

所谓营私舞弊，是指因图谋私利而玩弄欺骗手段，做犯法的事。在劳动法领域，一般是指员工借助企业的生产经营平台假公济私的行为。

失职一般是员工因为疏忽大意而造成的，主观上是非故意的；而营私舞弊，员工的心态上是故意的。所以，营私舞弊是故意违纪违规，甚至是违法犯罪，往往涉及员工的道德品质问题，是一种极其恶劣的行为，也是极大多数用人单位绝对不能容忍的行为。但是按照这个条款，即便是存在营私舞弊的行为，也必须要造成重大损害才能解除劳动合同，更何况"重大损害"还存在一定的争议，这无疑增加了用人单位的举证难度和败诉风险。

所以这个条款的实操性并不强。

3. 重大损害的认定

如前所述，即便存在严重失职或营私舞弊行为，但尚未对用人单位造成重大损害的，用人单位也不能援引《劳动合同法》第三十九条第三款来解除劳动合同。

所以，是否"**给用人单位造成重大损害**"就成为关键。但具体多大的损害属于重大损害呢？相关的法律并未明确规定统一的标准，司法实践中也无统一标准可供参考。它和当地的经济发达程度有关，和企业的规模和行业有关，也和员工的职位和收入有关。《关于〈劳动法〉若干条文的说明》（劳办发〔1994〕289号）第二十五条第三款规定，"重大损害"由企业内部规章来规定。

关联法条

1.《劳动合同法》（2012年修订）

第三十九条　劳动者有下列情形之一的，用人单位可以解除劳动合同：

……

（三）严重失职，营私舞弊，给用人单位造成重大损害的；

……

2.《劳动部关于〈中华人民共和国劳动法〉若干条文的说明》（劳办发〔1994〕289号）

第二十五条　劳动者有下列情形之一的，用人单位可以解除劳动合同：

……

（三）严重失职，营私舞弊，对用人单位利益造成重大损害的；

……

本条中的"重大损害"由企业内部规章来规定……若由此发生劳动争议，可以通过劳动争议仲裁委员会对其规章规定的重大损害进行认定。

3.《工资支付暂行规定》（1994年颁布）

第十六条　因劳动者本人原因给用人单位造成经济损失的，用人单位可按照劳动合同的约定要求其赔偿经济损失。经济损失的赔偿，可从劳动者本人的工资中扣除。但每月扣除的部分不得超过劳动者当月工资的20%。若扣除后的剩余工资部分低于当地月最低工资标准，则按最低工资标准支付。

防范要点

要想规避据此解除劳动合同的风险，可从以下几个方面入手。

1. 员工的职责一定要明确

这一点非常容易理解，只有职责明确了，才存在"失职"。因此，可以通过《岗位说明书》的形式，对员工的工作职责进行明确的约定，并让员工签字确认。

说到《岗位说明书》，笔者特别强调，无论是什么岗位，其《岗位说明书》中的"工作职责"的最后一条都是"**完成上级领导临时下达的各项工作任务**"。

为什么要如此表述？这是因为任何《岗位说明书》都不可能穷尽该岗位应该承担的全部职责，如果没有这一条，主管安排员工去做一项看起来应该是该岗位的职责范围之内的但工作职责上没有表述的工作，或者是一件临时性的"分外"的工作，一旦员工工作失误，给企业造成了很大的损失，企业也很难以"严重失职，给用人单位造成重大损害"为由对员工做出处罚。因为员工很容易抗辩，称这项工作不属于他的职责范围。

2. 慎用"营私舞弊+造成重大损害"来行使解雇权

如前所述，虽然营私舞弊属主观故意，性质比较恶劣，但如果并未给企业造成实际损失，或是损失金额很低，那么据此来解除劳动合同，则存在极大的风险。

所以在"营私舞弊+零损害"到"营私舞弊+重大损害"之间，还存在较大的空白和模糊地带。

但如果企业内部的规章制度中有规定，**"以任何手段骗取公司财物的，不论金额大小，均构成严重违反规章制度"**。在实际操作中，企业就可以援引这个规章制度，依照《劳动合同法》第三十九条第二款"严重违反用人单位的规章制度的"来解雇该员工，企业胜诉的概率就会非常高。

另外，营私舞弊一般会涉嫌商业贿赂等刑事犯罪，用人单位一经发现，如果金额较大，就应该及时报案处理。

3. 明确"重大损害"的标准

用人单位可以把重大损害的具体标准，通过民主程序，直接写进规章制度里，一旦发生争议，就可以此作为判断损害是否重大的依据。

结合众多的相关判例，建议以当地月最低工资标准的3～4倍作为重大损害的标准。而且，这个标准定得越高，企业的风险就越小。因为一旦被劳动仲裁或法院认定标准定得过低，据此做出的解除劳动合同就会被判定为违法解除，用人单位就需要承担相应的赔偿责任。

其实，广大的老板和HR完全不用担心重大损害的标准定得过高会让员工钻空子和逃避惩罚。企业设置这个标准和严重失职、营私舞弊造成重大损害可直接解雇的目的是什么？无非是事前对员工形成一定的警示，事后对员工进行一定的惩处，以维护企业正常的生产经营秩序。根本目的肯定不是解雇员工，这只是一种手段。

对于营私舞弊，用人单位可以将其归为严重违纪，所以重大损害的标准高低对其没有任何影响。对于严重失职，无论重大损害的标准高低，用人单位都可以要求员工对造成的损害进行赔偿。（依据《工资支付暂行规定》第十六条。）

5.25 考勤记录不让员工签字确认的法律风险

从最原始、最传统的考勤签到簿到现在的人脸识别自动考勤，考勤的方法有很多种，但你公司的员工考勤记录会让员工签字确认吗？笔者曾经在一次近400人的培训课现场就这个问题提问，结果举手回答"会"的不超过10%。也就是说，绝大多数用人单位都没有意识到或没有重视这个细节，每个月月初，HR将考勤情况汇总，然后就据此来计算薪资，由此也带来了极大的法律风险。

典型案例

曹某于2010年3月16日入职A公司，2013年9月5日，公司通知曹某，称其从2013年6月至2013年9月期间，累计旷工7.5天，累计迟到25次，根据公司《考勤管理制度》，"无故旷工全月累计3日以上，半年累计超过5日，迟到或早退每月累计超过8次或3个月累计超过20次，公司有权予以辞退并不予赔偿"。公司决定从即日起解除与曹某的劳动合同。曹某认为公司解除其劳动合同的行为违法，遂申请劳动仲裁，要求公司支付违法解除劳动合同的赔偿金。

庭审中，公司提交了《考勤管理制度》及曹某的签收记录、曹某的指纹考勤记录，并主张，根据以上材料，证明曹某在2013年6月至9月期间，累计旷工7.5日，累计迟到25次。但曹某以该证据系被申请人单方制作且可以修改为由对指纹考勤记录的真实性不予确认。

仲裁委员会认为，A公司提交的指纹考勤记录为纸质文件，客观上存在可以修改的可能性，且A公司未能提交其他有效的证据来证明曹某的出勤情况，因曹某不认可该证据，故仲裁委员会对该证据不予采信。

最终，仲裁委员会裁定A公司解除劳动合同的证据不足，构成违法解除，须向曹某支付违法解除劳动合同的赔偿金。

案例解读

根据《中华人民共和国劳动争议仲裁调解法》（以下简称《劳动争议仲裁调解法》）第六条规定：发生劳动争议，当事人对自己提出的主张，有责任提供证据。与争议事项有关的证据属于用人单位掌握管理的，用人单位应当提供；用人单位不提供的，应当承担不利后果。司法实践中，一般会认为，员工的入职资料、工资发放资料、考勤资料、劳动关系管理等资料都属于用人单位掌握管理的。因此，有关员工入职时间、岗位情况、工资发放、工作时间、解除劳动合同的原因等事实的举证责任归用人单位。

在本案中，公司解除了与曹某的劳动合同，按照举证分配的原则，公司需就解除劳动合同的原因（曹某存在旷工和迟到的现象）承担举证的责任。虽然公司提交了指纹考勤记录，但该记录反映在证据中就是一张纸。很显然，这张纸上的内容是可以人为修改的。因此，如果曹某不确认该考勤记录的真实性，仲裁委员会一般是不太可能认可该证据的。

关联法条

《中华人民共和国劳动争议仲裁调解法》（2007年颁布）

第六条　发生劳动争议，当事人对自己提出的主张，有责任提供证据。与争议事项有关的证据属于用人单位掌握管理的，用人单位应当提供；用人单位不提供的，应当承担不利后果。

防范要点

随着科技的进步，现在的考勤工具和方法越来越先进。但即便是先进的指纹或是人脸识别考勤系统，也存在数据被人为修改的可能性。而要被司法机关采信，一方面需要具有司法鉴定资质的鉴定机构出具该记录未经人为修改的鉴定结论，这个难度是非常大的，而且成本极高；另一方面需要公证机关对电子考勤数据从考勤机里打印出来的现场打印情况进行现场公证，基本不具有可操作性。

实际上，要想避免此类纠纷和风险，方法也比较简单，那就是每月月初，将考勤情况制作成书面的月度考勤统计表，然后让员工签字确认。经过员工签字确认的考勤证据，在实践中，绝大多数司法机关是会采信的。

5.26 规章制度的相关法律风险

没有规矩不成方圆。对于一个企业来说，规章制度无疑是非常重要的。简单来说，**规章制度是解决能不能做的问题**。

对《劳动合同法》第四条的内容进行分析可知，用人单位有制定和完善劳动规章制度的权利和义务（"应当"二字的体现）；从企业有效管理的角度来分析，完善的劳动规章制度也更有利于构建和谐的劳动关系进而提升企业的管理水平。

《劳动合同法》第三十九条规定，劳动者严重违反用人单位规章制度时，用人单位可以解除劳动合同，并且无须支付经济补偿。

于是，众多老板和HR就把这条法条当成了辞退"刺头"员工的利器。一旦员工犯了错误，老板和HR就搬出规章制度，以"严重违反用人单位的规章制度"为由开出《解除劳动合同通知书》。但有统计数据表明，在所有的用人单位以"严重违反用人单位的规章制度"为由解除劳动合同的劳动纠纷中，用人单位最终败诉的比例高达80%。原因在于大家都只注意甚至是滥用了《劳动合同法》的第三十九条第二款，而忽略了《劳动合同法》第四条内容或说是没有领会第四条内容的具体含义。

典型案例

2011年3月，梁某与机械厂签订了为期5年的劳动合同，月工资为2500元底薪加奖金。2014年7月16日，梁某下了夜班后在宿舍休息了一会儿，10点，梁某购买了一些熟食和一小瓶二锅头，在车间一角自饮起来，被来车间巡视的厂长见到。

随后，厂里通知梁某，因其在工作场所饮酒，违反了厂里的纪律，按照规章制度，厂里决定扣发梁某3个月的奖金以示惩罚。梁某找到厂长说理，反倒激化矛盾，随后厂里对梁某做出了辞退的处理。梁某不服，将公司诉至劳动仲裁委员会，要求继续履行合同，并判决公司扣发奖金的决定无效。

梁某称，公司所说的"禁止在工作场所饮酒"的规定，自己从未见到也从未得知，因此不具有约束力。

庭审中，机械厂辩称，处罚梁某的依据是公司于2007年公布的规章制度，当时组织了全体员工集体学习过，还将该制度公布在了公司官网上。对此梁某表示，自己是2011年才到厂里工作，公司组织的针对规章制度的培训自己并没有参加，且自己是车间工人，年龄大不懂电脑，根本没有上公司内部网站浏览的机会。进公司后，从未有人向其出示或讲述过相关的规章制度，故认为机械厂的说法没有法律依据。

劳动仲裁委员会审理后认为，机械厂并没有足够证据证明其将相关的规章制度对梁某做过说明或告知，也无法证明梁某是在明知的情况下仍旧在车间内饮酒。因此，机械厂的规章制度对梁某没有约束力，不能将此作为处罚梁某的依据。

案例解读

在本案中，机械厂制定的规章制度没有问题，梁某在车间内饮酒，也的确是违反了工厂的规章制度，但为什么按照此制度来处罚梁某就败诉了呢？问题的关键在于梁某声称他从未见过工厂的相关规定，而工厂也无法提交梁某应当知道的证据。

那么，规章制度满足什么条件才能起到该起的法律作用呢？其实就四点：**主体合法、内容合法、程序合法、公示告知**。

1. 主体合法

能够以用人单位名义制定规章制度的，应该是用人单位有权对全体员工实施全面管理的机构。因此，企业的车间、班组、部门等组织虽然可以参与用人单位规章制度的制定，但无权以用人单位的名义发布，不具备规章制度制定的主体资格。这一点需要特别引起重视。

很多大型企业尤其是一些制造企业，往往一个车间的规模就很大，也经常会出现车间自己制定类似规章制度的工作规定，但切忌用这些车间的规定来对员工进行相应的处罚。

2. 内容合法

要规避企业规章制度方面的法律风险，首先必须确保规章制度的内容本身是合法的，这个道理很容易理解。那么如何理解规章制度的内容合法呢？

（1）必须符合国家法律、行政法规及地方的一些政策规定。

例如，国家相关法律、法规对于带薪年休假的规定是，累计工作满1年不满10年，可享受5天带薪年休假。这里规定的1年是指员工参加工作以来累计工作的年限，而不是在你的公司工作的年限。哪怕劳动者是今天才新入职的，只要他累计工作年限超过1年，理论上他今天就能申请带薪年休假（当然，具体操作上还有变通的方法，具体可参见本书关于年休假等相关章节的内容）。如果企业规定，必须在本公司累计工作满1年才能享受带薪年休假，这个制度就是违法的。

再如，相关法律、法规规定，用人单位不得随意克扣员工工资，但很多用人单位的考勤制度上都写明，旷工一天扣两天甚至是扣三天工资，这个制度也是违法的。

（2）应该公平合理，符合社会道德。

何为公平合理？其实公平合理缺乏可量化的标准，简单来说，大多数正常人都能够认可的基本就是公平合理的。

举个例子，员工迟到肯定是不对的，应该接受处罚，这一点相信绝大多数人都能够接受。所以，如果制度中规定迟到要接受处罚（当然不能直接罚款，因为罚款是违法的）就是公平合理的，当然也是合法的。

但问题在于如何处罚呢？员工迟到5分钟，如何处罚才算合理的？是罚他打扫办公室卫生一次？给予警告一次？还是给予记过一次？抑或是记严重违纪一次？

很显然，如果是罚他打扫办公室卫生一次，甚至是警告一次，大多数人都能够接受，自然也是合理的；但如果仅仅是迟到5分钟，就记过一次甚至是算严重违纪，显然处罚有点太重了，也有失公平合理。如果是这样规定，那么这个规章制度就很容易被判定为违法。

3. 程序合法

根据《劳动合同法》第四条的规定，用人单位在制定、修改或决定有关劳动报酬、工作时间、休息休假、劳动安全卫生、保险福利、职工培训、劳动纪律及劳动定额管理等直接涉及劳动者切身利益的规章制度或重大事项时，应当经职工代表大会或全体职工讨论，提出方案和意见，与工会或职工代表平等协商确定。

也就是说，规章制度的制定必须要经过民主程序表决。当然，这种民主是相对的，并不是说所有的员工都同意，规章制度才能通过，只要职工代表大会或大多数员工通过即可。

当然，只有在制定、修改或决定与劳动者切身利益相关的规章制度或重大事项时，才需要履行这个民主程序。如果不涉及劳动者的切身利益，则无须履行此程序。例如，用人单位关于财务报销的相关流程制度，并不涉及劳动者个人的切身利益，就无须履行民主程序表决，直接公布即可。

4. 公示告知

用人单位制定的规章制度必须向员工公示后才能生效。简单来说，就是要让全体员工知道有这个规章制度。当然，公示的方法有很多种，如张贴告示、发放劳动手册等。很多企业都没有重视此流程，其风险在于一旦用人单位与劳动者产生纠纷，用人单位需要承担举证责任的时候就会非常被动。

关联法条

1.《劳动合同法》（2012年修订）

第四条　用人单位应当依法建立和完善劳动规章制度，保障劳动者享有劳动权利、履行劳动义务。

用人单位在制定、修改或者决定有关劳动报酬、工作时间、休息休假、劳动安全卫生、保险福利、职工培训、劳动纪律以及劳动定额管理等直接涉及劳动者切身利益的规章制度或者重大事项时，应当经职工代表大会或者全体职工讨论，提出方案和意见，与工会或者职工代表平等协商确定。

在规章制度和重大事项决定实施过程中，工会或者职工认为不适当的，有权向用人单位提出，通过协商予以修改完善。

用人单位应当将直接涉及劳动者切身利益的规章制度和重大事项决定公示，或者告知劳动者。

2.《最高人民法院关于审理劳动争议案件适用法律问题的解释（一）》（法释〔2020〕26号）

第五十条　用人单位根据劳动合同法第四条规定，通过民主程序制定的规章制度，不违反国家法律、行政法规及政策规定，并已向劳动者公示的，可以作为确定双方权利义务的依据。

防范要点

一般来说，主体合法和内容合法不会出太大的问题。用人单位规章制度方面的法律风险主要是出在制定程序和公示告知这两个环节。

市面上《劳动法》《劳动合同法》及人力资源管理方面的很多书籍都针对用人单位规章制度的制定流程做了非常详尽的阐述，在笔者看来，都过于复杂。

根据笔者多年的经验，对于广大的中小企业来说，员工人数一般不会太多，也很少会成立工会。只要按照以下4个要求来操作，基本就能杜绝相关的法律风险。

1. 会议表决

组织全体员工召开简短的会议，针对这些规章制度举手做表决，过半数同意即可（这是形式上的，一般而言，很少会有员工公开反对）。制定《规章制度民主协商讨论会议纪要》和《规章制度讨论定稿会议纪要》，并让全体员工签名，现场拍几张照片留存。

需要强调的是，只要员工变动不超过50%，后续新进员工，原则上就无须再走全体员工大会的这个流程。

2. 避免多页装订

将企业所有的规章制度整理好并打印出来，尽量避免多页纸张的装订。将字体调小，内容较少的可以用A4纸正反两面打印，内容较多的可以用A3纸对折并正反两面打印（相当于两张A4正反面打印）。同时，每份制度上要留出一定的空白区域供员工签字，空白区域注明"**本制度已经全体职工大会讨论并通过**"。

3. 员工签收

让全体员工（包括后续入职的新员工）在所有的规章制度空白区域签名并写明日期。具体操作上，可以采取召集全体员工，现场逐一签名的方式。一般而言，很少会有员工现场拒绝签名。而且，现场签名也能有效避免代签名和虚假签名的情况。

4. 特别条款

在劳动合同上增加特别条款，载明："**甲方的各项规章制度（以下简称'规章制度'，包括但不限于《员工手册》《岗位说明书》《绩效协议》《休假管理制度》《考勤管理制度》《员工行为规范》等）均已经过员工大会讨论通过，并进行过公示，规章制度作为本合同的附件，和本合同具有同等法律效力；规章制度如和本合同有冲突的，以规章制度为准。乙方在签订本劳动合同时，已详细阅看，对此合同内容已全面理解，已知晓甲方的各项规章制度，并承诺严格遵守该等规章制度。**"

第 6 章
员工保险福利法律风险防范

2018年7月,中共中央办公厅、国务院办公厅印发了《国税地税征管体制改革方案》,明确了自2019年1月1日起基本养老保险费、基本医疗保险费、失业保险费、工伤保险费、生育保险费等各项社会保险费交由税务部门统一征收。

国地税合并,社保划归税务,这个变化是巨大的。国家重拳整治社保征管,用人单位务必足够地重视,规避因保险福利而引发的法律风险。

扫码观看本章
视频教学知识点

6.1 何为"五险一金"和"三险一金"?

"五险一金"是指用人单位给予劳动者的几种保障性待遇的合称,包括基本养老保险、基本医疗保险、失业保险、工伤保险和生育保险,以及住房公积金。

其中,劳动者只需要缴纳基本养老保险、基本医疗保险、失业保险和住房公积金,工伤保险和生育保险全部由用人单位缴纳。所以,对于用人单位来说叫作"五险一金",而对于劳动者来说就是"三险一金"。

2016年3月23日,"十三五"规划纲要指出,将生育保险和基本医疗保险合并实施,这意味着,"五险一金"在未来将变成"四险一金"。2017年6月底前,部分试点地区已经将生育保险和基本医疗保险合并,产检费用和普通医疗费用一同报销,试点期限为一年左右。第一批试点地区包括河北邯郸、山西晋中、辽宁沈阳、河南郑州、湖南岳阳等12个城市。

在现实生活中,大多数用人单位都知道社保(也就是五险)必须要缴纳,但对于住房公积金,普遍的重视程度不够。实际上,为职工缴纳住房公积金也是法定的义务,《住房公积金管理条例》第二十条规定:"单位应当按时、足额缴存住房公积金,不得逾期缴存或少缴。"只是目前住房公积金的征缴力度还相对较弱,所以还存在大量企业不缴纳住房公积金的现象。

6.2 试用期内是否需要缴纳社会保险?

虽然《劳动合同法》上明确规定企业自和员工建立劳动关系之日起就要为员工缴纳社保,但在现实中,不少中小企业因为节约成本等原因,在试用期内不给员工缴社保,而劳动者由于缺乏法律知识,误认为试用期用人单位可以不为自己缴纳社会保险费,从而导致自己的合法权益受到损害。

典型案例

2013年4月11日,徐某与世纪文化中心签订了为期3年的劳动合同,试用期为3个月，担任副总经理职务，月工资为10 000元。世纪文化中心未为徐某缴纳社会保险。2013年8月6日，徐某委托律师以EMS邮寄的方式向世纪文化中心寄送《律师函》，以世纪文化中心拖欠工资、未缴纳社保为由自2013年7月10日起提出解除劳动关系。

2013年8月8日，徐某向北京市西城区劳动争议仲裁委员会申请劳动仲裁，请求裁决世纪文化中心向徐某支付未缴纳社保经济赔偿金6000元，支付徐某被迫解除劳动合同经济补偿5000元，支付拖欠的工资20 000元。

西城区劳动仲裁委员会支持了徐某的大部分申请，世纪文化中心不服裁决，上诉至北京市西城区人民法院。法院经过审理，最后判决世纪文化中心支付徐某拖欠的工资20 000元，支付徐某解除劳动合同经济补偿5000元。

案例解读

本案是一起非常典型的因为试用期内未缴纳社保而导致劳动者解除劳动合同进而主张经济补偿的案子。

从本案及相关法律、法规可以看出，试用期内用人单位如果不给员工缴纳社会保险，可能会承担以下的风险。

（1）劳动者可以据此解除劳动合同，并主张经济补偿。

（2）劳动者如果在试用期内发生工伤、疾病或意外伤亡，公司将承担因此而产生的高额的赔偿费用。

（3）社保机构会对用人单位进行行政处罚、直接划扣款项，甚至申请法院扣押、查封、拍卖用人单位的财产。

当然，如果是过了试用期仍然不给员工缴纳社保，用人单位依然存在以上风险。

关联法条

1.《劳动合同法》（2012年修订）

第十七条 【劳动合同的内容】劳动合同应当具备以下条款：

……

（七）社会保险；

……

第三十八条 【劳动者单方解除劳动合同】用人单位有下列情形之一的，员工可以解除劳动合同：

……

（三）未依法为员工缴纳社会保险费的；

……

第四十六条 【经济补偿】有下列情形之一的，用人单位应当向劳动者支付经济补偿：

（一）劳动者依照本法第三十八条规定解除劳动合同的；

……

2.《最高人民法院关于审理劳动争议案件适用法律问题的解释（一）》（法释〔2020〕26号）

第一条 劳动者与用人单位之间发生的下列纠纷，属于劳动争议，当事人不服劳动争议仲裁机构作出的裁决，依法提起诉讼的，人民法院应予受理：

……

（五）劳动者以用人单位未为其办理社会保险手续，且社会保险经办机构不能补办导致其无法享受社会保险待遇为由，要求用人单位赔偿损失发生的纠纷；

……

3.《社会保险法》（2018年修订）

第六十三条 用人单位未按时足额缴纳社会保险费的，由社会保险费征收机构责令其限期缴纳或补足。

用人单位逾期仍未缴纳或者补足社会保险费的，社会保险费征收机构可以向银行和其他金融机构查询其存款账户；并可以申请县级以上有关行政部门作出划拨社会保险费的决定，书面通知其开户银行或者其他金融机构划拨社会保险费。用人单位账户余额少于应当缴纳的社会保险费的，社会保险费征收机构可以要求该用人单位提供担保，签订延期缴费协议。

用人单位未足额缴纳社会保险费且未提供担保的，社会保险费征收机构可以申请人民法院扣押、查封、拍卖其价值相当于应当缴纳社会保险费的财产，以拍卖所得抵缴社会保险费。

第八十四条 用人单位不办理社会保险登记的，由社会保险行政部门责令限期改正；逾期不改正的，对用人单位处应缴社会保险费数额一倍以上三倍以下的罚款，对其直接负责的主管人员和其他直接责任人员处五百元以上三千元以下的罚款。

第八十六条　用人单位未按时足额缴纳社会保险费的，由社会保险费征收机构责令限期缴纳或者补足，并自欠缴之日起，按日加收万分之五的滞纳金；逾期仍不缴纳的，由有关行政部门处欠缴数额一倍以上三倍以下的罚款。

4.《工伤保险条例》(2010年修订)

第六十二条　用人单位依照本条例规定应当参加工伤保险而未参加的，由社会保险行政部门责令限期参加，补缴应当缴纳的工伤保险费，并自欠缴之日起，按日加收万分之五的滞纳金；逾期仍不缴纳的，处欠缴数额1倍以上3倍以下的罚款。

依照本条例规定应当参加工伤保险而未参加工伤保险的用人单位职工发生工伤的，由该用人单位按照本条例规定的工伤保险待遇项目和标准支付费用。

防范要点

对于用人单位来说，为劳动者按时、足额缴纳社保，是其法定的义务，否则将面临极大的赔偿和处罚风险。

因此，新员工入职后，除了应该在第一时间订立书面劳动合同之外，用人单位还必须尽快为其办理社会保险缴费手续并缴纳相关保险费用。

6.3　刚入职还没缴社保就受伤该如何处理？

在现实生活中，即便是用人单位非常规范地在新员工入职第一个月就为其缴纳社保，但也无法做到立即生效。如在上海，每月5—25日才能办理社保转入手续，然后下个月扣费，有的省份甚至是隔月才能办理。由此，就会产生一段没有保障的期间，通常我们称之为"社保空白期"。

那么，如果是在这段时间里员工发生工伤，公司需要负责任吗？如果需要负责任，那么如何规避此类风险呢？

典型案例

王某入职了一家广告公司，从事户外安装工作。上班第3天，在户外施工中王某一脚踏空，从脚手架上掉了下来，导致骨盆、腰椎等多处骨折。王某在医院住院治疗了近3个月时间，公司承担了所有的医药费。

经过鉴定，王某构成八级伤残，遂向公司申请工伤赔偿，公司不同意。

王某与公司解除劳动关系，并向劳动争议仲裁委员会提出仲裁申请。王某称，因公司未给他缴纳社会保险，导致其不能享受工伤待遇。因此公司需要向其一次性支付伤残补助金54 372元、一次性工伤医疗补助金87 940元、一次性伤残就业补助金42 721元，以及停工治疗期间的工资39 878元。

公司则辩称，自己也很倒霉，法律要求在劳动者入职30日内签订劳动合同、缴纳社保，公司并未违法。而且，王某作为成年人，对自己的受伤也要负一定的责任。因此，公司不应该承担全部赔偿责任。

劳动仲裁委员会最后裁决，公司应向王某支付一次性伤残补助金、一次性工伤医疗补助金、一次性伤残就业补助金、停工治疗期间的工资等共计22.3万余元。

案例解读

这是一起发生在笔者身边的真实的案例，案件中的广告公司的老板是笔者的一个朋友。

如何来形容这起工伤事故呢？只能说无巧不成书，一个"倒霉鬼"遇到了另一个"倒霉鬼"。

首先，劳动者相对于用人单位来说处于弱势地位。所以，现行的《劳动法》《劳动合同法》等法律、法规都倾向于对劳动者的保护；其次，工伤保险赔偿适用的是无过错原则，只要是符合"三工"要素（工作时间、工作场所、因工作原因）的伤害事故，都算作工伤。

当然，用人单位肯定会感到非常委屈，甚至是很冤。因为公司虽然没有立刻交社保，但并没有违反任何规定，没有过错，社保无法立即生效也不是用人单位的责任。

关联法条

《工伤保险条例》（2010年修订）

第六十二条 ……

依照本条例规定应当参加工伤保险而未参加工伤保险的用人单位职工发生工伤的，由该用人单位按照本条例规定的工伤保险待遇项目和标准支付费用。

防范要点

客观地讲，"社保真空期"很难避免，而工伤事故也无法完全杜绝。而且一旦发生工伤事故，用人单位往往要面临高额的赔偿责任。那么，如何平稳地度过"社保真空期"呢？

1. 购买雇主责任险

用人单位应该选择雇主责任险（在此期间，选择其他险种的作用不大、性价比不高）。雇主责任险，顾名思义就是为雇主应当承担的责任提供保险保障，被保险人（用人单位）因其雇员遭受意外事故或是罹患职业性疾病，依法承担经济赔偿以后能够获得的补偿。

雇主责任险价格并不算太贵，需要提醒的是，一定要选择当月生效的投保模式。

2. 尽快办理社保转入手续

虽然《劳动合同法》给了用人单位一个月的签订劳动合同的宽限期，但笔者还是坚持建议用人单位在新员工入职第一天就办理签订劳动合同的手续。在办理报到手续时，就要求员工提供社保转入所需的相关资料，尽快为新员工办理社保转入手续。

3. 重视岗前安全教育和培训

大部分意外事故都是因为员工的疏忽大意而导致的。因此，一定要重视岗前的安全教育和培训。无论新入职的员工是否具有工作经验，都需要进行相应的培训，培训考核合格才能正式上岗。要尽量避免一报到就上岗的现象。

4. 人性化的管理和处理

如果员工遇到了意外事故，用人单位应该给予员工人性化的关怀，积极地帮助员工去处理和解决问题。

一是因为如果是法律、法规明确需要用人单位来承担的责任，用人单位也无法逃避和推脱；二是用人单位如果故意逃避和推脱责任，就会让其他的员工感到寒心，将极大地打击其他员工的工作积极性和对企业的忠诚度。

6.4 非全日制用工是否需要缴纳社会保险?

非全日制用工是《劳动合同法》规定的一种用工方式,是指以小时计酬为主,劳动者在同一用人单位一般平均每日工作时间不超过四小时,每周工作时间累计不超过二十四小时的用工形式。

一直以来,非全日制用工因为其和全日制用工相比的诸多好处(不用签劳动合同、不用缴纳社会保险费、可以随时终止用工而无须支付经济补偿等)而受到了很多用人单位,尤其是劳动密集型用人单位的青睐。但是,如果处理不当,也很容易产生纠纷,甚至给用人单位造成经济损失。

典型案例

陈某于2014年3月入职某塑料制品厂担任仓库管理员,双方签订了1年期的非全日制劳动合同,约定陈某每天工作4小时,每周工作6天,工资为20元/小时(含社保费用)。

2014年12月14日,陈某在仓库工作时不慎跌倒摔伤,经鉴定构成工伤9级。后陈某因支付工伤相关待遇事宜与公司产生纠纷(公司认为支付给陈某的小时工资中已包含了社保费用,因此无须担责),诉至法院,要求公司支付停工留薪期工资、伤残补助金、工伤医疗补助金、伤残就业补助金等工伤待遇总计13余万元。

最终,法院判决支持了孙某的全部诉请。

案例解读

非全日制用工是否需要由用人单位来为其缴纳社会保险费呢?

对于这个问题,《劳动和社会保障部关于非全日制用工若干问题的意见》(劳社部发〔2003〕12号)有明确的规定,从事非全日制工作的劳动者,应当参加基本养老保险,原则上参照个体工商户的参保办法执行;可以以个人身份参加基本医疗保险;用人单位应当依法为其缴纳工伤保险费;单位支付的小时工资中应当包含单位应缴纳的基本养老保险费和基本医疗保险费。

法院据此认为，本案中因塑料制品厂未为孙某缴纳工伤保险费，相应的工伤待遇损失应由塑料制品厂承担，故判决支持了孙某的全部诉请。

关联法条

《劳动和社会保障部关于非全日制用工若干问题的意见》（劳社部发〔2003〕12号）

三、关于非全日制用工的社会保险

……

12. 用人单位应当按照国家有关规定为建立劳动关系的非全日制劳动者缴纳工伤保险费。从事非全日制工作的劳动者发生工伤，依法享受工伤保险待遇；被鉴定为伤残5—10级的，经劳动者与用人单位协商一致，可以一次性结算伤残待遇及有关费用。

防范要点

非全日制用工的确能为用人单位节省很多用人成本和管理成本，但选择非全日制用工，除了有可能会构成全日制用工的法律风险外（参见2.15"非全日制用工的相关法律风险"），另一个潜在的风险便是工伤。

如果用人单位要选择非全日制用工这种用工形式，一定需要为劳动者购买工伤保险，其实这个费率是非常低的，成本几乎可以忽略不计。

如果想更加稳妥，则再购买一份雇主责任险，风险就更低了。

6.5 能否给员工发社保补贴代替缴纳社会保险？

尽管《劳动法》第七十二条明确规定，"用人单位和劳动者必须依法参加社会保险，缴纳社会保险费"，但出于控制用人成本的考虑，加上很多劳动者对于社会保险价值认识的不足，现实生活中存在一些用人单位采用给劳动者发放社保补贴来代替给劳动者缴纳社会保险的现象,甚至还有一些用人单位自作聪明地让劳动者签署自愿放弃缴纳社保的承诺书。如此操作,一旦发生劳动纠纷,用人单位可能会得不偿失。

典型案例

2010年8月,虞女士与某公司签订劳动合同,并签署承诺书,承诺自愿不办理社会保险,公司每月发放社保补贴800元。

2012年7月,虞女士以公司未为其缴纳社保为由提出解除劳动合同,并申请劳动仲裁,要求公司为其补缴社保金。仲裁委以社保不属于劳动争议仲裁受理范围为由,出具了不予受理通知书。

虞女士随即向当地劳动监察部门及社保中心投诉,要求公司为其补缴社保。在社保中心的督促下,用人单位为虞女士补缴了全部社保费用。之后,公司向人民法院提起诉讼,要求虞女士除应返还从公司处获得的社保补贴外,还应双倍赔偿,合计金额为18 400元。

法院审理后认为,双方签订补贴条款违反了法律禁止性规定,应属无效。鉴于虞女士已通过劳动仲裁要求公司补缴社会保险费,因此公司要求返还社保补贴理由正当,应予支持。至于公司要求虞女士支付赔偿的诉请,由于双方承诺书约定无效,且虞女士并无过错,因此法院不予支持。

案例解读

根据国家养老保险办法的相关规定,社会保险费中一部分用于社会统筹,一部分由单位代缴记入劳动者个人账户。社保费的缴纳关系到整个国家社保基金的安全,关系到劳动者年老、失业及医疗保障等,并非可以通过协议自行约定。用人单位以直接支付劳动者现金补贴的形式逃避法定缴费义务的行为,阻碍了社会保障制度的完善、发展,法律明令禁止这种行为。

在本案中,尽管虞女士签署了承诺书,承诺自愿放弃缴纳社保,但由于此行为违法了相关法律、法规,因此属于无效约定。

关联法条

《劳动法》(2018年修订)

第七十条　国家发展社会保险事业，建立社会保险制度，设立社会保险基金，使劳动者在年老、患病、工伤、失业、生育等情况下获得帮助和补偿。

第七十二条　……用人单位和劳动者必须依法参加社会保险，缴纳社会保险费。

防范要点

从本案可以得知，缴纳社会保险是用人单位的法定义务，劳动者即便是签署了自愿放弃的承诺书，也属于无效。一旦劳动者以用人单位未缴纳社保为由主张解除劳动合同，要求用人单位补缴社保，用人单位是无法逃避补缴责任的。如果劳动者另行主张经济补偿，用人单位败诉的可能性也比较高。

从风险防范的角度出发，应尽量避免用发放社保补贴的形式来代替、逃避缴纳社会保险。如果一定要这样操作，给大家一个建议，就是让员工签署一份"声明书"（**仅适用于农村户籍人员**），声明书中应包括以下条款（以第一人称表述）。

（1）公司已告知并要求"我"提交办理社保缴纳手续的各项材料（从一定程度上减轻用人单位的过错）。

（2）因本人已在户籍所在地参加了新型农村养老保险及新型农村合作医疗，本人自愿放弃在公司参加各项社会保险（含养老、医疗、失业、工伤、生育等）。

（3）公司应缴纳的社保部分已以补贴的形式随工资发放，金额为××元/月。

（4）本人知悉放弃参加社会保险的风险，承诺由此而造成的一切后果由本人承担。

（5）本人保证不在任何时候、以任何理由就未参加社保事宜向公司提出任何主张（包括但不限于抗辩、控告、仲裁或诉讼）。

（6）如果本人违反此声明中的承诺，自愿退回公司所支付全部社保补贴。

需要特别说明的是，此声明书属于君子协定，从法律效力上来讲，因为其违反了国家的强制性规定，实际上是无效的。 无效的后果之一就是用人单位依然要承担补缴社会保险的义务，无效的后果之二就是未参保期间发生的社会保险待遇（如工伤待遇）由用人单位负责赔偿给劳动者。

但存在争议的是，后期员工如果据此解除劳动合同并主张经济补偿，司法实践中则存在不同的裁判口径，大致有以下三种处理规则。

1. 支持经济补偿

持该观点的法院认为，缴纳社会保险费是用人单位的法定义务，不得以任何理由和方式予以免除，故放弃缴纳社保的约定无效，不能排除用人单位缴纳社保的法定责任。劳动者据此解除劳动合同的，用人单位仍应支付经济补偿。如北京、上海、吉林、重庆、辽宁、陕西等。

2. 不支持经济补偿

持该观点的法院认为，虽约定因违反国家强制性规定而归于无效，但这属于劳动者自愿做出，不缴纳社保的责任在于自身，故其再主张经济补偿有违诚实信用，不能支持。如山东、湖南、湖北、河北、甘肃、江苏、浙江等。

3. 附期限支持

如广东，认为需要给用人单位合理期限（通常为1个月）予以补救，即劳动者应当事先向单位提出补缴，如单位未在合理期限内予以补缴社保，则劳动者可以据此解除劳动合同，支持经济补偿。

最后需要强调的是，如果一定要如此来操作，务必要记得购买雇主责任险，否则万一发生工伤，用人单位的赔偿风险还是比较大的。

如何应对员工不配合缴纳社会保险的情况？

除了用人单位为了降低用人成本而逃避为劳动者缴纳社会保险外，还存在劳动者不愿意、不配合缴纳社会保险的现象。这样的话，对于用人单位来说，也存在较大的法律风险。

典型案例

济南某房地产公司（简称A公司）于2014年3月通过猎头招聘了一名项目总监高某，双方签订了为期5年的劳动合同，工资为50 000元/月。

高某之前一直在秦皇岛工作，A公司HR在给高某办理入职手续时，要求其提供社保转移等材料，高某称他的社保关系在秦皇岛，以后也准备在秦皇岛退休，因此不想在济南缴纳社会保险。

2018年10月，高某在一次会议中和其主管副总发生了争执。一气之下，高某向A公司提交了辞职报告，并以A公司未为其缴纳社会保险致其辞职为由向济南市市中区劳动争议仲裁委员会提出仲裁申请，要求A公司支付经济补偿250 000元，并为其补缴社会保险。市中区劳动争议仲裁委员会仅受理了高某诉请经济补偿的申请（补缴社会保险不属劳动争议仲裁受理范围）。

在庭审中，A公司主张并非公司不给高某办理缴纳社会保险的手续，而是因为高某自己不愿意在济南缴纳社会保险。因此，责任应在高某，但A公司并未向仲裁委员会提交相应的证据予以佐证。

经过审理，市中区劳动争议仲裁委员会最后裁定A公司应向高某支付经济补偿250 000元。

案例解读

实践中，劳动者不愿意缴纳社会保险大致有以下几种情况。

（1）劳动者因为与前一用人单位存在矛盾或自动离职，造成劳动者的社会保险关系仍在原单位，新入职的单位没有办法为劳动者缴纳社会保险。

（2）劳动者系原单位内退、待岗人员，到新单位就业后不希望原单位知道。

（3）劳动者系享受失业金、国家社会保险补贴的人员，办理社保后有可能导致无法继续享受上述待遇。

（4）劳动者年龄尚不满18周岁，按照社会保险机构的有关规定，不能开立社会保险账户。

（5）一些进城务工的农民工认为自己今后必定会重新回到农村，在城市缴纳了养老保险后也不能享受，因此不愿意缴纳。

（6）存在"碰瓷"的想法，一旦和企业发生矛盾，就用企业未缴纳社保为由提出解除劳动合同，并主张经济补偿。

本案中并非A公司故意或是不愿意给高某缴纳社会保险，而是高某不配合、不愿意缴纳。但无论如何，最后的事实就是A公司未给高某缴纳社会保险，导致了需要承担经济补偿的损失。

关联法条

1.《劳动法》(2018年修订)

第七十二条 ……用人单位和劳动者必须依法参加社会保险,缴纳社会保险费。

2.《劳动合同法》(2012年修订)

第三十八条 【劳动者单方解除劳动合同】用人单位有下列情形之一的,劳动者可以解除劳动合同:

……

(三)未依法为劳动者缴纳社会保险费的;

……

第四十六条 【经济补偿】有下列情形之一的,用人单位应当向劳动者支付经济补偿:

(一)劳动者依照本法第三十八条规定解除劳动合同的;

……

防范要点

如前所述,用人单位如果不给劳动者缴纳社会保险,将承担劳动者随时解除劳动合同、主张经济补偿、劳动监察机构予以行政处罚的风险。而且一旦发生工伤,还将面临高额的经济赔偿责任。

那么,该如何规避此类风险呢?

1. 避免与此类劳动者建立劳动关系,将风险扼杀在摇篮里

(1)在入职通知书上注明,报到时须携带社保转移的相关材料。

(2)将配合提供社保转移材料、办理缴纳社保手续作为录用条件之一,原则上入职一个月内必须提交相应的材料,逾期视为不符合录用条件,可以解除劳动合同。

2. 签署声明书

对于有特殊原因确实暂时无法办理缴纳社会保险的手续,但又是企业急需的人才,可让其签署一份"声明书",建议包括以下条款(以第一人称表述)。

(1)公司已告知并要求"我"提交办理社保缴纳手续的各项材料(从一定程度

上减轻用人单位的过错)。

（2）因本人原因暂时无法提供办理社保缴纳手续的各项材料。

（3）本人知悉无法参加社会保险的风险，承诺由此而造成的一切后果由本人承担。

（4）本人保证不在任何时候、以任何理由就未参加社保事宜向公司提出任何主张(包括但不限于抗辩、控告、仲裁或诉讼)。

当然，这份声明书同样是一份君子协定，法律效力有限。如果劳动者要求用人单位补缴社保，用人单位依然无法逃避补缴责任。但如果劳动者以未缴纳社保为由诉请经济补偿，一般得不到支持。

同样，如果无法缴纳社会保险，就必须购买雇主责任险。

6.7 按最低基数/不足额缴纳社保的法律风险

社保缴费基数也叫社会保险缴费基数，是社会保险参保单位和参保人员缴纳社会保险费的依据。

$$社保缴费基数 \times 缴费比例 = 社保应缴金额$$

对于社保缴费基数，实际操作中存在很多误区。大多数HR可能都知道职工的社保缴费基数就是其上一年度的月平均工资，同时上封顶(不超过当地职工上一年度月平均工资的300%)下保底(不低于当地职工上一年度月平均工资的60%)。但这里所说的工资到底包括哪些项目，是否就是员工的全部货币收入，很多HR并不清楚。

当然，还存在部分用人单位按当地的最低缴费基数来操作，这样做存在较大的法律风险。

典型案例

2016年5月，钱先生通过应聘进入上海一家科技公司担任技术部经理一职。双方订立了为期3年的劳动合同，试用期为3个月，基本工资为16 000元/月，项目奖金另计。公司在钱先生入职的当月即为其办理了社保缴纳的相关手续，缴费基数为3563元。钱先生提出异议，公司HR称这是公司的统一规定，都是按照上海市的最低缴费基数来缴纳的（上海市2015年度职工月平均工资为5939元，5939×60%≈3563）。

钱先生工作非常努力，公司在2016年6月底提前为其办理了转正手续，并在7月底将其派往深圳进行了为期3个月的培训。培训开始前，公司与钱先生签订了《培训服务期协议》，约定钱先生在培训结束后应为公司再服务5年，否则将赔偿公司支付的全部培训费用及培训期间钱先生的工资。同时，双方将劳动合同也顺延至了2021年10月底。

2016年10月底，钱先生结束培训返回公司。经公司财务部核算，公司为钱某的此次培训支付的各项费用合计为76 000元。而且，在此期间公司每月均按16 000元发放钱先生的工资。

2017年4月，钱先生以公司未足额为其缴纳社保为由，通知公司要求解除劳动合同。公司要求钱先生履行《培训服务期协议》之约定，赔偿公司的培训费用68 400元，双方未能达成一致。

公司遂向上海市宝山区劳动争议仲裁委员会提起仲裁申请，要求钱先生向公司支付违反《培训服务期协议》的违约金68 400元。

案例解读

在现实生活中，类似本案中的做法，按照最低缴费基数给员工缴纳社保的比比皆是。

在本案中，宝山区劳动争议仲裁委员会经审理认为，该公司未按钱先生实际的工资收入作为缴费基数为其缴纳社保这一事实存在，虽然在庭审上公司辩称这个社保基数是钱某同意的，但缺乏证据证明。因此，钱先生据此解除劳动合同的行为合法，而且无须提前30天通知公司。依据《劳动合同法》第二十二条之规定，用人单位为劳动者提供专项培训费用，对其进行专业技术培训的，可以与该劳动者订立协议，约定服务期。劳动者若违反服务期约定的，应当按照约定向用人单位支付违约金。**《劳动合同法实施条例》第二十六条第一款规定，用人单位与劳动者约定了服务期，劳动者依照《劳动合同法》第三十八条的规定（不缴纳社保属于其中之一）解除劳动合同的，不属于违反服务期的约定。**因此，本案中钱先生无须承担违约金,仲裁委依法驳回了该公司的仲裁请求。

其实在本案中,钱某还完全可以主张因公司未足额为其缴纳社保导致其解除劳动合同的经济补偿。但钱某未就此进行主张,劳动仲裁委员会的裁决书中也就未涉及经济补偿的内容。

关联法条

1.《劳动合同法》(2012年修订)

第三十八条 【劳动者单方解除劳动合同】用人单位有下列情形之一的,劳动者可以解除劳动合同:

……

(三)未依法为劳动者缴纳社会保险费的;

……

第四十六条 【经济补偿】有下列情形之一的,用人单位应当向劳动者支付经济补偿:

(一)劳动者依照本法第三十八条规定解除劳动合同的;

……

2.《劳动合同法实施条例》(2008年颁布)

第二十六条 用人单位与劳动者约定了服务期,劳动者依照劳动合同法第三十八条的规定解除劳动合同的,不属于违反服务期的约定,用人单位不得要求劳动者支付违约金……

防范要点

国务院授权人力资源和社会保障部根据《社会保险法》制定社保缴费基数的具体确定办法,各省、市、自治区劳动保障部门根据当地统计局的统计数据确定当年的社保缴费基数。

参保单位缴纳基本养老保险费的基数可以为职工工资总额,也可以为本单位职工个人缴费工资基数之和,但在全省、区、市范围内应统一为一种核定办法。

单位职工个人缴纳基本养老保险费的基数,原则上以上一年度本人月平均工资为基础,在当地职工平均工资的60%~300%的范围内进行核定。其中,新进本单位的人员以职工本人起薪当月的足月工资收入作为缴费基数。

由于缴费基数在同一个缴费年度内一年一定,中途不作变更,大部分省份都是从每年的7月到次年的6月作为一个缴费年度(上海为每年4月至次年3月)。因此,对于新进员工,首月的缴费基数就比较关键。如果用人单位的确因为种种原因,暂时无法按照员工的实际收入作为缴费基数来缴纳社会保险,这里给大家一个建议,可以从一定程度上减少一些因未足额缴纳社保而导致的不利后果,那就是**让员工对社保缴费基数签名确认**!

新员工入职时,每年向社保中心申报员工缴费工资基数时,都要求员工在《社保缴费基数确认表》上签字确认。司法实践中,对于员工本人签名确认过的社保缴费工资基数,一般都会予以确认,仲裁机构一般不会判定因少缴而赔偿损失。

当然,随着"社保税征"的不断推进,这种"钻空子"的方法可能也会失去作用。关于如何合法地降低社保缴费基数,下节详细讲解。

6.8 如何合法地减少社保成本支出?

2018年7月,中共中央办公厅、国务院办公厅印发《国税地税征管体制改革方案》。在此方案中,明确提到从2019年1月1日起,将基本养老保险费、基本医疗保险费、失业保险费、工伤保险费、生育保险费等各项社会保险费交由税务部门统一征收。这就是所谓的"社保税征"。

一时间,很多企业尤其是中小企业谈社保色变。客观地讲,对于大多数中小规模的民营企业而言,社保的确是一笔非常大的成本支出。曾有人核算过,企业给员工发放10000元的工资,加上社保的成本,实际支出的成本为14 700元。

那么,如何才能合法地减少社保成本支出呢?

对于一个企业来说,社保的总成本=缴费基数×缴费比例×缴费人数。因此,要想降低社保总成本,要么是降低缴费基数,要么是降低缴费比例,要么是减少缴费人数。

1. 降低缴费基数——调低首月工资收入

全国绝大部分地区的社保缴费基数,都是按照职工上一年度的月平均工资来确定的。如果是新入职的员工,就按其入职第一个月的足月工资来确定缴费基数,接下来一个缴费年度内,都按照这个标准来缴纳社保。

那么,如果新入职员工的第一个月工资足够低甚至仅是当地的最低缴费基数(一般是当地上一年度职工月平均工资的60%),就可以变相地降低社保缴费基数。

于是,在新员工入职的时候,用人单位可以**人为调低第一个月的工资收入**,第二个月再用额外奖金的方式把少发的部分补回来。

如果是已经在职的老员工,那该如何处理呢?是否可以将劳动关系转移到另一家新公司,让老员工和新公司签订劳动合同,新公司承认原来公司的工作年限,然后同样将第一个月的工资收入调低至最低缴费基数呢?

当然可以,但如此操作的话,必须注意以下几点。

(1)必须和员工协商一致才能操作,不能强行操作。

因为社保缴费基数不仅关系到企业的用工成本,还影响到员工的诸多切身利益,如工伤保险待遇、退休金的数额、医疗保险的报销、生育津贴等,甚至是无固定期限劳动合同的签订资格。所以,如果想通过调低首月工资收入的方式来降低社保缴费基数,一定要在和员工协商一致的前提下才能操作,否则,极易引发纠纷和争议。

(2)需要员工在《社保缴费基数确认表》上签字确认。

为避免后期发生争议,需要员工在《社保缴费基数确认表》上签字确认,其实就是确认首月的工资收入数额。

(3)可给予员工一定的补贴。

降低社保缴费基数后,企业的社保缴费成本也将随之降低,可以将支出金额减少的一部分以补贴的形式发放给员工,让员工自行购买商业性养老保险和商业性医疗保险,以弥补员工个人的利益损失。

2. 降低缴费基数——用足"非工资性收入"

工资,从广义来讲,包括员工所得到的全部收入;而从狭义上讲,是根据《关于工资总额组成的规定》(国家统计局令第1号)而确定的"工资性收入"。

《关于规范社会保险缴费基数有关问题的通知》(劳社险中心函〔2006〕60号)第一条"关于缴费基数的核定依据"明确规定:**凡是国家统计局有关文件没有明确规定不作为工资收入统计的项目,均应作为社会保险缴费基数**。也就是说,凡是国家统计局有关文件明确规定不作为工资收入统计的项目,在计算社会保险缴费基数时就可以剔除。

那么,哪些收入项目是明确不作为工资收入统计的项目呢?

（1）根据国务院发布的有关规定发放的创造发明奖、国家星火奖、自然科学奖、科学技术进步奖和**支付的合理化建议和技术改进奖以及**支付给运动员在重大体育比赛中的重奖，债券利息及职工个人技术投入后的税前收益分配。

（2）有关劳动保险和职工福利方面的费用。

具体有职工死亡丧葬费及抚恤费、医疗卫生费或公费医疗费用、**职工生活困难补助费**、集体福利事业补贴、工会文教费、集体福利费、探亲路费、**冬季取暖补贴**、**上下班交通补贴及**洗理费等。

（3）劳动保护的各种支出。

具体有工作服、手套等劳保用品，解毒剂、清凉饮料，以及按照1963年7月19日原劳动部等七单位规定的范围对接触有毒物质、矽尘作业、放射线作业和潜水、沉箱作业、高温作业等五类工种所享受的由劳动保护费开支的保健食品待遇。

（4）有关离休、退休、退职人员待遇的各项支出。

（5）支付给外单位人员的稿费、讲课费及其他专门工作报酬。

（6）出差补助（是指职工出差应购卧铺票实际改乘座席的减价提成归己部分；因实行住宿费包干，实际支出费用低于标准的差价归己部分），**误餐补助**。

（7）对**自带工具**、牲畜来企业工作的从业人员所支付的工具、牲畜等的**补偿费用**。

（8）实行**租赁经营单位**的承租人的风险性补偿收入。

（9）职工集资入股或购买企业债券后发给职工的**股息分红**。

（10）劳动合同制职工解除劳动合同时由企业支付的医疗补助费、生活补助费及一次性支付给职工的经济补偿。

（11）劳务派遣单位收取用工单位支付的人员工资以外的手续费和管理费。

（12）支付给家庭工人的加工费和按加工订货办法支付给承包单位的发包费用。

（13）支付给参加企业劳动的在校学生的补贴。

（14）调动工作的旅费和安家费中净结余的现金。

（15）由单位缴纳的各项社会保险、住房公积金。

（16）支付给从保安公司招用的人员的补贴。

（17）按照国家政策为职工建立的企业年金和补充医疗保险，其中单位按政策规定比例缴纳的部分。

罗列了这么多法律条文，估计大家看的是云里雾里。简单来说，就是通过"巧立名目",在不改变发放给员工的收入总额的前提下,将一部分收入调整成"非工资性收入"统计的项目,从而达到降低社保缴费基数的目的。

比如说,可以将工资收入中的一部分调整成**取暖费、高温津贴、合理化建议奖金、上下班交通补贴、股息分红**,甚至是**自带工具的补偿**,等等。以高温津贴为例,全国31个省份,基本都公布了各自的标准,但是这些标准大部分只规定了下限,也就是说,高温津贴不能低于××元。例如,北京规定,室外露天作业人员的高温津贴每人每月不低于180元,既然是不低于180元,那么企业发300元行不行?发400元行不行?当然可以。

总之,如果筹划得当,完全可以将员工的工资收入中超过当地最低缴费基数的数额大部分甚至是全部,调整成不计入社保缴费基数的"非工资性收入"。

3. 降低缴费比例——寻找社保洼地

虽然社保的缴费比例是法定的,但是全国各地的缴费比例相差还是比较大的。尽管2019年4月国务院办公厅印发《降低社会保险费率综合方案》,规定从2019年5月1日起,全国31个省份将基本养老保险的单位缴费比例降至16%(在此之前,基本养老保险单位缴费比例最高的省份为20%),但这个差距依然存在。

以基本养老保险单位缴费比例为例,目前比例最低的是厦门,仅为12%,而临近的泉州、福州等城市,均为16%。而即便是同一个城市,也存在缴费比例差别极大的情况,比如,苏州市(不含苏州工业园区,含市辖区及下属县级市)的比例为16%,而苏州工业园区的比例仅为13%。

这就是业内俗称的"保险洼地",和税务上的税收洼地相似。用人单位A公司的具体操作方法和流程如下。

(1)在社保洼地注册B公司。

(2)用B公司和大多数员工签订劳动合同、缴纳社保、发放工资。

(3)A公司和B公司签订《人员借调协议》(解决实际用人单位A公司的用工问题)。

(4)A公司把社保和工资转给B公司(解决A/B公司的财务平账问题)。

需要说明的是,目前很多城市都将社保和很多福利进行捆绑,如购房、落户、小孩入学等,还有医保报销问题。如果是跨地域很远的两个城市,员工不一定会同意按此方式处理。因此,此方法的可操作性不是太强。

4. 降低缴费比例——活用"个体工商户"

目前的社保缴费政策,对于企业和有雇工的个体工商户,在缴费比例上(主要是基本养老保险)是存在差异的,比如,南京、宁波等地,两者的养老保险缴费比例,要相差4%~7%。

所以,可以考虑注册个体工商户,然后将员工的用工和社保关系全部放进个体工商户中,也能合法地规避掉一大笔费用。

需要强调的是,这种方法可能只适合于三、四、五线城市的企业。如果是在北、上、广、深,员工的法律意识普遍比较强,可能不太会接受个体工商户的用工形式。虽然这种用工方式对劳动者的利益没有任何损害。

当然,也有一些省份,企业和个体工商户的社保缴费比例完全一致,如上海。所以,不同城市的缴费比例是否存在差异,还需要去当地的社保部门进行咨询。

5. 减少缴费人数——聘用无须缴纳社保人员

简单来说,对于用人单位聘用的具备签订劳动合同主体资格的劳动者,用人单位才需要为其缴纳社保。也就是说,如果是聘用不具备签订劳动合同主体资格的人员,当然就无须为其缴纳社保了。

不具备签订劳动合同主体资格的人员主要包括以下几类。

(1)退休返聘人员。

(2)实习生。

(3)承包商派遣人员或劳务派遣人员。

(4)停薪留职或协保人员。

(5)承包经营人员。

(6)灵活就业人员。

需要提醒的是,如果聘用此类人员,一定要与其签订《劳务合同》,并且要避免构成事实劳动关系(参见本书的其他相关章节)。

6. 减少缴费人数——变劳动关系为经济合同关系

根据现行法律、法规,很显然,只有是劳动关系,企业才需要承担缴纳社保的责任。如果只是业务合作关系,企业则无须为其缴纳社保。

以一个实例来说明此种方法的实际操作步骤。

假定A公司和业务人员小王订立有劳动合同,具体如何操作呢?

(1)由小王提出辞职,双方解除劳动关系。

（2）A公司给小王申请一个个体工商户营业执照。

（3）A公司和个体工商户签订业务合作协议，约定双方的业务合作内容（可以和小王此前的工作内容完全一致）及双方的权利和义务，明确双方不存在劳动关系，不对小王进行劳动管理。

于是，A公司和小王原本的劳动合同关系就变成了经济合同关系，A公司自然无须再为小王缴纳社保。

需要说明的是，此种方法比较适合销售业务类的岗位，其弊端就是员工对企业的忠诚度和认可度会比较低，建议谨慎使用。

6.9 是否必须给员工缴纳住房公积金？

"五险一金"中的"金"，指的就是住房公积金。所谓住房公积金，是指国家机关和事业单位、国有企业、城镇集体企业、外商投资企业、城镇私营企业及其他城镇企业和事业单位、民办非企业单位、社会团体及其在职职工，对等缴存的长期住房储蓄。

客观地讲，在现实生活中，有很多企业和老板认为住房公积金不如社会保险具有强制性，因此可缴可不缴。还有的企业和老板认为，他们已经为员工提供了住房福利或是住房补贴，可以替代住房公积金。

这些观点都是错误的。

典型案例

江苏省南通市一家年利税在千万元以上的酒类企业，自成立以来一直未为其职工缴纳住房公积金。

经人投诉举报后，南通市住房公积金管理中心要求该公司在规定的期限内足额缴纳拖欠的职工住房公积金81万余元，该公司拒不履行。公积金管理中心又做出行政处罚决定，予以罚款3万元，该酒业公司依然无动于衷。

2005年8月31日，公积金管理中心依照行政诉讼法的相关规定向南通市崇川区人民法院申请强制执行，法院受理后召开了听证会，并最终做出准予强制执行的行政裁定书。

案例解读

类似的判例还有很多。造成很多企业不重视住房公积金缴存的原因有很多，主要原因在于虽然住房公积金制度对于用人单位来说是国家法规政策强制实行的义务，但是我国对用人单位拒不缴纳住房公积金的管理联动机制还不是太健全。即使是有部分处罚依据，在实践中的落地操作也不是很到位。

我国目前和住房公积金相关的法律、法规只有国务院颁布的《住房公积金管理条例》。和《社会保险法》是一部经全国人大制定的法律相比，《住房公积金管理条例》还只是一部国务院审议、通过的行政法规，其效力要小于法律，力度也就比较弱了。

关联法条

《住房公积金管理条例》（2002年修订）

第二十条　单位应当按时、足额缴存住房公积金，不得逾期缴存或少缴……

第三十七条　违反本条例的规定，单位不办理住房公积金缴存登记或者不为本单位职工办理住房公积金账户设立手续的，由住房公积金管理中心责令限期办理；逾期不办理的，处1万元以上5万元以下的罚款。

第三十八条　违反本条例的规定，单位逾期不缴或者少缴住房公积金的，由住房公积金管理中心责令限期缴存；逾期仍不缴存的，可以申请人民法院强制执行。

防范要点

和基本养老保险单位缴纳的金额绝大部分甚至是全部进社会统筹账户不同，单位和个人缴纳的住房公积金都会进入个人住房公积金账户。从某种意义上来说，住房公积金相当于是职工劳动报酬的一部分，而且属于依法免纳个人所得税的部分，所以带有很强的福利性。

尽管住房公积金管理中心的执法力度远不如社会保险管理中心，但从企业吸引人才和长期发展的角度来说,还是建议用人单位尽可能按照《住房公积金管理条例》的要求给员工缴纳住房公积金。

需要说明的是,一般而言,住房公积金的缴费基数和社会保险费的缴费基数通常是一致的。

第 7 章
员工离职环节法律风险防范

员工离职,意味着用人单位和劳动者之间的劳动关系在法律上的消灭。员工离职阶段,也是劳动争议和纠纷高发的阶段。不规范、不合法的员工离职操作,会给用人单位带来很多不必要的麻烦和经济损失。

扫码观看本章
视频教学知识点

7.1 劳动合同的解除 ≠ 终止

解除和终止都有结束的意思,在日常生活中一般并不会特意加以区分,但将这两个词放在《劳动法》中,就会产生完全不同的结果。如果一不小心弄错,就会产生不同的法律责任,甚至会让用人单位付出赔偿金的代价。

典型案例

1993年9月,康×霞入职金龙铜管公司工作,双方先后签订了多份劳动合同,最后一份劳动合同的期限为2016年11月1日至2019年10月31日。2017年3月23日,康×霞以患强直性脊柱炎为由向金龙铜管公司请假,公司予以批准,请假期间为2017年3月23日至2017年4月21日。2017年4月22日,康×霞再次以患强直性脊柱炎为由向金龙铜管公司请假,公司予以批准,请假期间为2017年4月22日至2017年5月1日。2017年10月13日,金龙铜管公司向康×霞下发通知,认为其"自2017年5月2日起,未到公司报到,也未办理请假手续,请接到通知后3日内到事业部综合办办理相关手续。如按期不到公司报到,从2017年5月2日计算旷工时间,我公司将按照《劳动合同法》相关条款进行处理"。2017年10月17日,康×霞应金龙铜管公司要求回公司报到,但以门岗上班时间太长,其身体状况不能胜任为由要求重新安排岗位但未获准许,康×霞也未继续在原工作岗位上班。2017年11月6日,金龙铜管公司向康×霞邮寄送达了《劳动合同终止通知书》,认为其自2017年5月2日至今未到公司报到,已经通知其本人这期间按照旷工处理。根据《中华人民共和国劳动合同法》第三十九条规定,现公司决定与康×霞终止劳动关系。

2017年12月5日,康×霞向新乡市劳动人事争议仲裁委员会申请劳动仲裁。2018年5月10日,新乡市劳动人事争议仲裁委员会出具了新劳人仲案字(2017)第257号仲裁裁决书,认为康×霞身体欠佳不能正常工作,但不履行请假手续的情况已经构成旷工事实,但金龙铜管公司下达《劳动合同终止通知书》不符合法律规定,裁定撤销金龙铜管公司于2017年11月6日做出的《劳动合同终止通知书》,双方劳动合同继续履行。金龙铜管公司不服劳动仲裁裁决,诉至一审法院。

一审法院认为,按照金龙铜管公司的主张,其是以康×霞旷工为由解除劳动合同，但其向康×霞下达《劳动合同终止通知书》属于程序错误，应当予以纠正。金龙铜管公司在庭审中解释其本意是解除劳动合同，且该通知书的内容也是解除，不会造成康×霞误解。对于康×霞而言，其作为普通劳动者而非专业法律人士，无法从性质上辨别"终止"和"解除"的本质区别，且该两种形式分别由《劳动合同法》第四十四条和第三十九条规定，属于不同性质的不再履行劳动合同的方式。因此，对于金龙铜管公司的上述理由，一审法院不予支持。

金龙铜管公司不服一审判决，上诉至新乡市中级人民法院。新乡中院驳回了金龙铜管公司的上诉，维持原判。新乡中院认为，金龙铜管公司以康×霞旷工为由向其邮寄送达《劳动合同终止通知书》，且通知书内容也表述为终止劳动关系，但旷工并不属于《中华人民共和国劳动合同法》第四十四条规定的终止劳动合同的情形，故康×霞要求撤销该通知书，继续上班，一审予以支持，判决双方的劳动合同继续履行，并无不当。[（2019）豫07民终571号]

案例解读

这个判例虽然是个案，但非常具有代表性。实际操作中，笔者所见过的HR，绝大多数都混淆了"解除"和"终止"。这主要是因为劳动合同的解除和劳动合同的终止，在结果上是相同的，都是劳动合同所确定的法律关系的灭失，双方之间基于劳动关系而产生的权利和义务烟消云散。

但是，两者从法律上来讲，存在着非常大的区别。

劳动合同的终止是指由于《劳动合同法》第四十四条中的法定事由出现，导致的劳动合同关系期满终止或依法终止。包括劳动合同期满的；劳动者开始依法享受基本养老保险待遇的；劳动者死亡，或者被人民法院宣告死亡或宣告失踪的；用人单位被依法宣告破产的；用人单位被吊销营业执照、责令关闭、撤销或用人单位决定提前解散的等情形。简单来说，劳动合同终止仅限于法定情形。

需要注意的是，劳动者有《劳动合同法》第四十二条规定的情形之一的，劳动合同到期也不得终止，应当续延至该情形消失时终止。

还有一种劳动合同终止的情况，是用人单位依据《劳动合同法实施条例》第五条、第六条而终止劳动关系，就是劳动者在入职后拒绝订立书面劳动合同，用人单位可以直接终止劳动关系。但是，如果超过一个月才终止，还需要支付经济补偿。

而劳动合同的解除则可分为三种情况。

（1）双方协商一致解除（《劳动合同法》第三十六条），具体又可以分为劳动者提出和用人单位提出。

（2）劳动者单方解除，又可以分为预告解除（《劳动合同法》第三十七条）、劳动者被迫解除（《劳动合同法》第三十八条）。

（3）用人单位单方解除，包括提前30日通知或支付一个月"代通知金"的劳动者无过错情况下的解除（《劳动合同法》第四十条），劳动者试用期内不符合录用条件、有过错、被追究刑事责任等6种情况下的解除（《劳动合同法》第三十九条），经济性裁员的解除（《劳动合同法》第四十一条）等情形。

劳动合同的解除和终止还有一个很大的区别，在于劳动合同的解除需要履行通知工会的法定程序，而劳动合同的终止因为是基于法定情形，无须履行通知工会的程序。

关联法条

1.《劳动合同法》（2012年修订）

第三十六条 【协商解除劳动合同】用人单位与劳动者协商一致，可以解除劳动合同。

第三十七条 【劳动者提前通知解除劳动合同】劳动者提前三十日以书面形式通知用人单位，可以解除劳动合同。劳动者在试用期内提前三日通知用人单位，可以解除劳动合同。

第三十八条 【劳动者单方解除劳动合同】用人单位有下列情形之一的，劳动者可以解除劳动合同：

（一）未按照劳动合同约定提供劳动保护或者劳动条件的；

（二）未及时足额支付劳动报酬的；

（三）未依法为劳动者缴纳社会保险费的；

（四）用人单位的规章制度违反法律、法规的规定，损害劳动者权益的；

（五）因本法第二十六条第一款规定的情形致使劳动合同无效的；

（六）法律、行政法规规定劳动者可以解除劳动合同的其他情形。

用人单位以暴力、威胁或者非法限制人身自由的手段强迫劳动者劳动的，或者用人单位违章指挥、强令冒险作业危及劳动者人身安全的，劳动者可以立即解除劳动合同，不需事先告知用人单位。

第三十九条 【用人单位单方解除劳动合同（过失性辞退）】劳动者有下列情形之一的，用人单位可以解除劳动合同：

（一）在试用期间被证明不符合录用条件的；

（二）严重违反用人单位的规章制度的；

（三）严重失职，营私舞弊，给用人单位造成重大损害的；

（四）劳动者同时与其他用人单位建立劳动关系，对完成本单位的工作任务造成严重影响，或者经用人单位提出，拒不改正的；

（五）因本法第二十六条第一款第一项规定的情形致使劳动合同无效的；

（六）被依法追究刑事责任的。

第四十条 【无过失性辞退】有下列情形之一的，用人单位提前三十日以书面形式通知劳动者本人或者额外支付劳动者一个月工资后，可以解除劳动合同：

（一）劳动者患病或者非因工负伤，在规定的医疗期满后不能从事原工作，也不能从事由用人单位另行安排的工作的；

（二）劳动者不能胜任工作，经过培训或者调整工作岗位，仍不能胜任工作的；

（三）劳动合同订立时所依据的客观情况发生重大变化，致使劳动合同无法履行，经用人单位与劳动者协商，未能就变更劳动合同内容达成协议的。

第四十一条 【经济性裁员】有下列情形之一，需要裁减人员二十人以上或者裁减不足二十人但占企业职工总数百分之十以上的，用人单位提前三十日向工会或者全体职工说明情况，听取工会或者职工的意见后，裁减人员方案经向劳动行政部门报告，可以裁减人员：

（一）依照企业破产法规定进行重整的；

（二）生产经营发生严重困难的；

（三）企业转产、重大技术革新或者经营方式调整，经变更劳动合同后，仍需裁减人员的；

（四）其他因劳动合同订立时所依据的客观经济情况发生重大变化，致使劳动合同无法履行的。

裁减人员时，应当优先留用下列人员：

（一）与本单位订立较长期限的固定期限劳动合同的；

（二）与本单位订立无固定期限劳动合同的；

（三）家庭无其他就业人员，有需要扶养的老人或者未成年人的。

用人单位依照本条第一款规定裁减人员，在六个月内重新招用人员的，应当通知被裁减的人员，并在同等条件下优先招用被裁减的人员。

第四十二条 【用人单位不得解除劳动合同的情形】劳动者有下列情形之一的，用人单位不得依照本法第四十条、第四十一条的规定解除劳动合同：

（一）从事接触职业病危害作业的劳动者未进行离岗前职业健康检查，或者疑似职业病病人在诊断或者医学观察期间的；

（二）在本单位患职业病或者因工负伤并被确认丧失或者部分丧失劳动能力的；

（三）患病或者非因工负伤，在规定的医疗期内的；

（四）女职工在孕期、产期、哺乳期的；

（五）在本单位连续工作满十五年，且距法定退休年龄不足五年的；

（六）法律、行政法规规定的其他情形。

第四十三条 【工会在劳动合同解除中的监督作用】用人单位单方解除劳动合同，应当事先将理由通知工会。用人单位违反法律、行政法规规定或者劳动合同约定的，工会有权要求用人单位纠正。用人单位应当研究工会的意见，并将处理结果书面通知工会。

第四十四条 【劳动合同的终止】有下列情形之一的，劳动合同终止：

（一）劳动合同期满的；

（二）劳动者开始依法享受基本养老保险待遇的；

（三）劳动者死亡，或者被人民法院宣告死亡或者宣告失踪的；

（四）用人单位被依法宣告破产的；

（五）用人单位被吊销营业执照、责令关闭、撤销或者用人单位决定提前解散的；

（六）法律、行政法规规定的其他情形。

第四十五条 【劳动合同的逾期终止】劳动合同期满，有本法第四十二条规定情形之一的，劳动合同应当续延至相应的情形消失时终止。但是，本法第四十二条第二项规定丧失或者部分丧失劳动能力劳动者的劳动合同的终止，按照国家有关工伤保险的规定执行。

2.《劳动合同法实施条例》（2008年修订）

第五条 自用工之日起一个月内，经用人单位书面通知后，劳动者不与用人单位订立书面劳动合同的，用人单位应当书面通知劳动者终止劳动关系，无需向劳动者支付经济补偿，但是应当依法向劳动者支付其实际工作时间的劳动报酬。

第六条 用人单位自用工之日起超过一个月不满一年未与劳动者订立书面劳动合同的，应当依照劳动合同法第八十二条的规定向劳动者每月支付两倍的工资，并与劳动者补订书面劳动合同；劳动者不与用人单位订立书面劳动合同的，用人单位应当书面通知劳动者终止劳动关系，并依照劳动合同法第四十七条的规定支付经济补偿。

防范要点

防范混淆"解除"和"终止"的风险其实并不难，一般注意以下几点基本就没问题。

（1）弄清楚解除或终止的具体事由及法律依据，即具体是依据《劳动合同法》第三十九条、第四十条、第四十一条、第四十四条或《劳动合同法实施条例》第五条、第六条中的哪一条而解除或终止劳动合同，并在解除或终止通知中列明相应的依据。

（2）注意劳动合同需要逾期终止的情况，即如果劳动者存在《劳动合同法》第四十二条所述的情况，即便是劳动合同到期，也不能直接终止。

（3）注意两次固定期限劳动合同到期后，劳动者要求续订无固定期限劳动合同的问题。

7.2 劳动合同终止/解除情形及"四金"对照表

劳动合同终止/解除情形及"四金"对照表如表7-1所示。

表7-1 劳动合同终止/解除情形及"四金"对照表

解除或终止情形			经济补偿/赔偿金	计算规则	经济补偿核算	法律依据《劳动合同法》
大类	中类	小类				
协商一致	劳动者提出	协商一致	一般无			第三十六条
	企业提出	协商一致	有	从约定	月工资×司龄	第三十六条

续表

解除或终止情形			经济补偿/赔偿金	计算规则	经济补偿核算	法律依据《劳动合同法》
大类	中类	小类				
企业单方提出解除劳动合同	员工过失性解除	试用期不符合录用条件	无		0	第三十九条
		严重违纪				
		造成重大损害				
		双重劳动关系				
		欺诈胁迫致合同无效				
		被追究刑事责任				
	员工无过失性解除	医疗期满不能恢复工作	有/代通知金/提前30天通知	不分段	月工资×（司龄+1）	第四十条
		二次仍不能胜任工作				
		客观情况发生重大变化				
	经济性裁员	依破产法重整	有		月工资×司龄	第四十一条
		经营严重困难				
		技术革新转产等				
		客观经济情况发生重大变化				
	企业违法解除	企业违法解除劳动合同	双倍		月工资×司龄×2	第八十七条
员工单方提出解除劳动合同	员工主动辞职	试用期内提前3天辞职	无		0	第三十七条
		试用期满提前30天辞职				第三十七条
	员工因企业违法行为提出辞职	劳动保护、劳动条件不足	有	分段其余不分段	月工资×司龄	第三十八条
		未足额及时支付报酬				
		未依法缴纳社保				
		规章违法损害权益				
		欺诈胁迫致合同无效				
		强迫劳动				
		危及劳动者人身安全				

续表

大类	解除或终止情形 中类	小类	经济补偿/赔偿金	计算规则	经济补偿核算	法律依据《劳动合同法》
劳动合同终止	劳动者原因	享受养老保险	无		0	第四十四条 第四十六条
		死亡失踪				
		合同期届满不愿续签				
	非劳动者原因	合同期届满企业不愿维持或提高条件续签	有	分段	2008年1月1日后工资×司龄	
		破产	有	不分段	月工资×司龄	
		关闭、撤销、解散				
	企业单方终止	1个月内员工拒签	无		0	《劳动合同法实施条例》第五条、第六条
		1个月后员工拒签	有		月工资×司龄	
分段计算适用于： 1. 2008年前后算法不一致 2. 合法的解除情形	（1）以上所列33种关于分段计算的规则仅适用于补偿基数无封顶、补偿年限无封顶的情形； （2）关于应发与实发是否适用分段计算，大部分法院仍以实发合并计算为准； （3）关于不足一年是否分段计算，《上海市劳动合同条例》规定不满6个月的无经济补偿，原劳动部《违反和解除劳动合同的经济补偿办法》（劳部发〔1994〕481号）规定，不满一年按一年标准计算，此种情形是否适用分段，尚存争议					

7.3 协商一致解除劳动合同的法律风险

所谓协商一致解除劳动合同，是指用人单位和劳动者经过友好协商，达成一致，最终解除劳动合同的一种行为。包括由用人单位先提出然后协商一致，和由员工先提出然后协商一致这两种情况。

很多人可能会说，既然是双方协商一致解除劳动合同，那还会存在什么风险？风险在于，如果是用人单位先提出然后协商一致解除合同，用人单位就需要支付经济补偿；而如果是员工先提出然后协商一致解除合同，用人单位则不需要支付经济补偿。

我们所说的用人单位的法律风险，主要是指用人单位的经济赔偿责任。很显然，如果是员工先提出然后协商一致解除合同，用人单位原则上是不需要支付经济补偿的，风险也就相对较小，不作为讨论重点。本节仅探讨用人单位先提出然后协商一致解除合同可能遇到的法律风险。

典型案例

张某在A公司已工作6年，月工资是1万元。张某干活比较毛糙，在日常工作中经常会犯一些小的错误。公司领导对张某不太满意，但也吃不准这些小的错误是否严重到可以直接辞退的程度。

于是，公司领导找到张某沟通，说张某有这样那样的问题和过错，公司原本是准备直接开除的，这样的话一方面是张某没面子，另一方面张某也得不到任何经济补偿。但是公司考虑到张某是老员工了，没有功劳也有苦劳，如果张某愿意解除劳动合同，公司愿意适当给一些补偿，金额是3万元。

张某考虑了一下，自己平时确实小错不断，万一被开除很可能一分钱都拿不到，于是他就同意了。

双方签订了一份协议，协议书上是这么写的：双方经协商一致解除劳动合同，甲方一次性支付乙方经济补偿3万元。签完字A公司就给了张某3万元，张某拿完钱就走人了。

几个月过后，张某申请劳动仲裁，声称是公司逼自己走的。当时自己急用钱，公司说不签字就不给钱。张某现要求公司补足违法解除劳动合同的赔偿金差额3万元，并支付几年来拖欠的加班工资及未休年假工资5万余元。

案例解读

这是一个涉及"重大误解和显失公平"的案例。类似的案例全国各地发生过很多起，部分仲裁机构和法院支持补足经济补偿，但也有部分仲裁机构和法院不支持补足经济补偿。

在本案中，劳动仲裁委员会没有支持张某的补足经济补偿的请求，但支持了其要求公司支付拖欠的加班工资和未休年假工资的主张。

关联法条

1.《劳动合同法》(2012年修订)

第三十六条 【协商解除劳动合同】用人单位与劳动者协商一致,可以解除劳动合同。

第四十六条 【经济补偿】有下列情形之一的,用人单位应当向劳动者支付经济补偿:

……

(二)用人单位依照本法第三十六条规定向劳动者提出解除劳动合同并与劳动者协商一致解除劳动合同的;

……

2.《最高人民法院关于审理劳动争议案件适用法律问题的解释(一)》(法释〔2020〕26号)

第三十五条 劳动者与用人单位就解除或者终止劳动合同办理相关手续、支付工资报酬、加班费、经济补偿或者赔偿金等达成的协议,不违反法律、行政法规的强制性规定,且不存在欺诈、胁迫或者乘人之危情形的,应当认定有效。

前款协议存在重大误解或者显失公平情形,当事人请求撤销的,人民法院应予支持。

防范要点

如果用人单位想要辞退一名不太满意的员工,最佳的解决方案就是用人单位和员工友好协商,然后让员工提出辞职,用人单位给付一定的经济补偿。这样对于员工来说,离职证明上也可以好看一些。如果员工不愿意,也可以由用人单位先提出,然后就经济补偿的金额进行协商。(当然,如果你的企业财大气粗,愿意按照$N+1$的方式给予经济补偿,那就另当别论。)

在解除劳动合同协议书上,建议这么写:

(1)**双方经协商一致,同意自即日起解除劳动合同关系;**

(2)**甲方一次性给付乙方人民币×万元,包括但不限于经济补偿、赔偿金、加班费、未休年假工资、各类奖金、餐费补贴等各类福利及补贴、各类工伤待遇、**

未签订书面劳动合同二倍工资差额、各类假期待遇，等等；（反正把能想到的后期有可能发生劳动争议的项目都写进去。）

（3）此金额在乙方配合完成工作交接后一次性支付；

（4）乙方承诺不再以任何理由向甲方主张任何权利（包括但不限于仲裁、诉讼等）。

7.4 企业单方提出解除劳动合同的法律风险

虽然说《劳动法》《劳动合同法》对劳动者存在一些倾向性的保护，但依然赋予了用人单位单方面解除劳动合同的权利。但是，在实际操作中，大部分用人单位无法正确行使《劳动合同法》赋予的此项权利，甚至还承担了原本可以避免的赔偿责任。

企业单方提出解除劳动合同一般可以分为两大类：员工过失性解除和非员工过失性解除。

7.4.1 员工过失性解除劳动合同的法律风险

所谓员工过失性解除，是指用人单位在员工存在一定过错的情况下，无须事先通知员工即可单方面解除劳动合同的行为。

根据《劳动合同法》第三十九条的相关规定，员工过失性解除劳动合同的情况包括以下6种。

（1）试用期内不符合录用条件。

（2）严重违纪造成重大损害。

（3）严重失职造成重大损害。

（4）双重劳动关系。

（5）欺诈、胁迫致劳动合同无效。

（6）被依法追究刑事责任。

出现以上6种情况，用人单位是可以随时解除劳动合同的，且无须向劳动者支付经济补偿。

用人单位据此解除劳动合同的主要风险在于证据不足或是程序不合法,从而导致原本是合法的解除变成了违法解除,最终需要承担赔偿金。

如何锁定证据并确保程序合法(比如,如何证明"试用期内不符合录用条件",如何才算严重违纪,多大的损害才算重大损害,等等),在本书的相关章节均有详细的讲解,在此不再赘述。

7.4.2 非员工过失性解除劳动合同的法律风险

所谓非员工过失性解除,是指用人单位依据《劳动合同法》第四十条的相关规定,在劳动者没有主观过失的情况下,提前三十日以书面形式通知劳动者本人或额外支付劳动者一个月工资后,可以解除劳动合同。

具体包括三种情况:

(1)劳动者患病或非因工负伤,在规定的医疗期满后不能从事原工作,也不能从事由用人单位另行安排的工作的;

(2)劳动者不能胜任工作,经过培训或调整工作岗位,仍不能胜任工作的;

(3)劳动合同订立时所依据的客观情况发生重大变化,致使劳动合同无法履行,经用人单位与劳动者协商,未能就变更劳动合同内容达成协议的。

用人单位据此解除劳动合同,虽然往往已经按照规定向劳动者支付了经济补偿及"代通知金",但依然存在构成违法解除的法律风险。

如何规避此类风险呢?

(1)如果是劳动者患病或非因工负伤,在医疗期内不得解除劳动合同;医疗期满后,要证明劳动者不能从事原工作也不能从事用人单位另行安排的工作(需要确保新安排的工作要求及难度不超过原工作)。

(2)如果是劳动者不能胜任工作,就必须经过培训或调岗后,再次证明其不能胜任工作,才能行使解除权。

(3)如果是劳动合同订立时所依据的客观情况发生重大变化,就需要有相应的证据来佐证。

详细的防范方法和技巧,在本书的其他很多章节都有讲解。

7.5 经济性裁员的操作要点及法律风险

经济性裁员是指用人单位一次性辞退部分劳动者，以此作为改善生产经营状况的一种手段。其目的是保护自己在市场经济中的竞争和生存能力，渡过暂时的难关。

《劳动法》第二十七条规定："用人单位濒临破产进行法定整顿期间或者生产经营状况发生严重困难，确需裁减人员的，应当提前三十日向工会或者全体职工说明情况，听取工会或者职工的意见，经向劳动行政部门报告后，可以裁减人员。"

近些年来，因为经济性裁员而引发的劳动纠纷非常多。如果操作不当，很容易构成违法解除劳动合同。

典型案例

2011年3月，杨某应聘进入某网络科技公司，担任技术开发工程师，双方签订了为期3年的劳动合同。2014年3月劳动合同到期后，双方又续订了劳动合同，劳动合同期限至2018年12月31日。

2018年上半年，公司因为C轮融资未到位及其他原因，导致经营状况持续恶化。因此，公司决定采取裁员措施，断臂求生。不久，公司公布了《公司裁员规定》。该规定要求各部门主管对本部门人员进行综合考核，以考核结果作为依据，按原有员工数量的40%上报裁员名单，并称将严格按照国家法律、法规给予被裁人员相应的经济补偿。

2018年9月，公司正式启动裁员，各部门都裁减了40%的人员，杨某便是技术开发部被裁的一员。HR及部门主管找杨某谈话，解释裁员是迫于公司的经营状况，属于经济性裁员，希望杨某理解，并告知杨某，30天后双方的劳动关系解除，公司将发放相当于8个月工资的经济补偿共计16万元。

2018年10月中旬，杨某办理了离职手续，正式离开了公司。在咨询了做HR的朋友后，他认为公司的裁员程序违法，遂向当地劳动争议仲裁委员会提出仲裁申请，要求公司支付其违法解除劳动合同的赔偿金32万元。

劳动争议仲裁委员会在审查后认为，公司的裁员虽然符合经济性裁员条件，但裁员程序不合法，属于违法裁员。最终裁定公司属于违法解除劳动合同，须向杨某支付赔偿金32万元。

案例解读

本案涉及的劳动争议其实并不复杂，关键在于裁员程序的合法性。经济性裁员是用人单位克服经营困难的内在需要的通常做法，法律予以允许。因此，杨某所在公司具备了裁员的条件。但是，用人单位在进行经济性裁员时不能任意而为之，必须依照法定的程序，否则就会构成违法解除劳动合同，需要承担相应的赔偿责任。

在本案中，杨某所在公司既没有提前向员工说明情况，也没有就裁员方案征求工会意见，更没有向当地劳动行政部门报告。这种不按照法律规定程序进行的裁员是无效的。所以，劳动争议仲裁委员会裁定该公司属于违法解除劳动合同，需要向杨某支付赔偿金。

关联法条

1.《劳动合同法》（2012年修订）

第四十一条 【经济性裁员】有下列情形之一，需要裁减人员二十人以上或者裁减不足二十人但占企业职工总数百分之十以上的，用人单位提前三十日向工会或者全体职工说明情况，听取工会或者职工的意见后，裁减人员方案经向劳动行政部门报告，可以裁减人员：

（一）依照企业破产法规定进行重整的；

（二）生产经营发生严重困难的；

（三）企业转产、重大技术革新或者经营方式调整，经变更劳动合同后，仍需裁减人员的；

（四）其他因劳动合同订立时所依据的客观经济情况发生重大变化，致使劳动合同无法履行的。

裁减人员时，应当优先留用下列人员：

（一）与本单位订立较长期限的固定期限劳动合同的；

（二）与本单位订立无固定期限劳动合同的；

（三）家庭无其他就业人员，有需要扶养的老人或者未成年人的。

用人单位依照本条第一款规定裁减人员，在六个月内重新招用人员的，应当通知被裁减的人员，并在同等条件下优先招用被裁减的人员。

2.《劳动法》（2018年修订）

第二十七条　用人单位濒临破产进行法定整顿期间或者生产经营状况发生严重困难，确需裁减人员的，应当提前三十日向工会或者全体职工说明情况，听取工会或者职工的意见，经向劳动行政部门报告后，可以裁减人员……

3.《企业经济性裁减人员规定》（劳部发〔1994〕447号）

第四条　用人单位确需裁减人员，应按下列程序进行：

（一）提前三十日向工会或者全体职工说明情况，并提供有关生产经营状况的资料；

（二）提出裁减人员方案，内容包括：被裁减人员名单，裁减时间及实施步骤，符合法律、法规规定和集体合同约定的被裁减人员经济补偿办法；

（三）将裁减人员方案征求工会或者全体职工的意见，并对方案进行修改和完善；

（四）向当地劳动行政部门报告裁减人员方案以及工会或者全体职工的意见，并听取劳动行政部门的意见；

（五）由用人单位正式公布裁减人员方案，与被裁减人员办理解除劳动合同手续，按照有关规定向被裁减人员本人支付经济补偿，出具裁减人员证明书。

防范要点

经济性裁员是《劳动法》《劳动合同法》赋予用人单位应对复杂市场经济环境的一项权利。企业尤其是大企业一旦启动裁员程序，涉及的员工数量往往比较大，社会影响也比较大，如果操作不当，将会造成比较严重的社会影响和后果。

那么，如何才能合法地启动裁员程序，降低法律风险呢？

1. 裁员理由必须要合法

只有出现经济性裁员的法定事由时，企业才能启动经济性裁员。这一点看似简单，实则非常容易被滥用。

法律规定的经济性裁员的法定事由只有四项。

（1）依照企业破产法规定进行重整的。

这个法定事由比较简单，很少会产生纠纷和争议，但这个重整必须要由人民法院来宣告。如果企业确因濒临破产需要裁减员工，可以进行裁员，但需要企业提供受理法院依法出具的企业进行重整的民事裁定书，并依照相关法定裁员程序进行裁员。

（2）生产经营发生严重困难的。

这个法定事由比较容易产生纠纷和争议。因为目前在我国现行的法律中，并没有对"生产经营发生严重困难"做出明确的规定。如何界定企业存在"生产经营发生严重困难"，主要散见于各个地方性的规定。

在司法实践中，企业若因"生产经营发生严重困难"进行裁员，须承担举证责任。如第三方会计师事务所出具的财务报表，证明年度、季度连续亏损表等。如果企业所在地没有制定认定经营严重困难企业的标准或程序，用人单位要慎用本项规定进行经济性裁员。

（3）企业转产、重大技术革新或经营方式调整，经变更劳动合同后，仍需裁减人员的。

这个法定事由也比较容易产生纠纷和争议，企业在利用该项规定实施经济性裁员时，应当注意以下两点。

①企业存在转产、重大技术革新或经营方式调整的事实及证据。

②企业与职工变更劳动合同的情况。

经过以上两个步骤，针对部分仍不能胜任新工作或能力有限的员工，企业方可实施经济性裁员。

（4）其他因劳动合同订立时所依据的客观经济情况发生重大变化，致使劳动合同无法履行的。

需要注意，这里所说的"客观情况"是指，发生不可抗力或出现致使劳动合同全部或部分条款无法继续履行的其他情况，如企业迁移、被兼并、企业资产转移等。

2. 裁员程序必须合法

除了裁员理由要求合法之外，还必须确保裁员的程序合法。在实践中，很多企业最终被判定裁员违法，基本是因为在裁员程序上出了问题。

（1）人数要求。

裁减人员需达到二十人以上或裁减不足二十人但占企业职工总数百分之十以上才可启动裁员程序；如果裁减人数少于该法定人数，企业就只能够按《劳动合同法》第四十条的规定处理。

（2）时间要求。

企业若要启动裁员程序，应当提前三十日向工会或全体职工说明情况，听取工会或职工的意见，并提供有关生产经营状况的资料。

此时企业应当注意，企业既可以向工会说明情况，也可以向全体职工说明情况，用人单位可以进行选择，而不是必须二者同时进行。

（3）报备要求。

企业在启动正式裁员之前，还应当将裁员方案向劳动行政部门报告。

需要特别注意的是，目前法律并没有要求裁员方案必须经劳动行政部门批准才可以进行裁员，而是只需要履行报告程序就行了。

大多数企业都误认为裁员方案需要劳动行政部门批准才能实施，所以往往就忽略了这个程序，最终构成了违法裁员。

企业向劳动行政部门报备的裁员方案，内容应当包括被裁减人员名单，裁减时间及实施步骤，符合法律、法规规定和集体合同约定的被裁减人员经济补偿办法等信息。

3. 裁减对象须有所选择

按照《劳动合同法》第四十一条第二款的规定，裁减人员时应当优先留用下列人员：

（1）与本单位订立较长期限的固定期限劳动合同的；

（2）与本单位订立无固定期限劳动合同的；

（3）家庭无其他就业人员，有需要扶养的老人或未成年人的。

4. 注意禁止裁减的人员

根据《劳动合同法》第四十二条规定，企业在进行经济性裁员时，若遇到"老、弱、病、残、孕"的员工则不得裁减，否则将构成违法裁员。这些人员包括：

（1）从事接触职业病危害作业的劳动者未进行离岗前职业健康检查，或者疑似职业病病人在诊断或医学观察期间的；

（2）在本单位患职业病或因工负伤并被确认丧失或部分丧失劳动能力的；

（3）患病或非因工负伤，在规定的医疗期内的；

（4）女职工在孕期、产期、哺乳期的；

（5）在本单位连续工作满十五年，且距法定退休年龄不足五年的；

（6）法律、行政法规规定的其他情形。

5. 无须支付"代通知金"

企业只有根据《劳动合同法》第四十条的规定解除劳动合同时，才可以选择额外支付劳动者一个月工资来代替提前三十日通知，这就是所谓的"代通知金"。

而企业如果符合法定的裁员理由，履行了法定的裁员程序，则无须支付代通知金。当然，如果企业愿意支付 $N+1$ 甚至是 $N+2$ 的经济补偿，则另当别论。

7.6 员工单方提出解除劳动合同的法律风险

员工虽然和用人单位签订了劳动合同，在劳动合同存续期间需要接受法律、法规和用人单位规章制度的约束和管理，但这并不意味着员工就成了用人单位的附属品，员工依然享有自由解除劳动合同的权利。

而且，现行的《劳动法》和《劳动合同法》还对劳动者有一些倾向性的保护。除了员工和用人单位签订有培训服务期协议之外，员工是享有非常大的单方解约权的。

7.6.1 什么情况下员工可以随时解除劳动合同？

《劳动合同法》第三十八条规定，用人单位有下列情形之一的，劳动者可以解除劳动合同：

（一）未按照劳动合同约定提供劳动保护或者劳动条件的；
（二）未及时足额支付劳动报酬的；
（三）未依法为劳动者缴纳社会保险费的；
（四）用人单位的规章制度违反法律、法规的规定，损害劳动者权益的；
（五）因本法第二十六条第一款规定的情形致使劳动合同无效的；
（六）法律、行政法规规定劳动者可以解除劳动合同的其他情形。

用人单位以暴力、威胁或者非法限制人身自由的手段强迫劳动者劳动的，或者用人单位违章指挥、强令冒险作业危及劳动者人身安全的，劳动者可以立即解除劳动合同，不需事先告知用人单位。

7.6.2　员工的辞职申请未获批准能离职吗?

在现实生活中,员工如果想辞职(解除劳动合同),通常的操作是员工书写一份辞职申请(辞职报告)递交给直接领导,然后逐级审批,最后是老板审批。

那么,员工的辞职申请一定需要公司批准吗?未获批准的话员工能离职吗?

典型案例

2014年6月,江某应聘进入某网络科技公司担任程序开发员。双方签订了为期3年的劳动合同,约定工资为8000元/月。

2016年5月4日,江某向部门主管提交了一份辞职申请,表示因为个人原因,他将于1个月后(即2016年6月4日)离职,请公司提前安排好工作交接等事宜。当天,江某还通过微信将辞职报告发给了公司负责人。

次日,公司负责人找到江某谈话,表示公司业务比较繁忙,正缺人手,希望江某能够留下来继续工作。并且,公司负责人还在江某的辞职申请上写下"不予批准",签名后将该辞职申请退给了江某,江某当场未做任何表态。

2016年6月4日起,江某便未到公司上班。当时正好赶上一个30万元的软件项目要投标,而江某是这个投标项目的主力开发人员。江某的缺岗,给项目的投标造成了极大的影响,最终没有中标。

公司负责人非常生气,遂以江某擅自离职给公司造成严重损失为由,向当地劳动争议仲裁委员会申请仲裁,要求江某赔偿公司的各类损失共计35万元。

在仲裁庭上,江某出示了经公司负责人签字的辞职申请,并表示,他已提前1个月提出辞职,并要求公司做好工作交接。但公司未安排任何交接事项,导致项目没有中标的责任应在公司。

劳动争议仲裁委员会经过审理,驳回了该公司的申请。

案例解读

对于辞职申请,绝大部分HR都存在误解。

《劳动法》和《劳动合同法》中均没有关于"辞职"和"辞职申请"的表述,严格来讲，员工的"辞职申请"应该叫"解除劳动合同通知书"。因为如果是申请，就需要批准同意；而通知书，只是起到一个通知和告知的作用。

根据《劳动合同法》第三十七条的规定："**劳动者提前三十日以书面形式通知用人单位，可以解除劳动合同。劳动者在试用期内提前三日通知用人单位，可以解除劳动合同。**"所以，劳动者要想辞职，其实并不需要公司批准同意，只需要提前30日或是3日书面通知用人单位即可。

本案中，江某于2016年5月4日以书面形式提交了辞职申请，明确告知公司他将于1个月后离职，而这个申请也并不需要公司的批准。所以江某无须承担公司因为江某离职而造成的经济损失。

关联法条

《劳动合同法》（2012年修订）

第三十七条　劳动者提前三十日以书面形式通知用人单位，可以解除劳动合同。劳动者在试用期内提前三日通知用人单位，可以解除劳动合同。

防范要点

再次重复一遍：**辞职申请的实质是"解除合同通知书"，员工辞职无须公司审批同意**！

如果员工提交了辞职申请，一般情况而言，他就是已经准备离职了（当然，也不排除个别员工通过提交辞职报告来达到和公司洽谈提高待遇的目的），甚至是已经找好下家了。用人单位可以进行挽留，但除非劳动者明确表示收回辞职申请，愿意留下来继续工作，否则用人单位就应该着手准备替代人选和工作交接的事情了。

尽量不要在员工的辞职申请或是辞职报告上直接书写"同意"或是"不予批准"的字样，因为一旦作此表述，就代表用人单位已经收到了劳动者的"解除劳动合同通知书"，也就表明劳动者的解除手续是完全合法的。

7.7 多付一个月工资就能随时解除劳动合同吗？

按照相关劳动法律的规定，试用期满后，一般情况下（劳动者没有过失），用人单位如果要解除劳动合同，需要提前30日以书面形式通知劳动者，目的就是让劳动者能有所准备，着手规划应聘新的工作单位，避免两段工作之间的真空期没有工资收入的风险。同时，用人单位也可以用"额外支付劳动者一个月工资"的方式来代替提前通知。

于是，很多老板和HR就认为，用人单位只要额外多付一个月的工资，并按劳动者的工作年限足额支付经济补偿，也就是"N+1"，就能随时解除劳动合同，果真如此吗？

典型案例

2012年4月，闵小姐应聘进入杭州某网络公司，担任美工。双方签订了为期3年的劳动合同，约定工资为8000元/月。2015年4月劳动合同到期后，双方又续订了一份为期3年的劳动合同，约定工资为12 000元/月。

2017年10月，公司领导找到闵小姐，称公司因业务调整，她所在的部门大部分人员要搬迁到北京去，公司给了闵小姐两个选择：要么去北京工作，要么和公司解除劳动合同，公司愿意向其支付N+1的经济补偿。闵小姐表示已在杭州买房安家，不愿意去北京，希望继续留在杭州总部工作。

双方协商无果，当日，公司向闵小姐下达了《解除劳动合同通知书》，并将相当于闵小姐7个月工资的经济补偿84 000元汇入了闵小姐的工资卡中。闵小姐收到该通知书后拒绝签字，办理完工作交接后离开了公司。

一周后，闵小姐以公司违法解除劳动合同为由，向杭州市西湖区劳动争议仲裁委员会申请仲裁，要求公司支付违法解除劳动合同的赔偿金144 000元、未休年假工资18 758.48元、未结算的加班工资5342元。

经过调解，闵小姐和公司达成调解协议，公司一次性向闵小姐支付赔偿金144 000元和未休年假工资16 000元，共计160 000元。

案例解读

这是一起比较典型的滥用"代通知金"的案例。

很多用人单位和HR想当然地认为,只要在经济补偿的基础上额外多付1个月工资(代通知金),就可以让劳动者随时走人,这是对代通知金的严重的错误理解。

这是因为,《劳动合同法》规定的用人单位可以提前30天书面通知或是支付代通知金来解除劳动合同的情况只有三种:**医疗期满不能恢复工作、二次不能胜任工作、客观情况发生重大变化**。除此之外,在劳动者没有过错的情况下,如果劳动者不同意解除劳动合同,也就无法形成"协商一致"的条件,用人单位是不能强行解除的,否则就属于违法解除。

在本案中,公司要求解除劳动合同的理由是公司的业务调整,部分人员需要搬迁到北京去。这显然不属于"客观情况发生重大变化",闵小姐不同意变更劳动合同(工作地点发生变动),公司就在支付N+1的经济补偿后解除了劳动合同,已经构成违法解除。

关联法条

《劳动合同法》(2012年修订)

第三十六条 用人单位与劳动者协商一致,可以解除劳动合同。

第四十条 有下列情形之一的,用人单位提前三十日以书面形式通知劳动者本人或者额外支付劳动者一个月工资后,可以解除劳动合同:

(一)劳动者患病或者非因工负伤,在规定的医疗期满后不能从事原工作,也不能从事由用人单位另行安排的工作的;

(二)劳动者不能胜任工作,经过培训或者调整工作岗位,仍不能胜任工作的;

(三)劳动合同订立时所依据的客观情况发生重大变化,致使劳动合同无法履行,经用人单位与劳动者协商,未能就变更劳动合同内容达成协议的。

防范要点

用人单位需要支付和可以支付代通知金的情况只有《劳动合同法》第四十条规

定的那三种。除此之外，在劳动者没有过失或者没有其他法定条件出现的情况下，如果用人单位要与劳动者解除劳动合同，就必须协商一致。如果用人单位强行用支付代通知金的形式来解除劳动合同，就将构成违法解除。

7.8 劳动合同期限届满终止的法律风险

很多用人单位和HR想当然地认为，劳动合同到期了，双方的劳动关系也就自然解除了，由此也引发了很多劳动争议和纠纷。

典型案例

江先生于2012年3月进入常州X公司，从事技术开发工作。双方签订了为期3年的劳动合同，约定工资为5000元/月。2015年3月劳动合同到期后，双方又签订了一份为期3年的劳动合同，约定工资为10 000元/月。江某在此期间工作非常努力，2017年5月，X公司给江某出具了调薪通知书，将江某的月工资调整成12 000元/月。

2018年3月，劳动合同到期后，双方未再订立劳动合同。办理完工作交接手续后，江先生离开了公司。

2018年4月，江先生向常州市新北区劳动争议仲裁委员会提出仲裁申请，要求X公司向其支付经济补偿72 000元。

新北区劳动争议仲裁委员会经过审理后认为，双方的劳动合同期限届满前，X公司未提出维持或提高劳动合同约定条件续订劳动合同，江先生也没有明确表示不同意续订劳动合同，X公司需要承担经济补偿。

最终，新北区劳动争议仲裁委员会裁定X公司需要一次性向江先生支付经济补偿72 000元。

案例解读

劳动合同期限届满或者说到期后，双方不再续订劳动合同，劳动关系自然终止，在日常生活中是常见的现象。

很多用人单位在劳动合同中约定,"在本合同到期前30日,双方均可向对方提出续订要求",于是,他们便认为,劳动者没有提前要求续订劳动合同,用人单位自然也就无须和劳动者续订劳动合同了。

《劳动合同法》对此有着非常明确和严格的规定:劳动合同期满,除用人单位维持或提高劳动合同约定条件续订劳动合同且劳动者不同意续订的情形外,用人单位均需要向劳动者支付经济补偿(按工作年限)。

在本案中,江某已在X公司连续工作6年,第二份劳动合同到期前,X公司未主动提出维持或提高劳动合同约定条件来续订劳动合同,使得双方的劳动合同到期自然终止,应当向江某支付经济补偿。江某在劳动合同终止前12个月的平均工资是12 000元,已在X公司工作6年。因此经济补偿就是12 000×6=72 000(元)。

关联法条

《劳动合同法》(2012年修订)

第四十二条 【用人单位不得解除劳动合同的情形】劳动者有下列情形之一的,用人单位不得依照本法第四十条、第四十一条的规定解除劳动合同:

(一)从事接触职业病危害作业的劳动者未进行离岗前职业健康检查,或者疑似职业病病人在诊断或者医学观察期间的;

(二)在本单位患职业病或者因工负伤并被确认丧失或者部分丧失劳动能力的;

(三)患病或者非因工负伤,在规定的医疗期内的;

(四)女职工在孕期、产期、哺乳期的;

(五)在本单位连续工作满十五年,且距法定退休年龄不足五年的;

(六)法律、行政法规规定的其他情形。

第四十四条 【劳动合同的终止】有下列情形之一的,劳动合同终止:

(一)劳动合同期满的;

……

第四十五条 【劳动合同的逾期终止】劳动合同期满,有本法第四十二条规定情形之一的,劳动合同应当续延至相应的情形消失时终止。但是,本法第四十二条第二项规定丧失或者部分丧失劳动能力劳动者的劳动合同的终止,按照国家有关工伤保险的规定执行。

第四十六条 【经济补偿】有下列情形之一的,用人单位应当向劳动者支付经济补偿:

……

(五)除用人单位维持或者提高劳动合同约定条件续订劳动合同,劳动者不同意续订的情形外,依照本法第四十四条第一项规定终止固定期限劳动合同的;

……

第四十七条 【经济补偿的计算】经济补偿按劳动者在本单位工作的年限,每满一年支付一个月工资的标准向劳动者支付。六个月以上不满一年的,按一年计算;不满六个月的,向劳动者支付半个月工资的经济补偿……

防范要点

那么,如何防范劳动合同期限届满终止的法律风险呢?

1. 注意向劳动者提出续订的时间

虽然《劳动合同法》并没有规定劳动合同到期续订具体需要提前多少天提出,但笔者还是建议无论用人单位是否准备与劳动者续订劳动合同,都应该提前30天通知劳动者。如果要与劳动者续订劳动合同,最迟应在劳动合同到期后的一个月内与员工续订劳动合同。

用人单位为什么需要提前30天提出呢?如果是希望与劳动者续订劳动合同的,则提前30天通知劳动者,可以让劳动者吃颗定心丸,同时,双方也有充足的时间来沟通和商讨续订劳动合同的细节问题。如果是不想与劳动者续订劳动合同的,提前30天通知劳动者可以让劳动者做好找工作的准备,同时为离职前工作交接留足时间。

在实践操作中,很多用人单位不重视劳动合同到期续订的工作。劳动合同到期了,劳动者继续上班,形成了事实劳动关系,一旦超过30天还未签订劳动合同,就很有可能引发二倍工资的赔偿责任。(当然,也存在部分地方不支持这种情况下的二倍工资赔偿的司法判例。)

因此,最稳妥的做法就是劳动合同到期前30天,向劳动者发出续订劳动合同或到期不续订劳动合同的通知。

2. 注意续订条件不得低于原劳动合同约定的条件

根据《劳动合同法》的相关规定，劳动合同期限届满，只有当用人单位提出维持或提高劳动合同约定条件续订劳动合同，且劳动者不同意续订的情形，以及劳动者主动提出不续订的情形下，用人单位才无须支付经济补偿。除此之外，劳动合同期限届满不续订劳动合同，用人单位都需要支付经济补偿。

因此，用人单位如果希望和劳动者续订劳动合同，一定要注意，提出的续订条件至少要和原劳动合同约定条件相同。这里所指的劳动合同约定条件主要指的是工资待遇。

3. 注意相关证据的留存

如果是因为劳动合同期限届满未续订劳动合同而产生劳动争议，仲裁庭就会要求用人单位提交相应的证据，来证明用人单位提出的续订条件不低于原劳动合同约定条件，且劳动者不愿意续订。

因此，在发出《续订劳动合同通知书》时，一定要让劳动者签收，并在通知书上写明劳动者的意见（同意或不同意）。也可以制作谈话笔录，表明单位是有意在原条件或是更优厚的条件下与劳动者续订劳动合同，但劳动者拒绝续订，并让劳动者在该笔录上签字。

4. 注意劳动合同期限届满自然终止的例外情形

《劳动合同法》第四十二条规定了劳动合同期限届满自然终止的例外情形，也就是说，即便是劳动合同到期了，但如果劳动者有此条款所述情形的，用人单位也不得终止劳动合同（详见"关联法条"）。

与存在例外情形的劳动者终止劳动合同，则构成违法解除劳动合同。劳动者要求继续履行劳动合同的，用人单位应当继续履行；劳动者不要求继续履行或劳动合同实际已不能履行的，用人单位应当支付相当于两倍经济补偿的赔偿金。

因此，劳动合同期满如果出现《劳动合同法》第四十二条列举的例外情况，则劳动合同应当延续至相应的情形消失时再终止。

7.9 两次固定期限劳动合同到期后能否终止？

《劳动合同法》第四十四条第一项规定，劳动合同期满的，劳动合同终止，但是，第十四条第二款第三项规定，连续订立二次固定期限劳动合同，且劳动者没有本法第三十九条和第四十条第一项、第二项规定的情形，续订劳动合同时应当订立无固定期限劳动合同。

也就是说，如果劳动者已经订立了两次（及以上）固定期限劳动合同，当劳动合同到期时，就会涉及续订无固定期限劳动合同的问题。

典型案例

案例一

赖某某于2002年4月1日进入惠州某公司工作，担任生产部技术员，双方于2008年才签订固定期限劳动合同，最后一次签订书面劳动合同的期限为2009年4月1日至2010年3月31日。2010年2月26日，公司书面通知赖某某双方劳动合同到期后将不再续签，并通知赖某某2010年3月1日至2010年3月31日放假一个月。

赖某某向惠州市惠阳区劳动争议和仲裁委员会提起仲裁申请，主张公司支付经济补偿、赔偿金及2010年3月份工资。

惠阳区劳动争议仲裁委员会于2010年5月25日裁决公司支付赖某某终止劳动合同的经济补偿7080元及2010年3月份工资1707.46元。

赖某某不服裁决，向惠阳区人民法院提起诉讼。惠阳区法院认为，"在第二次劳动合同到期前，被告在没有与原告协商一致的情况下，于2010年2月26日以通知的形式告知原告在第二次劳动合同到期后不再续约，属单方违法解除劳动合同。原告要求被告因违法解除劳动合同支付赔偿金的主张本院予以支持。被告应依据《中华人民共和国劳动合同法》第八十七条的规定向原告支付赔偿金"。并最终判决公司支付赖某某违法解除劳动合同的赔偿金45 312元。

公司不服一审判决，向惠州市中级人民法院提出上诉。惠州市中院认为，由于上诉人在没有要求与被上诉人续签劳动合同且上诉人不同意的情况下，直接在第二次劳动合同到期前，即于2010年2月26日以通知的形式告知上诉人在第二次劳动合同到期后不再续约的行为，不符合《中华人民共和国劳动合同法》第三十六条、第三十九条、第四十条、第四十一条、第四十四条的规定，属于违法解除劳动合同的行为。最终，惠州市中院驳回了公司的上诉，维持原判。

案例二

李某于2014年6月1日与宁波H公司签订了劳动合同，合同约定李某的工作岗位为服务工程师，合同期限自2014年6月1日至2017年6月2日。2017年5月30日，李某与宁波H公司续签劳动合同，约定劳动合同期限为3年，期限至2020年5月31日。

2020年4月29日，H公司向李某发送《劳动合同到期不续签通知书》，载明劳动合同将于2020年5月31日届满，公司决定不再续订劳动合同，公司将在合同到期后按照法律规定支付补偿金。

2020年6月1日，H公司向李某支付离职补偿金48 964元。

李某认为，H公司在连续两次固定期限劳动合同后，应当签订无固定期限劳动合同，否则属于违法解除劳动合同，应当支付违法解除赔偿金。

李某遂向H公司所在地的宁波市北仑区劳动仲裁委申请仲裁。仲裁委在审议后裁决H公司向李某支付赔偿金差额48 640元。

H公司不服，向公司经营所在地上海市浦东新区人民法院起诉，认为用人单位有权选择是否续签，用人单位不同意在两次劳动合同届满后与劳动者续签，则劳动者无权要求用人单位续签无固定期限劳动合同。

一审法院审理后认为，李某与H公司虽然连续签订了两次固定期限劳动合同，但在第二次劳动合同到期前，H公司明确告知李某不再续签，该情形不符合用人单位应当与劳动者续订无固定期限劳动合同之情形，H公司终止劳动合同符合法律规定，不构成违法解除。判决H公司无须向李某支付违法解除劳动合同的赔偿金差额48 640元。[（2021）沪0115民初6580号]

李某不服，上诉至上海市一中院，认为案件应由宁波北仑区法院管辖。二审法院审理后认为，李某未在法定期限内提出管辖异议，且应诉答辩，一审法院有管辖权。一审法院认为本案情形并不符合用人单位应当与劳动者签订无固定期限劳动合同的情形，并无不当。最终，二审法院维持原判。[（2021）沪01民终6417号]

案例解读

上述两个案例的情况大同小异，但法院判决的结果却截然不同。尤其是案例二，宁波H公司选择在上海起诉，居然实现了大反转。这主要是因为在司法实践中，对于《劳动合同法》第十四条第二款第三项的理解存在较大分歧。

第一种观点认为，用人单位可以选择是否续签、是否终止劳动关系。

《劳动合同法》第十四条第二款的第三项与第一项、第二项相比，多出"续订劳动合同的"这个前提条件，根据法条前后文意思应将第三项理解为："第二次固定期限劳动合同期满后，只有在双方均同意再次续订劳动合同的前提下，除劳动者提出订立固定期限劳动合同外，应当签订无固定期限劳动合同的情形。"依据该观点，在第二次固定期限劳动合同期满后，用人单位有劳动关系终止权，对是否续订劳动合同有选择权，可以选择续订劳动合同，也可以主动终止劳动关系。只有在用人单位同意续订劳动合同的前提下，双方才应当订立无固定期限劳动合同。如果用人单位不愿意续订劳动合同，则因为双方缺乏"续订劳动合同的"共同意思表示，即使劳动者提出要求，也不符合该条规定，劳动合同到期终止。**上海**地区法院持这种观点。

第二种观点认为，用人单位无权选择是否续签，劳动者提出或同意订立无固定期限劳动合同，则必须签订无固定期限劳动合同。

《劳动合同法》第十四条第二款的规定应当作整体理解，第二款应当订立无固定期限劳动合同三种情形有一个共同的大前提："有下列情形之一，劳动者提出或同意续订劳动合同的，应当订立无固定期限劳动合同"，不应将第三项内容脱离该款前文的规定单独作理解。在该款前文中有一个条件，即"劳动者提出或者同意续订劳动合同的"，由此表明连续两次固定期限劳动合同期满后，只有劳动者一方对是否续订无固定期限劳动合同有选择权，用人单位没有选择权。依据该观点，第二次固定期限劳动合同期满后，用人单位无劳动关系终止权，对是否续订劳动合同无选择权，除劳动者提出订立固定期限劳动合同外，用人单位必须与劳动者签订无固定期限劳动合同。**北京、广东、浙江、江苏、山东、四川、天津、内蒙古、吉林、河南**等地法院持这种观点。

较为特殊的广州、深圳早期曾发文支持第一种观点，但广东省2012年发文称全省范围内按照第二种观点执行。河南省郑州市中院曾在2017年的判例中出现过第一种观点，但是河南省高院在2020年的判例中明确指出用人单位没有选择权，即支持第二种观点。

第二次固定期限劳动合同期满后，如果用人单位同意第三次签订劳动合同，上述两种观点均认为应当签订无固定期限劳动合同。但如果用人单位不同意续订劳动合同或不做出续订劳动合同的意思表示，则两种理解所引起的法律责任差别明显。

关联法条

《劳动合同法》（2012年修订）

第十四条 ……

用人单位与劳动者协商一致，可以订立无固定期限劳动合同。有下列情形之一，劳动者提出或者同意续订、订立劳动合同的，除劳动者提出订立固定期限劳动合同外，应当订立无固定期限劳动合同：

……

（三）连续订立二次固定期限劳动合同，且劳动者没有本法第三十九条和第四十条第一项、第二项规定的情形，续订劳动合同的。

防范要点

遇到员工连续两次固定期限劳动合同到期的情况，用人单位需注意以下事项。

（1）了解当地对于两次固定期限劳动合同后续订劳动合同的裁判口径。

（2）如果当地的口径为上述第一种观点，则一定要在劳动合同到期前1个月，甚至是更早的时间书面通知劳动者，劳动合同到期后将不续签。

（3）如果当地的口径为上述第二种观点，则需要书面通知劳动者，就是否愿意续订劳动合同进行征询，并要求劳动者在规定的时间内给予答复（包括是否同意续订，选择固定期限还是无固定期限等）。

7.10 "四金"的相关法律问题及计算

在劳动者和用人单位的劳动关系存续期间和解除或终止时，难免会出现一些违反合同约定或是违反法律、法规的情况。此时就需要用人单位支付经济补偿、赔偿金、代通知金，或者由劳动者支付违约金，等等。

经济补偿、赔偿金、代通知金和违约金，就是通常我们所说的"四金"。

1. 经济补偿的相关法律问题及计算

（1）用人单位需要支付经济补偿的情形。

《劳动合同法》第四十六条规定，有下列情形之一的，用人单位应当向劳动者支付经济补偿：

（一）劳动者依照本法第三十八条规定解除劳动合同的；（用人单位过失解除）

（二）用人单位依照本法第三十六条规定向劳动者提出解除劳动合同并与劳动者协商一致解除劳动合同的；（用人单位提出，协商一致解除）

（三）用人单位依照本法第四十条规定解除劳动合同的；（用人单位支付代通知金后解除）

（四）用人单位依照本法第四十一条第一款规定解除劳动合同的；（经济性裁员）

（五）除用人单位维持或者提高劳动合同约定条件续订劳动合同，劳动者不同意续订的情形外，依照本法第四十四条第一项规定终止固定期限劳动合同的；（劳动合同到期终止）

（六）依照本法第四十四条第四项、第五项规定终止劳动合同的；（用人单位破产、关闭等）

（七）法律、行政法规规定的其他情形。

由此可见，经济补偿是在劳动合同解除或终止后，用人单位依法一次性支付给劳动者的经济上的补助，通常也被称为"经济补偿"。

（2）经济补偿的计算方法。

《劳动合同法》第四十七条规定，经济补偿按劳动者在本单位工作的年限，每满一年支付一个月工资的标准向劳动者支付。六个月以上不满一年的，按一年计算；不满六个月的，向劳动者支付半个月工资的经济补偿。劳动者月工资高于用人单位所在直辖市、设区的市级人民政府公布的本地区上年度职工月平均工资三倍的，向其支付经济补偿的标准按职工月平均工资三倍的数额支付，向其支付经济补偿的年限最高不超过十二年。本条所称月工资是指劳动者在劳动合同解除或者终止前十二个月的平均工资。

这就是我们平时经常所说的"N"。

对于经济补偿中的工资计算标准，比较容易引发混淆和纠纷。这里所说的"劳动者在劳动合同解除或者终止前十二个月的平均工资"中的"工资"是否就是指员工的总收入，还存在较大的争议！

严格来说，依照国家统计局的相关文件精神，这里所说的"工资"应该指的是

"工资性收入",诸如上下班交通补贴、股息分红等就不能作为工资性收入。如果用人单位的财务足够规范,对劳动者的收入做了项目的拆分,那么在计算经济补偿基数的时候,就可以剔除"非工资性收入"的项目。

2. 赔偿金的相关法律问题及计算

(1)用人单位需要支付赔偿金的情形。

在什么情况下,用人单位需要向劳动者支付赔偿金呢?《劳动合同法》有明确的规定。

第八十二条 【**不订立书面劳动合同**的法律责任】用人单位自用工之日起超过一个月不满一年未与劳动者订立书面劳动合同的,应当向劳动者每月支付二倍的工资。

用人单位违反本法规定不与劳动者订立无固定期限劳动合同的,自应当订立无固定期限劳动合同之日起向劳动者每月支付二倍的工资。

第八十三条 【**违法约定试用期**的法律责任】用人单位违反本法规定与劳动者约定试用期的,由劳动行政部门责令改正;违法约定的试用期已经履行的,由用人单位以劳动者试用期满月工资为标准,按已经履行的超过法定试用期的期间向劳动者支付赔偿金。

第八十五条 【**未依法支付劳动报酬、经济补偿**等的法律责任】用人单位有下列情形之一的,由劳动行政部门责令限期支付劳动报酬、加班费或者经济补偿;劳动报酬低于当地最低工资标准的,应当支付其差额部分;逾期不支付的,责令用人单位按应付金额百分之五十以上百分之一百以下的标准向劳动者加付赔偿金:

(一)未按照劳动合同的约定或者国家规定及时足额支付劳动者劳动报酬的;

(二)低于当地最低工资标准支付劳动者工资的;

(三)安排加班不支付加班费的;

(四)解除或者终止劳动合同,未依照本法规定向劳动者支付经济补偿的。

第八十七条 【**违反解除或者终止劳动合同**的法律责任】用人单位违反本法规定解除或者终止劳动合同的,应当依照本法第四十七条规定的经济补偿标准的二倍向劳动者支付赔偿金。

简单来说就是四种情况:**不订立书面劳动合同、违法约定试用期、逾期未依法支付劳动报酬及经济补偿、违法解除或者终止劳动合同**。

和经济补偿的补偿性不同，赔偿金带有一定的惩罚性质。

（2）赔偿金的计算方法。

不订立书面劳动合同和违法约定试用期的赔偿金都是二倍工资的差额；未依法支付劳动报酬及经济补偿的赔偿金是应付金额的50%~100%（前提是逾期不支付的）；违法解除或终止劳动合同的赔偿金是两倍的经济补偿，也就是我们平时经常所说的"2N"。

3. 代通知金的相关法律问题及计算

所谓代通知金，即代替通知金，是指用人单位在提出解除或是终止劳动合同时应该提前1个月通知的情况下，没有提前1个月通知的，用额外多给付1个月的工资作为代替。

（1）需要支付代通知金的情形。

《劳动合同法》第四十条规定，有下列情形之一的，用人单位提前三十日以书面形式通知劳动者本人或者额外支付劳动者一个月工资后，可以解除劳动合同：

（一）劳动者患病或者非因工负伤，在规定的医疗期满后不能从事原工作，也不能从事由用人单位另行安排的工作的；

（二）劳动者不能胜任工作，经过培训或者调整工作岗位，仍不能胜任工作的；

（三）劳动合同订立时所依据的客观情况发生重大变化，致使劳动合同无法履行，经用人单位与劳动者协商，未能就变更劳动合同内容达成协议的。

也就是说，如果出现以上三种情形之一，用人单位要想解除劳动劳动合同，要么是提前30日以书面形式通知劳动者，要么是额外给付1个月工资立即解除。这额外的1个月工资就是代通知金。

需要强调的是，在这三种情况下，用人单位既需要支付经济补偿，也有可能需要支付代通知金，这就是我们平时经常所说的"N+1"。

（2）代通知金的计算方法。

和经济补偿的计算不同，《劳动合同法实施条例》第二十条规定，用人单位依照劳动合同法第四十条的规定，选择额外支付劳动者一个月工资解除劳动合同的，其额外支付的工资应当按照该劳动者上一个月的工资标准确定。

需要注意的是，代通知金和赔偿金不能同时获得。

4. 违约金的相关法律问题及计算

违约金是指按照当事人的约定或者法律直接规定，一方当事人违约的，应向另一方面当事人支付的金钱。

（1）可以约定劳动者承担违约金的情形。

在劳动合同领域，涉及的违约金只有两项：培训服务期、竞业限制。除此之外，用人单位与劳动者约定由劳动者承担违约金，一般都是无效条款。《劳动合同法》有详细规定。

第二十二条【服务期】用人单位为劳动者提供专项培训费用，对其进行专业技术培训的，可以与该劳动者订立协议，约定服务期。

劳动者违反服务期约定的，应当按照约定向用人单位支付违约金。违约金的数额不得超过用人单位提供的培训费用……

第二十三条【保密义务和竞业限制】用人单位与劳动者可以在劳动合同中约定保守用人单位的商业秘密和与知识产权相关的保密事项。

对负有保密义务的劳动者，用人单位可以在劳动合同或者保密协议中与劳动者约定竞业限制条款，并约定在解除或者终止劳动合同后，在竞业限制期限内按月给予劳动者经济补偿。劳动者违反竞业限制约定的，应当按照约定向用人单位支付违约金。

（2）违约金的计算方法。

和经济补偿、赔偿金、代通知金的计算都有法定标准不同，相关法律、法规对违约金的计算并没有严格的规定。

培训服务期的违约金总额，不得超过用人单位提供的专项培训费用。

竞业限制的违约金，双方可以协商确定，但原则上不得超过在竞业限制期限内支付给劳动者经济补偿的5~10倍。

劳动合同解除或终止时经济补偿、赔偿金、代通知金、违约金的比较如表7-2所示。

表7-2 经济补偿、赔偿金、代通知金、违约金比较一览表

	经济补偿	赔偿金	代通知金	违约金
法律性质	补偿	惩罚	补偿	违约
依据法律	《劳动合同法》			
依据法条	第46条	第82、83、85、87条	第40条	第22、23条

续表

	经济补偿	赔偿金	代通知金	违约金
适用条件	（1）劳动者依照劳动合同法第38条规定解除劳动合同的； （2）用人单位依照劳动合同法第36条规定向劳动者提出解除劳动合同并与劳动者协商一致解除劳动合同的； （3）用人单位依照劳动合同法第40条规定解除劳动合同的； （4）用人单位依照劳动合同法第41条第1款规定解除劳动合同的； （5）除用人单位维持或提高劳动合同约定条件续订劳动合同，劳动者不同意续订的情形外，依照劳动合同法第44条第1项规定终止固定期限劳动合同的； （6）依照劳动合同法第44条第4项、第5项规定终止劳动合同的； （7）法律、行政法规规定的其他情形	（1）未订立书面劳动合同； （2）违法约定试用期； （3）逾期未支付劳动报酬或经济补偿； （4）违法解除或终止劳动合同	用人单位依据下列情形之一解除劳动合同的： （1）劳动者患病或非因工负伤，在规定的医疗期满后不能从事原工作，也不能从事由用人单位另行安排的工作的； （2）劳动者不能胜任工作，经过培训或调整工作岗位，仍不能胜任工作的； （3）劳动合同订立时所依据的客观情况发生重大变化，致使劳动合同无法履行，经用人单位与劳动者协商，未能就变更劳动合同内容达成协议的	违反服务期、竞业限制约定
责任主体	用人单位	用人单位	用人单位	劳动者
计算标准	月均工资×工作年限（N）	$2N$	1个月工资	双方约定

7.11 企业违法解除劳动合同的法律后果

企业违法解除劳动合同，是指违反《劳动合同法》的相关规定解除劳动合同，这些"相关规定"主要是指《劳动合同法》的第三十六条、第三十九条、第四十条、第四十一条、第四十二条、第四十三条、第四十四条、第四十五条等法条的规定。

概括来讲，主要包括以下4种情况。

（1）未与劳动者协商一致而解除劳动合同。

（2）未出现可以解除或终止劳动合同的情形而解除劳动合同，或者未按《劳动合同法》规定的程序解除劳动合同。

（3）劳动者具有用人单位不得解除或终止劳动合同的条件时解除劳动合同。

（4）违反解除劳动合同的法定程序，如未通知工会，未提前30天以书面形式通知劳动者等。

那么，如果企业违法解除劳动合同，会有什么法律后果呢？《劳动合同法》对用人单位违法解除劳动合同的行为有两种处理方法，具体如下。

1. 继续履行

用人单位违法解除劳动合同后，如果劳动者要求继续履行劳动合同，则用人单位应当继续履行。而一旦被裁决或判决继续履行劳动合同，则用人单位还需要承担劳动者仲裁及诉讼阶段的工资损失及加付赔偿金。

2. 支付赔偿金后劳动合同解除

用人单位违法解除劳动合同后，如果劳动者不要求继续履行劳动合同或劳动合同实际已经不能继续履行的，用人单位在依法支付赔偿金后劳动合同解除。

此时用人单位支付的赔偿金是经济补偿标准的两倍。

7.12 解除劳动合同通知书操作不当的法律风险

当用人单位提出解除劳动合同时，往往需要给劳动者出具解除劳动合同通知书，告知劳动者，单位将与其解除劳动合同，结束劳动用工关系。解除劳动合同通知书也就是我们俗称的"辞退信"。

在撰写解除劳动合同通知书时，如果表述不当，也容易给用人单位带来一定的法律风险。

典型案例

2015年4月，高某应聘进入宁波某贸易公司，担任市场部经理一职。双方签订了为期3年的劳动合同，约定月工资为10 000元。

2017年10月，公司接到举报信，称高某有向供应商索取回扣的行为。公司经查证属实，虽然回扣金额不高，但公司认为该行为性质恶劣，且公司规章制度对此有明确规定，此种行为属于严重违反公司规章制度的行为。

公司领导找高某谈话，通知高某公司将与其解除劳动合同。高某表示，为顾及面子，希望公司能将解除劳动合同的理由写成"不能胜任工作"，他将配合公司做好离职工作交接事宜。公司同意了高某的要求，出具了相应的解除劳动合同通知书。高某在办理完工作交接后，于10月底离开了公司。

2017年11月6日，高某向宁波市鄞州区劳动争议仲裁委员会提交仲裁申请，声称公司违法解除劳动合同，要求公司向其支付赔偿金60 000元。

庭审上，高某称，公司以其"不能胜任工作"为由解除了劳动合同，但他工作一直很努力，2017年度上半年还获得了公司的表彰。而公司则辩称，公司解除与高某的劳动合同是因为高某严重违纪，违纪事项是向供应商索要回扣。

鄞州区劳动争议仲裁委员会认为，公司辩称的解除理由与解除劳动合同通知书中载明的理由不一致。因此，高某向供应商索要回扣的行为不能作为公司解除劳动合同的法律依据。

最终，鄞州区劳动争议仲裁委员会裁定公司属违法解除劳动合同，应向高某支付赔偿金60 000元。

案例解读

这个案件非常简单，很多人甚至会觉得公司非常冤，但仲裁庭和法院都是讲证据的。在本案中，公司出具的解除劳动合同通知书上载明的解除理由是"不能胜任工作"，那么，公司就必须提供证据来证明高某不能胜任工作，否则，这个解除理由就不成立，解除的行为自然就是不合法的了。

当然，除了解除理由表述不规范容易引发法律风险外，在解除劳动合同通知书的送达环节也容易出问题。

关联法条

《最高人民法院关于审理劳动争议案件适用法律问题的解释（一）》（法释

〔2020〕26号）

第四十四条 因用人单位作出的开除、除名、辞退、解除劳动合同、减少劳动报酬、计算劳动者工作年限等决定而发生的劳动争议，用人单位负举证责任。

防范要点

在向劳动者出具解除劳动合同通知书时注意哪些事项，才能尽可能地规避法律风险呢？

1. 注意用词的规范

解除劳动合同通知书的用途是据此告知劳动者，公司将与其解除劳动合同，结束劳动关系。而对于劳动关系的结束，《劳动合同法》只有两种表述，那就是"解除劳动合同"和"终止劳动合同"。所以，用人单位应尽量将此通知表述为"解除劳动合同通知书"或"终止劳动合同通知书"，而避免使用"解职""解聘""解约"等不规范甚至是存在歧义的词汇。

比方说，"解职"就可以理解成是解除职务。

2. 解除的理由要真实

解除的理由一定要如实表述，不能虚构。用人单位对于解除理由的真实性、合法性负有举证责任，举证不力的将被推定为违法解除。

本节的案例就是因为用人单位顾及劳动者的面子，在解除劳动合同通知书中填写了虚假的解除理由，非常"冤"地将合法辞退变成了违法解除。

一般来说，解除理由的表述有两种风格。

（1）笼统表述，就是只写明解除的大致理由，不作细致的表述，如：

解除您的理由是：

☑在试用期内被证明不符合录用条件。

（2）详细表述，就是把具体的解除理由写上去，如：

解除您的理由是：

☑在试用期内，你迟到累计达到10次，构成不符合录用条件。

笔者个人比较倾向于第（1）种风格，即笼统表述。如果劳动者提起劳动仲裁，在仲裁庭上用人单位可以再提交具体的事实证据来佐证解除理由的合法性。

3. 生效时间要明确

解除劳动合同通知书的生效时间一定要明确，也就是双方的劳动关系具体到哪一天结束，因为这关系到薪资结算等一系列问题。

具体可表述为："您的劳动合同于××年××月××日解除。"

4. 一式两份，注意签收送达程序

解除劳动合同通知书一定要一式两份，下方需附签收回执，最好是劳动者当面签收。如果劳动者拒绝当面签收，则可以用EMS寄送的方式，并保留好相应的证据。

当然，也可以采用媒体公告送达的方式，但实操性比较差，不做推荐。

5. 其他可写事项

解除劳动合同通知书上除了解除理由、解除日期等必备项之外，还可以包括离职手续办理、是否支付经济补偿或其他金额、未休的年假在离职前如何处理等事项。

7.13 必须给离职员工开具离职证明吗？

离职证明是用人单位与劳动者解除劳动关系的书面证明，是用人单位与劳动者解除劳动关系后必须出具的一份书面材料。

在实践操作中，很多用人单位和HR不太重视离职证明，或者是以劳动者还未配合办理离职工作交接为由拒绝开具离职证明，从而引发了很多劳动争议和纠纷。

万某与苏州某网络科技有限责任公司（以下简称Y公司）于2014年9月15日签订劳动合同，期限至2015年9月14日，岗位为人事，月薪2000元。2015年8月，Y公司以电子邮件形式向万某发出劳动合同到期不再续签通知书，万某确认收到。

2015年9月14日劳动合同到期终止，万某离职时，Y公司未出具离职证明。

2016年3月，万某申诉至苏州工业园区劳动争议仲裁委员会。庭审中，万某提供了苏州启续公司出具的录用通知书和不予录用通知，落款时间分别为2015年

9月24日和2015年9月25日,聘用岗位为人力资源部人事主管,基本工资为每月5000元,以证明因Y公司未及时提供离职证明导致其无法入职新公司,造成损失。

仲裁委员会经审理后认为,Y公司未在法定时间内为万某办理解除劳动合同的证明,导致万某无法办理后续单位的入职,应当依法赔偿万某的损失,并于2016年5月13日裁定Y公司支付万某损失赔偿30 000元。

Y公司不服裁决,向苏州工业园区人民法院提出诉讼,一审驳回了Y公司的诉讼请求,判决Y公司应向万某支付未及时出具解除劳动合同的证明造成的损失30 000元。Y公司不服一审判决,向苏州市中级人民法院提出上诉,最终,苏州市中级人民法院于2016年12月12日做出终审判决,驳回了Y公司的上诉,维持原判。

案例解读

《劳动合同法》明确规定,用人单位应当在解除或者终止劳动合同时出具解除或者终止劳动合同的证明,并在十五日内为劳动者办理档案和社会保险关系转移手续。

请注意法律条文的表述:"**应当**""**解除或者终止劳动合同时**"。"应当"表明为劳动者出具离职证明是法定责任和义务,不附带任何条件,实务中很多用人单位常常将办理离职工作交接手续作为出具离职证明的前置条件,以劳动者未配合工作交接为由拒绝出具离职证明,这种做法是错误的。"解除或者终止劳动合同时"规定了用人单位出具离职证明的时间要求,原则上哪一天解除或者终止劳动合同,哪一天就要出具离职证明。

《劳动合同法》还规定,用人单位违反本法规定未向劳动者出具解除或者终止劳动合同的书面证明,由劳动行政部门责令改正;给劳动者造成损害的,应当承担赔偿责任。

与此同时,《劳动合同法》还规定,用人单位招用与其他用人单位尚未解除或者终止劳动合同的劳动者,给其他用人单位造成损失的,应当承担连带赔偿责任。

在本案中,Y公司虽然向仲裁庭及法院声称其已通过申通快递给万某寄送过离职证明,但未提供万某签收过该快递的凭证。万某提供了启续公司的录用通知和不予录用通知,证明确因Y公司未出具离职证明而导致其未被启续公司录用,造成经济损失。

据此，劳动仲裁委员会、一审法院和二审法院都支持了万某的请求，裁决或判决Y公司应赔偿万某的经济损失30 000元。

关联法条

1.《劳动合同法》(2012年修订)

第五十条 【劳动合同解除或终止后双方的义务】用人单位应当在解除或者终止劳动合同时出具解除或者终止劳动合同的证明，并在十五日内为劳动者办理档案和社会保险关系转移手续。

劳动者应当按照双方约定，办理工作交接。用人单位依照本法有关规定应当向劳动者支付经济补偿的，在办结工作交接时支付。

用人单位对已经解除或者终止的劳动合同的文本，至少保存二年备查。

第八十九条 【不出具解除、终止书面证明的法律责任】用人单位违反本法规定未向劳动者出具解除或者终止劳动合同的书面证明，由劳动行政部门责令改正；给劳动者造成损害的，应当承担赔偿责任。

第九十一条 【用人单位的连带赔偿责任】用人单位招用与其他用人单位尚未解除或者终止劳动合同的劳动者，给其他用人单位造成损失的，应当承担连带赔偿责任。

2.《实施〈中华人民共和国社会保险法〉若干规定》(2011年人力资源和社会保障部令第13号)

第十九条 用人单位在终止或者解除劳动合同时拒不向职工出具终止或者解除劳动关系证明，导致职工无法享受社会保险待遇的，用人单位应当依法承担赔偿责任。

防范要点

司法实践中，用人单位不出具离职证明的赔偿案例主要为两种类型：一是赔偿劳动者失业保险待遇损失，二是赔偿劳动者因缺乏离职证明未能就业导致的工资损失。

那么，用人单位如何规避此类风险呢？

1. 出具离职证明不能附带任何条件

用人单位给终止或解除劳动合同的劳动者出具离职证明是其法定义务，不能附带任何条件。即便是劳动者尚有未了结的事项，比如，未办完工作交接，还有未收回的客户货款，还有个人借款未结清，等等，用人单位也不能据此拖延或是拒绝出具离职证明，但可以在劳动者办理完成工作交接前拒付经济补偿（依据《劳动合同法》第五十条）。

更为极端的情况，即便是劳动者不辞而别，用人单位也不能不出具离职证明，否则，也将承担相应的法律责任。

《劳动合同法》规定了用人单位必须出具离职证明，但对离职证明的格式和具体内容并没有详细规定。根据具体措辞的不同，离职证明大致可以分为"积极型""正常型""负面型""否定型"。

（1）积极型。

×××在本公司工作期间与同事相处融洽，无不良表现。经公司慎重考虑，准予离职，已办理完成工作交接手续，且与本公司无任何纠纷！

因未签订保密协议及竞业限制协议，遵从其择业自由！

一般看到这种类型的离职证明，有经验的HR就知道，这个劳动者多半是真实地自己主动离职的，且在原公司表现比较好，离职的气氛也比较融洽。

（2）正常型。

×××因×××原因申请离职，公司准予离职，已办理完成工作交接手续，且与本公司无任何纠纷！

因未签订保密协议及竞业限制协议，遵从其择业自由！

一般看到这种类型的离职证明，有经验的HR就会知道，这个劳动者的离职气氛可能不算很好。

（3）负面型。

因×××原因，公司经研究决定，自即日起解除与其订立的劳动合同。已办理完成工作交接手续，且与本公司无任何纠纷！

因未签订保密协议及竞业限制协议,遵从其择业自由!

一般看到这种类型的离职证明,有经验的HR就会知道,这个劳动者是被原用人单位开除或辞退的,可能需要认真考虑是否录用。

(4)否定型。

因×××自动离职,旷工超过××日,构成严重违纪,公司经研究决定,自即日起解除与其订立的劳动合同。工作交接手续尚未办理完毕!

这种离职证明劳动者一般不会签收,更不会主动提交给新的用人单位。

2. 注意离职原因的书写

离职证明上须载明离职原因,一般而言,离职证明只适用于合同期满且主动要求不续约或因个人原因申请离职的员工。如果是被公司辞退或开除的员工,公司可以为其出具辞退或开除证明书,即解除劳动合同通知书。

如果是没有经济补偿的离职,离职原因最好写成"因个人原因申请离职"。很多情况下,明明是用人单位依照《劳动合同法》第三十九条即劳动者过失解除劳动合同的,但顾及劳动者面子,会写成"与劳动者协商一致解除劳动合同"。劳动者据此申请经济补偿,如果用人单位解除劳动合同的手续不甚完备,就很可能被判定需要支付经济补偿。

需要提醒的是,劳动者只有在被开除、被辞退,或是被迫辞职的情况下,才能申领失业金;如果是劳动者主动辞职或劳动合同期满,则无法申领失业金。

3. 离职证明需要员工签收

离职证明需要有签收栏,若员工不是自动离职,则需要在公司让其当场签收;若是自动离职的,则可以EMS邮寄的方式寄送给他,同时保留好寄送的相关凭证。

这一点非常重要,在笔者所见过的离职证明中,几乎90%缺了这个环节,存在一定的法律风险。

关于寄送的规范及注意事项,在其他章节都有讲解,在此不再赘述。

第 8 章
特殊员工法律风险防范

对于用人单位来说，大多数情况下，只要履行了正常的招聘、入职程序，按照正常的规章制度来管理，一般就不会出现什么法律风险。

但对于一些特殊的员工，如劳动派遣用工、外籍员工、退役军人等，国家还有一些专门的法律、法规。用人单位在聘用和管理这些特殊员工时，必须严格遵守相应的法律规范，以规避法律风险。

扫码观看本章
视频教学知识点

8.1 劳务派遣用工的法律风险

劳务派遣是指由劳务派遣机构与派遣劳动者订立劳动合同，把劳动者派向其他用工单位，再由用工单位向派遣机构支付一笔服务费用的一种用工形式，又称人力派遣、人才租赁、劳动派遣、劳动力租赁和雇员租赁。

劳务派遣由三方当事人来完成，包括派遣单位、用工单位、被派遣人员（劳动者）。其具体关系为：派遣单位与用工单位签订劳务派遣服务协议，向用工单位派出劳动者提供劳动，用工单位向派遣单位支付相关费用；派遣单位与劳动者签订劳动合同，并向其支付工资，为其办理社会保险等；用工单位对劳动者进行指导和管理，并要求劳动者为其工作和提供服务。

劳务派遣用工在我国广泛存在，尤其是在一些大型国有企业、机关事业单位、建筑行业、服务性行业、银行等，劳务派遣用工的比例非常高。

虽然劳务派遣用工具有简化管理程序、减少劳动争议、分担风险和责任、降低成本费用、灵活自主用工等优势。但近几年以来，尤其是《劳动合同法》于2012年修订以来，因劳务派遣用工而引发的劳动争议和纠纷呈高发态势，甚至有部分用人单位为了降低用工成本、逃避用工责任，违法、大量使用劳务派遣用工。这一现象需要引起广大用人单位和HR的高度重视。

8.1.1 派遣单位不具备资质的法律风险

2012年12月28日，第十一届全国人民代表大会常务委员会第三十次会议通过了关于修改《中华人民共和国劳动合同法》的决定，此次修改的内容全部和劳务派遣业务相关。

其中，第五十七条对劳务派遣机构的设立明确了四个条件，并将劳务派遣机构的监管从备案制改回成审批制。

但在现实生活中，劳务派遣机构可谓是鱼龙混杂，还存在大量的不符合资质要求的劳务派遣机构。如果和这些机构合作劳务派遣，将给用工单位带来极大的法律风险。

> **典型案例**

原告上海K纸品包装有限责任公司（以下简称"K公司"）不服被告上海市人力资源和社会保障局（以下简称"市人保局"）做出的沪人社监（2008）理字第×××号行政处理决定，向上海市黄浦区人民法院提起诉讼。

原告K公司诉称，在被告市人保局下属的劳动监察部门来原告公司对涉嫌欠缴72名外来从业职工的综合保险费一事进行调查时，原告曾明确告知，其中有35名人员系案外人上海H实业有限公司（以下简称"H公司"）依据双方协议向原告派遣，不属于原告的员工，被告明知该事实，却仍然做出了要求原告缴纳72名外来从业人员综合保险费合计人民币85 759.90元的行政处理决定。原告认为被告的处理决定违法，故起诉要求撤销被告于2009年1月6日做出的沪人社监（2008）理字第×××号行政处理决定。

被告市人保局辩称，经被告调查证实，行政处理决定所载的72名外来从业人员均在原告K公司工作，受原告管理，从原告处领取报酬，原告声称其中有35名人员不是原告员工的理由不能成立。被告做出的行政处理决定认定事实清楚、证据确凿、程序合法，适用依据正确，请求法院予以维持。

黄浦区人民法院认为，K公司的确与H公司签订过劳务派遣合作协议，约定由H公司在一年的期限内派遣部分劳动者至原告K公司工作。但经合议庭调查核实，该份协议存在主体不适格的问题。根据《劳动合同法》第五十七条的规定："劳务派遣单位应当依照公司法的有关规定设立，注册资本不得少于五十万元。"（注：修订后的《劳动合同法》已将注册资本提高至不少于二百万元），而H公司既未经工商登记注册成立，在社保系统中也没有登记开户。本案中涉案的35名外来人员并未与H公司签订劳动合同，而是一直在原告公司工作，故原告主张的劳务派遣关系并不能成立。

最终，黄浦区人民法院依法驳回了K公司的诉讼请求。

> **案例解读**

本案的主要争议点在于这部分外来从业人员是否属于原告K公司的员工，或者是说，这部分外来从业人员和原告K公司是否存在事实劳动关系。虽然原告主张这35名外来从业人员系其劳务派遣合作伙伴H公司派遣而来,但经法院查证,H公司并不具备劳务派遣机构的资质,甚至还没有在工商注册登记,该劳务派遣关系自然就不成立。

而这35名外来从业人员一直在K公司处工作,接受K公司的管理、指挥和监督,他们提供的劳动也是K公司业务的组成部分,K公司向他们发放劳动报酬,提供了劳动场所等,这完全符合"事实劳动关系"的构成要件。

最终,法院认定劳务派遣关系不成立,这35名外来从业人员和K公司存在劳动关系,K公司应当按照法律、法规为他们缴纳社保。

K公司因为和不具备劳务派遣资质的单位合作,招入劳务派遣人员,最终给自己造成了不小的经济损失。

关联法条

《劳动合同法》(2012年修订)

第五十七条 经营劳务派遣业务应当具备下列条件:

(一)注册资本不得少于人民币二百万元;

(二)有与开展业务相适应的固定的经营场所和设施;

(三)有符合法律、行政法规规定的劳务派遣管理制度;

(四)法律、行政法规规定的其他条件。

经营劳务派遣业务,应当向劳动行政部门依法申请行政许可;经许可的,依法办理相应的公司登记。未经许可,任何单位和个人不得经营劳务派遣业务。

第九十二条 违反本法规定,未经许可,擅自经营劳务派遣业务的,由劳动行政部门责令停止违法行为,没收违法所得,并处违法所得一倍以上五倍以下的罚款;没有违法所得的,可以处五万元以下的罚款。

……

防范要点

2013年7月1日开始,我国的劳务派遣机构即开始采用许可制,不是随便什么企业想开展劳务派遣业务就可以开展的。

用人单位如果因为业务发展需要采用劳务派遣用工形式，在选择劳务派遣机构时，除了要查验对方的营业执照等信息外，最重要的是要查验该机构的资质，看其是否已获得当地劳动行政部门的许可，即是否已获得"劳务派遣经营许可证"，并且需要确认是否尚在有效期限内。

如果选择和没有资质的劳务派遣机构合作，将存在与劳动者构成事实劳动关系的风险。

8.1.2 逆向派遣的法律风险

在正常的劳务派遣用工模式中，一般是由劳务派遣机构按照用工单位的要求，挑选并提供合适的劳动者为用工单位提供劳动服务。但在现实生活中，还存在一种较为特殊的劳务派遣操作形式——用工单位与本单位部分或大部分劳动者解除劳动合同，让这些解除劳动合同的劳动者再与本单位指定的某一劳务派遣机构重新订立劳动合同，然后由该派遣机构将这些劳动者再派回本单位继续工作，这就叫"逆向派遣"。

需要说明的是，"逆向派遣"并非正式的法律术语，而是针对《劳动法》中对劳务派遣进行规避操作的一种形象的说法。

用人单位为什么会"热衷"于操作逆向派遣呢？主要是从成本角度考虑的，因为实施逆向派遣后，原来的劳动关系就变成了劳务关系。虽然劳动者仍然为用工单位提供劳动，但劳动者在该单位的工龄就停止累积了，所有和工龄相关的福利（年休假、经济补偿、赔偿金、工伤待遇等）也都将清零。

但是，逆向派遣如果操作不当，也极易构成事实劳动关系，给用工单位造成经济上的损失。

典型案例

2000年10月10日，原告钱某应聘到被告某校食堂工作，双方未签订书面劳动合同。2008年1月1日，被告某校让原告钱某与被告劳务公司签订了期限自2008年1月1日至2010年12月31日的劳动合同，原告钱某仍在被告某校食堂上班，工作内容、劳动报酬等未发生变化。被告劳务公司为原告钱某发放工资并缴纳养老保险费，但曾低于最低工资标准发放原告钱某工资。2010年10月14日，原告钱某以被告某校、劳务公司不依法缴纳社会保险费且不足额支付工资为由，向两被告邮寄了"终止劳动关系告知书"，双方劳动关系当日终止。原告钱某离职前十二个月平均工资为850元。

2010年12月29日，原告钱某向淮安市清河区劳动争议仲裁委员会申请仲裁，请求裁决两被告支付2000年10月10日至2010年10月14日的经济补偿8500元。被告某校称原告钱某与被告劳务公司存在劳动关系，学校不应支付经济补偿。被告劳务公司同意支付2008年1月1日至2010年10月14的经济补偿2550元。仲裁裁决支持了两被告的意见，原告钱某不服，后诉至法院。

法院经审理认为，用人单位或其所属单位不得出资或合伙设立劳务派遣公司，向本单位或所属单位派遣劳动者。本案中，两被告之间的劳务派遣协议属于法律禁止的劳务派遣行为，应认定为无效合同。原告钱某自始至终与被告某校存在劳动关系。综上，法院判决被告某校支付原告钱某经济补偿8500元。宣判后，原、被告均未上诉，一审判决生效。

案例解读

本案是一起比较典型的逆向派遣的案例，法院的观点如下。

其一，根据《劳动合同法》第六十七条规定，用人单位不得设立劳务派遣公司向本单位或所属单位派遣劳动者。而在本案中，被告某校与郑某合伙设立某招待所，招待所与两名自然人设立被告劳务公司，被告劳务公司再将劳动者派遣至被告某校。这表面上是一种涉及三方的劳务派遣行为，实则被告某校自己设立劳务派遣单位并将员工派遣至学校食堂上班，即被告某校虚构劳务派遣事实规避法律义务，显然属于上述法律规定不得设立劳务派遣单位的情形。因此劳务派遣协议无效，被告某校一直系原告钱某的用人单位，双方劳动关系的存续期间为2000年10月10日至2010年10月14日。

其二，在本案中，在未支付原告钱某经济补偿终止双方劳动关系的情况下，被告某校让原告钱某与被告劳务公司签订劳动合同，显然属于逃避法律责任的情形。此种逆向派遣行为属无效劳务派遣行为。

关联法条

1.《劳动合同法》(2012年修订)

第六十七条 用人单位不得设立劳务派遣单位向本单位或者所属单位派遣劳动者。

2.《江苏省高级人民法院劳动争议案件审理指南(2010年)》

第三章第五节劳动派遣纠纷的法律适用问题……

五、逆向派遣情形下劳动合同的效力

《劳动合同法》实施后,一些用人单位自设派遣单位或者与其他派遣单位联系好,在劳动者不离岗的情形下,直接完成从一般劳动者向派遣劳动者的转换。对于这类合同的效力,可区分情况予以考量:

(1)如果用人单位按照《劳动合同法》的规定与劳动者解除或者终止劳动合同并支付经济补偿后,又通过派遣机构重新使用劳动者的,且该劳务派遣是在临时性、辅助性或者替代性的工作岗位上实施的,可认定劳务派遣有效。

(2)如果用人单位按照《劳动合同法》的规定与劳动者解除或者终止劳动合同并支付经济补偿后,又通过派遣机构重新使用劳动者的,但该劳务派遣不是在临时性、辅助性或者替代性的工作岗位上、而是在主要业务岗位上实施的,应认定劳务派遣无效,劳动关系仍存在于原用人单位与劳动者之间。

(3)如果用人单位违法与劳动者解除或者终止劳动合同后,又通过派遣机构重新使用劳动者的,应认定劳务派遣无效,劳动关系仍存在于原用人单位与劳动者之间。

防范要点

客观地讲,逆向派遣在现实中十分常见,尤其是在北京。一些中央国家机关、事业单位都存在大量的劳务派遣,且存在各种各样的历史遗留问题。即使是人力资源和社会保障部2014年颁布的《劳务派遣暂行规定》,也将国家机关和事业单位排除在了《劳务派遣暂行规定》所规范的劳务派遣范围之外。所以,司法裁判机关在审理这类案件中,一般不会直接否定逆向劳务派遣的效力,而是会综合考虑多项因素。

如果单位确需借助劳务派遣单位逆向派遣已经用工的劳动者，建议参照《江苏省高级人民法院劳动争议案件审理指南（2010年）》，注意以下几点。

（1）避免用关联单位进行派遣，要选择具有合法劳务派遣经营许可证的劳务派遣机构进行合作。

（2）确保已和该劳动者合法地解除或终止了之前的劳动合同关系，再操作劳务派遣。

（3）派遣操作必须符合《劳务派遣暂定规定》的相关规范（用工范围：临时性、辅助性、替代性；用工比例：不得超过用工总量的10%，等等）。

其实，采用劳务派遣的用工形式并不利于增强劳动者对用工单位的归属感，甚至在一定程度上会影响劳动者的工作积极性和创造性。尤其是逆向派遣的操作方式，对劳动者的积极性打击会更大，所以，建议广大用人单位慎用逆向派遣。

8.1.3　超比例使用劳务派遣工的风险

2014年2月底，深圳市人社局发布了一组数据，称深圳全市范围实际开展劳务派遣业务的企业有300多家，涉及员工20余万人，用人单位超2300家，主要集中在金融保险、交通物流运输业、制造业和行政机关事业单位等。其中超过1/3的单位使用劳务派遣工比例超20%，最高的达50%。这一组数据曾经引发了HR界的热议。

原本劳务派遣用工只是传统用工的补充，但因为诸多原因，包括历史原因，导致大量用人单位大范围地使用劳务派遣工。而且劳务派遣工和单位自聘员工（俗称正式工）之间等级分明，在劳动报酬及福利、保险、分红等诸多方面普遍存在较大的差别，引发了一系列的社会问题。

2014年3月1日，国家人力资源和社会保障部颁布的《劳务派遣暂行规定》正式实施，明确用工单位使用的被派遣劳动者数量不得超过其用工总量的10%，并设置了两年的过渡期。用人单位如果超比例使用劳务派遣工，将受到劳动行政部门的处罚，甚至有可能影响到企业的上市。

典型案例

通过《江苏精研科技股份有限公司创业板首次公开发行股票申请文件反馈意见》

（2017年8月25日）公布信息可知以下信息。

2017年8月25日，证监会发审委在审核江苏精研科技股份有限公司创业板IPO申请时，要求其对相关问题进行说明：

"13. 发行人生产人员较多，存在劳务派遣用工的情形。请说明报告期各期员工专业结构分布的变动情况，员工'五险一金'缴纳情况，是否存在欠缴情形，报告期内劳务派遣用工的情况，是否符合国家相关法律、法规规定，是否存在重大违法违规行为。请保荐机构、律师发表核查意见。"

申请文件显示，2014年度，精研科技的劳务派遣人员比例高达26.58%，但到了2017年6月30日，公司已不存在劳务派遣用工形式。

2017年9月6日，江苏精研科技股份有限公司IPO获通过。

案例解读

为规范用人单位的劳务派遣用工操作，人社部为用人单位使用劳务派遣工画定了红线，那就是不得超过用工总数的10%。证监会发审委在审核IPO的申请文件时，也要重点审查劳动用工的规范性问题。

在本案中，江苏精研科技股份有限公司曾经的劳务派遣用工比例远远超过法定标准。但后来通过业务外包的形式，将劳务派遣用工的比例降至0，符合了相关法律规范，也顺利通过了证监会发审委的审核。

关联法条

1.《劳务派遣暂行规定》（2014年颁布）

第四条　用工单位应当严格控制劳务派遣用工数量，使用的被派遣劳动者数量不得超过其用工总量的10%。

前款所称用工总量是指用工单位订立劳动合同人数与使用的被派遣劳动者人数之和。

计算劳务派遣用工比例的用工单位是指依照劳动合同法和劳动合同法实施条例可以与劳动者订立劳动合同的用人单位。

2.《劳动合同法》（2012年修订）

第九十二条　违反本法规定，未经许可，擅自经营劳务派遣业务的，由劳动行政部门责令停止违法行为，没收违法所得，并处违法所得一倍以上五倍以下的罚款；没有违法所得的，可以处五万元以下的罚款。

劳务派遣单位、用工单位违反本法有关劳务派遣规定的，由劳动行政部门责令限期改正；逾期不改正的，以每人五千元以上一万元以下的标准处以罚款，对劳务派遣单位，吊销其劳务派遣业务经营许可证。用工单位给被派遣劳动者造成损害的，劳务派遣单位与用工单位承担连带赔偿责任。

防范要点

10%是用人单位使用劳务派遣工的比例红线，如果超比例使用劳务派遣工，由劳动行政部门责令改正，逾期不改正的，将被处以每人5000元以上1万元以下的罚款。处罚的力度还是非常大的。

2016年2月29日，是《劳务派遣暂行规定》关于10%比例红线过渡期的结束之日。也就是说，现在所有的用人单位都必须严格执行此比例。

在不能缩减岗位的前提下，要想将劳务派遣用工的比例降到红线以下，可采用两种方法。

1. 转正

与一些非临时性的岗位（原本也不允许使用劳务派遣工）、相对较重要的岗位的劳务派遣工直接签订劳动合同，即将劳务派遣工变成用人单位自己的正式员工。

2. 业务外包

将一些非核心的、辅助性的岗位和工作（如客服、外呼等）外包给第三方公司，从而将劳务关系变成了经济合同关系，所适用的法律也就从《劳动合同法》《劳动法》等变成了《民法典》《经济法》等。

8.1.4　劳务派遣用工的"三性"

因为劳务派遣用工具有各种各样的优点，也就受到了很多用人单位的青睐。那么，是否用人单位通过具备资质的劳务派遣机构来招用劳务派遣工，同时将劳务派遣工的比例控制在10%的红线内，就可以任意操作呢？是不是所有的岗位都能够使用这种用工形式呢？

《劳动合同法》第六十六条第一款规定，劳动合同用工是我国的企业基本用工形式。劳务派遣用工是补充形式，只能在临时性、辅助性或替代性的工作岗位上实施。**临时性、辅助性、替代性**，就是我们所说的劳务派遣用工的"三性"。

典型案例

2010年3月，朱某与某劳务公司签订劳动合同后，被派遣至安顺公司任长途汽车驾驶员。2014年3月11日，朱某与该劳务公司签订了最后一期劳动合同，期限自2014年3月11日起至2016年3月10日止。

2015年2月2日，朱某向南京某区劳动仲裁委提起仲裁申请，仲裁委做出不予受理决定后，朱某向法院起诉，要求确认其与某劳务公司签订的劳动合同无效，其与安顺公司之间形成事实劳动关系。

一审法院支持了朱某的诉讼请求。安顺公司不服判决，上诉到南京市中级人民法院，南京市中级人民法院最终驳回了安顺公司的上诉，维持原判。

案例解读

在本案中，法院认为：（1）现有证据证明汽车物流运输服务是安顺公司的主营业务，并非辅助性的工作岗位；（2）朱某自2010年进入安顺公司后就一直接受公司的直接管理，其从事的长途驾驶员的工作也是安顺公司主营业务的组成部分，且以驾驶员的工作获得劳动报酬，双方之间的关系符合劳动关系的构成要件，已形成事实劳动关系；（3）虽然安顺公司一直以劳务派遣形式用工，但根据法律规定，劳务派遣只能在临时性、辅助性、替代性的工作岗位上实施，而朱某已持续在安顺公司工作了近5年。

显然，朱某的工作既非临时性，也非辅助性，当然也非替代性。

因此，劳务公司与朱某签订的劳务派遣劳动合同因内容违反法律的强制性规定而无效。

关联法条

《劳动合同法》（2012年修订）

第六十六条　劳动合同用工是我国的企业基本用工形式。劳务派遣用工是补充形式，只能在临时性、辅助性或者替代性的工作岗位上实施。

前款规定的临时性工作岗位是指存续时间不超过六个月的岗位；辅助性工作岗位是指为主营业务岗位提供服务的非主营业务岗位；替代性工作岗位是指用工单位的劳动者因脱产学习、休假等原因无法工作的一定期间内，可以由其他劳动者替代工作的岗位。

……

防范要点

尽管《劳动合同法》第六十六条对临时性、辅助性、替代性做出了明确规定，但企业在使用劳务派遣用工的方式时仍然会存在困惑，包括不少HR从业人员对此也存在认识误区。

首先，这"三性"是否必须同时满足？答案是否定的。这就涉及如何理解"临时性、辅助性或者替代性"中的"或者"二字，"或者"的意思就是这三个条件符合其一即可。

其次，如何理解这"三性"？所谓临时性，比如，上述案例中的安顺公司找了几个泥瓦工过来砌了三个月的墙；所谓辅助性，比如，上述案例中的安顺公司的主营业务是物流运输，那么请的清洁工、门卫就符合辅助性；所谓替代性，比如，上述案例中的安顺公司的某名驾驶员请病假3个月，而由其他驾驶员暂时来接替其工作。

再次，能否将连续用工拆分成若干个6个月的岗位，以满足临时性的条件？答案也是否定的。因为《劳动合同法》第六十六条第二款对临时性的界定是"存续时间不超过六个月的岗位"。所谓存续时间，就是说过了这个时间段，该岗位就被取消或消失了。

用人单位若要采用劳务派遣用工形式，就必须确保该岗位至少符合"三性"中的一性，否则就极有可能构成事实劳动关系，从而带来一系列的麻烦。

8.2 业务外包的法律风险

业务外包，又称资源外包、资源外置，是指企业整合利用外部优秀的专业化资源，将企业的一部分业务承包给外部机构，从而达到降低成本、提高效率，充分发挥自身核心竞争力和增强企业对环境的迅速应变能力的一种管理模式。

在现实生活中，业务外包普遍存在，尤其是建筑领域，甚至还存在多层外包。在业务外包中，发包人存在承担连带责任的法律风险，这种连带责任主要体现在工伤和薪酬支付等方面。

典型案例

张某承包了某钢制品公司的部分加工业务，双方签订了《业务外包合同》及《安全生产责任状》，按月结算相关费用。张某又雇佣了李某、王某等来实际完成钢制品公司的业务，李某、王某的工资由张某发放，日常工作均由张某直接安排。

2014年5月，李某在驾车外出送货时与他人发生交通事故，经抢救无效死亡。2015年2月，市人社部门出具了《关于李某为工亡的决定》，因张某和钢制品公司均未支付李某的工伤赔偿费用，李某的妻子向当地劳动仲裁委员会申请仲裁，要求张某和钢制品公司支付工伤保险待遇赔偿，劳动仲裁委员会裁定张某和钢制品公司承担连带责任。

钢制品公司不服裁决，认为其与张某的业务外包合同中有明确约定，张某所发生的一切意外均和公司无关，遂诉至法院。法院经审理，最后驳回了钢制品公司的起诉，判决由钢制品公司承担工伤保险责任，张某对此承担连带责任。

案例解读

在很多行业尤其是建筑、装修装饰、广告安装等行业，大量存在业务外包。《劳动合同法》第九十四条规定，个人承包经营违反规定招用劳动者，给劳动者造成损害的，发包的组织与个人承包经营者承担连带责任。

在本案中，张某为个人承包者，其不具备用人单位的资格，违规招用李某。李某车祸死亡被认定为工伤死亡，钢制品公司和张某应该承担连带赔偿责任。

在实务中，很多人往往会把业务外包和劳务派遣混淆，两者其实有着非常显著的区别，具体如下。

1. 岗位和工作

劳务派遣的岗位必须符合"三性"，即临时性、辅助性、替代性；而业务外包对岗位则没有限制，原则上企业非核心的业务都可以外包。

2. 需要使用多少个劳动者的决定权

需要使用多少个劳动者由甲方（需求方）决定的为劳务派遣，由乙方（提供方）决定的为业务外包。

3. 对劳动者管理的责任主体

甲方对劳动者的工作过程进行直接管理、指挥和考核的为劳务派遣，即乙方只管人不管事；乙方对劳动者的工作过程直接进行管理、指挥和考核的为业务外包，即乙方既管人又管事。

4. 适用的法律

劳务派遣适用《劳动合同法》及相关法律；业务外包适用《民法典》。

5. 生产工具的提供

甲方提供生产工具（原材料除外）的为劳务派遣（乙方只出人）；乙方提供生产工具的为业务外包。

6. 费用结算及合同标的

按派遣的时间及费用标准，根据人数来结算费用的为劳务派遣，其合同标的一般是"人"；按事先确定的劳动单价根据完成的工作量结算费用的为业务外包，其合同标的一般是"事"。

关联法条

1.《劳动合同法》（2012年修订）

第九十四条　个人承包经营违反本法规定招用劳动者，给劳动者造成损害的，发包的组织与个人承包经营者承担连带赔偿责任。

2.《劳务派遣暂行规定》（2014年颁布）

第二十七条　用人单位以承揽、外包等名义，按劳务派遣用工形式使用劳动者的，按照本规定处理。

防范要点

业务外包的确能够从一定程度上降低企业的经营成本，但也要注意控制好法律风险。

1. 尽量选择企业作为承包单位

尽量选择企业作为承包单位，避免《劳动合同法》第九十四条的问题。如果要将业务外包给个人，则应该在业务外包合同上进行明确约定，禁止承包人再雇佣第三人或将业务再转包给第三人，否则由此而产生的一切赔偿责任均由承包人自行承担。

2. 注意承包人的资质

对于一些需要特殊资质的业务，如建筑、机电安装等，发包人必须审核承包人的资质，避免因承包人无资质而承担连带责任。

3. 避免对劳动者进行直接的管理

业务外包和劳务派遣的一个非常重要的区别在于由谁来对劳动者进行直接的管理。

对于业务外包中的承包人来说，他需要既管人又管事。如果发包方直接管理劳动者，就很容易构成劳务派遣（《劳务派遣暂行规定》第二十七条）甚至是直接构成劳动关系。

8.3 聘用外籍人员的法律风险

随着我国改革开放的不断深入和国际交流的日益加强，在我国就业的外国人数也越来越多。但是，并非所有的外国人都可以在我国随便就业。外籍人员必须符合一定的条件，才能在我国合法就业。用人单位如果招用了不符合就业资质的外籍人员，就将承担被经济处罚的法律风险。

典型案例

2015年9月2日,《扬子晚报》以《酒吧非法聘用外国人玩噱头 休息室全是欧美靓女》为题刊发了一篇新闻报道。

2015年8月10日,江苏省常州市一知名酒吧重装开业。为了积聚人气,该酒吧请了魁梧的黑人来做保安,请了南美鼓手来助场演出,还请了十多个欧洲美女来酒吧撑场面。

8月26日,常州市公安局出入境管理支队联合南大街派出所,共40多名民警对辖区内的酒吧一条街进行突击检查。经查,在该酒吧打工的17名外国人均没有办理相关证件,大多数是持"M"签证即贸易签证进入我国的。警方将这17名外国人和酒吧负责人都带回派出所进行了调查。

最终,该酒吧被处以10万元罚款;裴某因介绍外国人非法就业,被处以5万元罚款;这17名外国人被处以每人1万元的罚款。

案例解读

这是一起非常典型的外国人在中国境内非法就业的案例。在教育行业、文化产业、涉外领域、娱乐行业,类似的现象尤为突出。

根据《中华人民共和国出境入境管理法》(以下简称《出境入境管理法》)第四十三条的规定,外国人在我国非法就业的情况主要有三种:未按照规定取得工作许可证和工作类居留证件在中国境内工作的;超过工作许可限定范围在中国境内工作的;外国留学生违反勤工俭学管理规定,超过规定的岗位范围或是时限在中国境内工作的。

用人单位若确因经营或业务发展需要合法地聘用外国人,就必须要注意以下事项。

1. 外国人要三证齐全

外国人在来中国之前,需要到中国驻其本国大使馆办理执业签证;来到中国后,再到当地劳动部门办理就业证;最后到公安机关办理居留证。

执业签证、就业证、居留证,三证齐全,才能受雇于有聘用外国人资质的用人单位。

2. 外国人须满足法定条件

法定条件主要有五项：

（1）岗位必须属于有特殊需要，国内暂缺适当人选；

（2）年满18周岁，身体健康；

（3）具有其工作所必须的专业技能和相应的工作经历；

（4）外国人无犯罪记录；

（5）持有效护照或其他国际旅行证件。

3. 用人单位的主体资格须合法

拟聘用外国人的用人单位必须是依法设立的企业法人、社团法人、民办非企业单位等，个体经济组织（个体户）和公民个人不得聘用外国人。

4. 工作条件、福利待遇的要求

用人单位必须依法与所聘外国人签订劳动合同，但最长期限不得超过5年，期满须履行审批手续后方可续签。

5. 用人单位须取得用人资质

用人单位若需要聘用外国人，首先要向劳动保障行政部门提出申请，填写《聘用外国人就业申请表》。娱乐场所若要聘用外国员工，还要向当地文化部门申请（临时性演出备案即可），得到许可后方可就业。

但是，符合《外国人在中国就业管理规定》第九条的外国人可免办就业许可证和就业证，详见下述关联法条。

关联法条

1.《中华人民共和国出境入境管理法》（2012年颁布）

第四十一条　外国人在中国境内工作，应当按照规定取得工作许可和工作类居留证件。任何单位和个人不得聘用未取得工作许可和工作类居留证件的外国人。……

第八十条　外国人非法就业的，处五千元以上二万元以下罚款；情节严重的，处五日以上十五日以下拘留，并处五千元以上二万元以下罚款。

介绍外国人非法就业的，对个人处每非法介绍一人五千元，总额不超过五万元的罚款；对单位处每非法介绍一人五千元，总额不超过十万元的罚款；有违法所得的，没收违法所得。

非法聘用外国人的，处每非法聘用一人一万元，总额不超过十万元的罚款；有违法所得的，没收违法所得。

2.《外国人在中国就业管理规定》(2017年3月13日修订)

第五条　用人单位聘用外国人须为该外国人申请就业许可，经获准并取得《中华人民共和国外国人就业许可证书》(以下简称许可证书)后方可聘用。

第六条　用人单位聘用外国人从事的岗位应是有特殊需要，国内暂缺适当人选，且不违反国家有关规定的岗位。用人单位不得聘用外国人从事营业性文艺演出，但符合本规定第九条第三项规定的人员除外。

第七条　外国人在中国就业须具备下列条件：

(一)年满18周岁，身体健康；

(二)具有从事其工作所必须的专业技能和相应的工作经历；

(三)无犯罪记录；

(四)有确定的聘用单位；

(五)持有有效护照或能代替护照的其他国际旅行证件(以下简称代替护照的证件)。

第八条　在中国就业的外国人应持Z字签证入境(有互免签证协议的，按协议办理)，入境后取得《外国人就业证》(以下简称就业证)和外国人居留证件，方可在中国境内就业。

未取得居留证件的外国人(即持F、L、C、G字签证者)、在中国留学、实习的外国人及持Z字签证外国人的随行家属不得在中国就业……

第九条　凡符合下列条件之一的外国人可免办就业许可和就业证：

(一)由我国政府直接出资聘请的外籍专业技术和管理人员，或由国家机关和事业单位出资聘请，具有本国或国际权威技术管理部门或行业协会确认的高级技术职称或特殊技能资格证书的外籍专业技术和管理人员，并持有外国专家局签发的《外国专家证》的外国人；

(二)持有《外国人在中华人民共和国从事海上石油作业工作准证》从事海上石油作业、不需登陆、有特殊技能的外籍劳务人员；

(三)经文化部批准持《临时营业演出许可证》进行营业性文艺演出的外国人。

第十条　凡符合下列条件之一的外国人可免办许可证书，入境后凭Z字签证及有关证明直接办理就业证：

(一)按照我国与外国政府间、国际组织间协议、协定，执行中外合作交流项目受聘来中国工作的外国人；

（二）外国企业常驻中国代表机构中的首席代表、代表。

第十七条　用人单位与被聘用的外国人应依法订立劳动合同。劳动合同的期限最长不得超过五年。劳动合同期限届满即行终止，但按本规定第十八条的规定履行审批手续后可以续订。

第三十三条　禁止个体经济组织和公民个人聘用外国人。

防范要点

近几年以来，非法雇佣外国人甚至引发极坏的社会影响和重大损失的案件非常多。提醒广大用人单位在聘用外国人员时，必须恪守法律、法规，最大限度降低因违法用工可能产生的法律风险。

1. 恪守法律、法规

必须具备三个证件，满足五项要求，严格遵守相关法律、法规。

2. 谨慎核实相关资料

在聘用外国人之前，必须认真核实外国人的各类信息，尤其是是否有犯罪记录等。

3. 定期审核

要定期审核外国人各类证件的有效期，避免因证件失效构成违法。

员工应征入伍的处理方法

员工应征入伍的比例在一般的企业并不会太高，但如果处理不当，也会给企业带来很大的法律风险。

典型案例

康某2017年3月从四川农村来到杭州打工，进入一家电商公司从事仓库管理工作，双方签订了为期3年的劳动合同。

2017年9月，康某请假回老家补办身份证。康某的父亲说服康某报名参军，随后，康某被当地征兵机构批准光荣入伍。康某给所在公司领导打电话说明了该情况，并将相关材料寄到公司行政部，希望入伍期间能与公司保留劳动关系。

公司领导认为，康某应征入伍，其个人身份已经发生变化，实际也无法再为企业提供劳动，遂以康某无法继续履行劳动合同为由通知康某解除劳动合同。

康某咨询过朋友后，将此事投诉到了当地的征兵机构。征兵机构向部队反映了此情况，部队将此事转交给了该电商公司所在地的杭州市西湖区劳动行政部门来处理。

杭州市西湖区劳动监察大队在经过调查取证并核实了相关情况之后，认定该公司解除与康某的劳动合同的行为无效，责令该公司立即纠正违法行为，恢复与康某的劳动关系。

案例解读

依法服兵役是每个适龄公民应尽的责任和义务，也是一项法定义务。同时，每个适龄的公民也有报名参军入伍的权利。

依照修订前的《中华人民共和国兵役法》（以下简称《兵役法》），员工应征入伍，企业需要与其保留劳动关系。但是，《兵役法》在2019年8月20日修订时，将相关的条款修改为"义务兵和军士入伍前是机关、团体、事业单位或者国有企业工作人员的，退出现役后可以选择复职复工"。但是，如果入伍前为民营或外企员工，则并无明确规定一定需要复职复工。

在本案中，康某光荣入伍，该电商公司与其解除劳动合同的做法违反了相关法律、法规，是完全错误的。

关联法条

1.《中华人民共和国兵役法》（2021年修订，以下简称《兵役法》）

第五十条 ……义务兵和军士入伍前是机关、团体、事业单位或者国有企业工作人员的，退出现役后可以选择复职复工。

2.《劳动部办公厅关于职工应征入伍后与企业劳动关系的复函》（劳办发〔1997〕50号）

职工应征入伍后，根据国家现行法律法规的规定，企业应当与其继续保持劳动关系，但双方可以变更原劳动合同中具体的权利与义务条款。按照《兵役法》《退伍义务兵安置条例》的有关规定，义务兵入伍前原是国家机关、人民团体、企业、事业单位正式职工，退伍后原则上回原单位复工复职。在全面实行劳动合同制度后，对应征入伍的职工，仍应执行上述规定。同时按照《军人抚恤优待条例》的规定，执行义务后优待办法。

防范要点

保家卫国是无比光荣的事情，用人单位如果有员工被批准入伍，对单位来说也是一种荣誉。如果处理得当，不但可以提振单位现有员工的工作热情，还能在社会上树立良好的形象。2019年9月10日下午，格力电器举行了2019年应征入伍大学生的欢送仪式，董明珠亲自出席。此举吸引了大批的媒体报道，对格力电器的美誉度是大有好处的。

随意解除应征入伍员工的劳动合同，不仅严重伤害了这些员工的感情，同时也严重违反了我国法律、法规的规定。

但用人单位考虑自己的经营成本，也完全可以理解。那么，如何协调和平衡呢？

如果用人单位有员工应征入伍，按照规定必须保留劳动关系，但如何保留、期间的福利待遇如何发放，相关法律、法规并无统一规定。用人单位可以和员工进行协商，仅保留劳动关系和工龄，其间每月发放少量的补贴，同时欢迎员工退伍后继续回公司工作。

当然，用人单位也可以和员工协商，解除劳动关系（在绝大多数情况下，双方协商，都是可以解除劳动合同的），单位一次性给予一定的经济补偿。

需要提醒的是，很多地方政府都专门制定了征兵入伍的补贴政策。各位HR可以咨询当地的人武部门和社保部门，了解地方性的政策和规定。

8.5 聘用退役军人的相关问题

在我国，有关部门和各级政府每年都要为退役士兵、军队转业干部的安置工作发布专门的文件，2018年还专门成立了退役军人事务部。这充分体现了我国对军队工作的重视和对退役军人的尊重。

对于用人单位来说，聘用退役军人，需要注意的是"军龄"和"工龄"的合并计算问题。

典型案例

廖先生于2013年应征入伍，在部队服役2年，2015年退役后在当地人武部门的协调下，应聘进入山东淄博的一家企业担任业务员。

2018年，该公司被一外资企业兼并，需要精简人员，便打算辞退廖先生，但在双方协商解除劳动及商议经济补偿时，产生了较大的分歧。公司认为廖先生在公司工作了2年8个月，只愿意支付3个月的经济补偿，但廖先生认为，他还有2年的军龄，在计算经济补偿时要合并计算。因此，应该支付5个月的经济补偿。

协商未果后，廖先生向淄博市周村区劳动争议仲裁委员会申请仲裁，后周村区劳动争议仲裁委员会经审理，裁决公司应向廖先生补发2个月的经济补偿。

案例解读

工龄，又称工作年限，即一个人"参加工作的年限"。常见的关于工龄的说法有累计工龄、连续工龄、本企业工龄，三者既有联系，又有区别。

累计工龄即劳动者累计工作的时间（按年计算），这些累计的工作可以是在一家用人单位，也可以是在多家工作单位；可以是连续的，也可以是中断的。计算带薪年休假的天数时，依据就是累计工龄。

连续工龄是指从现在开始往前推，没有断掉过的工作时间。本企业工龄，就是在同一家单位工作的时间。

核算解除劳动合同的经济补偿和医疗期待遇时，依据的都是本企业工龄。但是，用人单位接收退伍军人，无论他当了多少年的兵，其军龄都作为本企业工龄，合并计算。

在本案中，廖先生在部队服役2年，军龄为2年，退役后进入企业，其2年的军龄就应该作为他在这家企业的工龄。所以，当地劳动争议仲裁委员会的裁决是完全正确的。

关联法条

1.《劳动和社会保障部办公厅关于复转军人军龄及有关人员工龄是否作为计算职工经济补偿年限的答复意见》（劳社厅函〔2002〕20号）

一、关于退伍、复员、转业军人的军龄是否作为计发经济补偿年限问题。

按照《中华人民共和国兵役法》和中共中央、国务院、中央军委《军队转业干部安置暂行办法》（中发〔2001〕3号）第三十七条及国务院、中央军委《关于退伍义务兵安置工作随用人单位改革实行劳动合同制度的意见》（国发〔1993〕54号）第五条规定，军队退伍、复员、转业军人的军龄，计算为接收安置单位的连续工龄。原劳动部《违反和解除劳动合同的经济补偿办法》（劳部发〔1994〕481号）规定，经济补偿按职工在本单位的工作年限计发。因此，企业与职工解除劳动关系计发法定的经济补偿时，退伍、转业军人的军龄应当计算为"本单位工作年限"。

2.《退役士兵安置条例》（2011年颁布）

第四十四条　退役士兵服现役年限计算为工龄，与所在单位工作年限累计计算，享受国家和所在单位规定的与工龄有关的相应待遇。

防范要点

接收退役军人，其军龄应视同本企业工龄，在计算和本企业工龄相关的一些福利待遇及离职补偿时，需要合并计算。

近几年，国家和很多地方政府针对接收退役军人出台了一系列的扶持政策，比如，企业每招收一名自主就业的退役士兵，就可以获得每年6000元的税收减免额度。

第 9 章
工伤相关法律风险防范

工伤，又称"公伤""因工负伤"，简单理解就是因为工作而受到伤害，这和医疗期的"患病或者非因工负伤"是相对应的。

在劳动关系和劳动合同的相关事项中，工伤是一个非常复杂的问题，也是诱发劳动争议和纠纷的重要因素之一。一旦发生工伤事故，用人单位往往需要付出高昂的经济代价。

扫码观看本章
视频教学知识点

需要说明的是，关于工伤待遇的问题，很多省份都有一些地方性的政策和规定，本书仅对工伤的一些核心问题进行探讨。各位读者感兴趣的或者是遇到了相关工伤问题的，可查阅2011年1月1日修订的《工伤保险条例》，并向当地的人社部门咨询地方性的政策和规定。

9.1 可以认定为工伤的7种情况

《工伤保险条例》第十四条 职工有下列情形之一的，应当认定为工伤：

（一）在工作时间和工作场所内，因工作原因受到事故伤害的；

（二）工作时间前后在工作场所内，从事与工作有关的预备性或者收尾性工作受到事故伤害的；

（三）在工作时间和工作场所内，因履行工作职责受到暴力等意外伤害的；

（四）患职业病的；

（五）因工外出期间，由于工作原因受到伤害或者发生事故下落不明的；

（六）在上下班途中，受到非本人主要责任的交通事故或者城市轨道交通、客运轮渡、火车事故伤害的；

（七）法律、行政法规规定应当认定为工伤的其他情形。

1. 在工作时间和工作场所内，因工作原因受到事故伤害的

认定工伤的第一个要件就是"三工"，即**工作时间、工作场所、工作原因**。虽然很直观，也比较容易理解，但在实际操作中，仍然有很多争议和分歧。

（1）如何理解"工作时间"？

这里的"工作时间"包括法律及单位规章制度下的标准工作时间和临时性工作时间及不定时工作制下的不定时工作时间。不能简单地理解为劳动时间，还应包括上下班途中的时间、在工作场所从事与工作有关的准备性或收尾性工作所需要的时间、在工作场所因满足吃喝或工间休息等人体正常生理生活需要的必要时间、在工作场所换班代班或备班的时间、加班时间（包括自愿加班时间）、临时接受工作任务的时间、因公出差期间等。

（2）如何理解"工作场所"？

这里的"工作场所"不能狭义地理解或界定为工作车间、办公室、厂房等特定区域，而应当包括用人单位能够对其日常生产经营活动进行有效管理的区域，和劳动者为完成其特定工作所涉及的相关区域及自然延伸的合理区域。至少应当把握好四个层次：

第一，包括职工日常从事生产劳动的特定岗位所在区域；

第二，包括用人单位指派职工为完成特定工作所涉及的相关区域；

第三，包括用人单位为提高工作效率、改善劳动条件所设置的相关设施与处所，如休息室、厕所、更衣室、饮水室、消毒间、食堂餐厅等；

第四，职工有多个工作场所的，职工往来于多个工作场所之间的必经区域，也应当认定为工作场所。

（3）如何理解"工作原因"？

"工作原因"是工伤认定三要素中最为核心的要素。认定是否属于工作原因，主要应从两个方面进行分析判断。

第一，劳动者受到的伤害是否与履行工作职责有关。 这个工作原因应该包括与用人单位各项工作事务和职工本职工作所相关的事务，而不能仅仅理解为依照岗位说明书所确定的工作范围。例如，某员工路过洗手间，看到水龙头未关，走过去关水龙头，结果不小心滑倒，就应该被认定为工伤。

第二，劳动者受伤与履行工作职责之间是否存在因果关系。 如果劳动者受到的伤害与工作毫无关系，就很难被认定为工伤。

2. 工作时间前后在工作场所内，从事与工作有关的预备性或收尾性工作受到事故伤害的

这是《工伤保险条例》规定的第二种可以认定为工伤的情形，观点比较直接，也比较好理解。

关键有三点：**工作时间前后、工作场所内、从事与工作有关的预备性或收尾性工作。**

主要是指在法律规定的或单位要求的开始工作时间之前的一段合理时间内，以及在法律规定的或单位要求的结束工作时间之后的一段合理时间内，职工在工作场所内从事本职工作或领导指派的其他工作有关的相关准备或整理工作。

例如，提前上班打扫卫生、整理工作区域以外受伤，下班后清洁、整理、打扫机器设备受伤等，都属于工伤。

3. 在工作时间和工作场所内，因履行工作职责受到暴力等意外伤害的

这条工伤认定的条件，主要包括两种情况。

第一，在工作时间和工作场所内，职工因履行工作职责受到的暴力伤害，是指他人因不服从"职工履行工作职责的管理行为"而施加暴力对职工造成的伤害。该暴力伤害与履行工作职责应具有直接因果关系。

例如，工厂的门卫或保安人员，在盘查形迹可疑的来访者时，与来访者发生争执，被殴打致伤；又如，主管因为工作而批评员工，被员工在办公室殴打而受伤。这些都属于"因履行工作职责而受到的暴力伤害",可以被认定为工伤。(当然,追究加害者的法律责任是另一回事,和工伤的认定无关。)

第二,职工在工作时间和工作场所内由于意外因素导致的人身伤害。这种情况是强调"意外因素"。

例如,外面突然刮大风下暴雨,员工去关闭办公室的窗户,结果窗户玻璃被大风刮碎,员工因此而受伤;又如,安装工在户外施工安装时,山上突然掉落一块石头,砸伤安装工。这些都符合"意外因素导致的人身伤害",可以被认定为工伤。

还有一种比较特殊的情况,就是员工之间因为工作的问题发生争吵,进而发生打斗,一方受伤或双方均受伤,这种受伤是否属于工伤?在以往类似的判例中,存在两种理解和结果。从狭义的角度来分析,打斗并不是处理工作问题的手段和方法,打斗和工作不存在必然的关联性。因此,因为打斗而受伤不属于工伤。而从广义的角度来分析,如果不是因为讨论和处理工作问题,也就不会发生争吵,更不会发生打斗,所以打斗和履行工作职责存在一定的关联性,受伤也就可以被认定为工伤。只是在司法实践中,大多数仲裁员和法官都会倾向于狭义的理解,不予认定为工伤。

建议用人单位在规章制度中对员工之间的打斗明确归结为"严重违纪",若因此而受伤,不属于工伤。

4. 患职业病的

近几年因为职业病而引发的纠纷和诉讼非常多,著名演员袁立就曾专门成立了尘肺基金会,来帮助罹患尘肺病的劳动者。

针对职业病,国家专门出台了《中华人民共和国职业病防治法》《职业病范围和职业病患者处理办法的规定》等法律、法规。

至于职业病具体包括哪些情形,请各位读者和HR查阅2013年颁布的《职业病分类和目录》。

需要提醒的是,如果劳动者罹患职业病,除了按工伤来获得赔偿、补偿外,劳动者还有权申请民事侵权赔偿。

对于用人单位来说,建议从以下几个方面来尽量规避职业病相关风险。

(1)严把面试关,面试时要求求职者详细罗列过往的工作经历,若中间出现真空期,一定要详细了解。

(2)一些特殊的或职业病高发的岗位,在员工入职前一定要求其至指定医院进行体检。(当然,有条件的也可以要求所有员工入职前进行体检。)

（3）依法为劳动者购买社会保险尤其是工伤保险，部分高危岗位，可额外购买商业保险（建议是雇主责任险）。

5. 因工外出期间，由于工作原因受到伤害或发生事故下落不明的

关于"因工外出期间"，《最高人民法院关于审理工伤保险行政案件若干问题的决定》第五条做了专门的界定：社会保险行政部门认定下列情形为"因工外出期间"的，人民法院应予支持：

（一）职工受用人单位指派或者因工作需要在工作场所以外从事与工作职责有关的活动期间；

（二）职工受用人单位指派外出学习或者开会期间；

（三）职工因工作需要的其他外出活动期间。

职工因工外出期间从事与工作或者受用人单位指派外出学习、开会无关的个人活动受到伤害，社会保险行政部门不认定为工伤的，人民法院应予支持。

这种情况比较简单，法条也比较明确，一般不会引起歧义或纠纷。首先是确定这个外出是不是因工或说是不是受用人单位指派，其次是看发生伤害的原因是因工还是因私。如果是因工外出，但是在进行私人活动期间受伤，就很难被认定为工伤，比如，受单位指派外出进行培训，然后利用休息的时间去找当地的同学朋友聚会，结果发生车祸，一般就很难被认定为工伤。

有一种特殊但很常见的现象，就是职工的外出虽然未受单位指派，但他是根据工作性质要求并经单位授权而自行到外地从事有关公务活动的，如果发生受伤的情况，一般也能认定为工伤。例如，从事销售工作的员工，经常需要外出拜访客户，不可能每次外出都是"受用人单位指派"或都要履行烦琐的审批程序，该员工完全可以根据工作性质，来自行决定外出甚至是到外地开展工作，这是符合"因工外出期间"这个条件的。

6. 在上下班途中，受到非本人主要责任的交通事故或城市轨道交通、客运轮渡、火车事故伤害的

这个认定情形主要包括三项内容：**上下班途中、非本人主要责任的交通事故、非本人主要责任的城市轨道交通、客运轮渡、火车事故**。

（1）如何理解"上下班途中"？

上下班途中，须满足**合理时间**和**合理路线**两个条件。什么时间为合理时间？下班后在公司门口饭店吃完饭再回家，路上发生交通事故，就属于"合理时间"。但如果是下班后在公司附近和朋友聚会，逗留了三个多小时再回家，回家路上发生交通事故，即便是正常的路线，很可能也不会被认定为合理时间。

什么叫合理路线？需要根据生活常识进行判断！下班途中绕道菜场买菜再回家，途中发生交通事故，就算"合理路线"；下班途中绕道看望一个朋友再回家，途中发生交通事故，就不算"合理路线"。

对于"上下班途中"，《最高人民法院关于审理工伤保险行政案件若干问题的决定》第六条规定：对社会保险行政部门认定下列情形为"上下班途中"的，人民法院应予支持：

（一）在合理时间内往返于工作地与住所地、经常居住地、单位宿舍的合理路线的上下班途中；

（二）在合理时间内往返于工作地与配偶、父母、子女居住地的合理路线的上下班途中；

（三）从事属于日常工作中生活所需要的活动，且在合理时间和合理路线的上下班途中；

（四）在合理时间内其他合理路线的上下班途中。

（2）如何理解"非本人主要责任的的交通事故"？

首先必须是交通事故。

何为交通事故？是指车辆在道路上行驶的途中因过错或意外造成的人身伤亡或财产损失的事件。由此可见，构成交通事故应该具备以下三个要素。

第一，必须是车辆造成的。车辆包括机动车和非机动车，也就是说，行人和机动车或非机动车、非机动车与非机动车或机动车、机动车与机动车之间的事故才属于交通事故。如果是员工走在路上被行人撞伤了，就不属于交通事故。

第二，必须是在道路上发生的。道路是指公路、城市道路和虽在单位管辖范围但允许社会机动车通行的地方，包括广场、公共停车场等用于公众通行的场所。

第三，必须是在行使途中形成的。这个行驶途中包括正在行驶或停放过程中（如停车等红灯），如果车辆是处于完全的停止状态，行人主动去碰撞车辆或乘车人上下车过程中发生的挤、摔、伤亡等事故，则不属于交通事故。

其次必须是非本人主要责任。

这个需要根据交警部门的事故责任认定书来确定。需要强调的是，工伤的认定和是否违章没有关联。也就是说，即便劳动者是违章驾驶发生交通事故（毒驾、醉驾除外，因为毒驾、醉驾已经构成犯罪，导致受伤不能认定为工伤），只要最后的事故责任认定他不承担主要责任，都构成工伤。**工伤只与交通事故责任的大小**

相关，和是否违章无关。

（3）如何理解"非本人主要责任的城市轨道交通、客运轮渡、火车事故"？

这个比较简单，参照"非本人主要责任的交通事故"来理解。

7. 法律、行政法规规定应当认定为工伤的其他情形。

针对工伤的认定，很多省份会在《工伤保险条例》的基础之上，增加一些地方性的条款，这一点需要向当地的社保部门进行咨询。

可以视同工伤的3种情况

《工伤保险条例》第十五条　职工有下列情形之一的，视同工伤：

（一）在工作时间和工作岗位，突发疾病死亡或者在48小时之内经抢救无效死亡的；

（二）在抢险救灾等维护国家利益、公共利益活动中受到伤害的；

（三）职工原在军队服役，因战、因公负伤致残，已取得革命伤残军人证，到用人单位后旧伤复发的。

1. 在工作时间和工作岗位，突发疾病死亡或在48小时之内经抢救无效死亡

这个工伤认定情形也比较简单，同样是三个要素：**在工作时间、在工作岗位、因疾病发作突然死亡或发病后48小时内经抢救无效死亡**。

唯一有可能引发争议的是"48小时"的起算时间。法律上是以医疗机构的初次诊断时间作为突发疾病的起算时间的。但至于到底如何确定"初次诊断时间"则存在很多争议。现实生活中最常见的场景是，突发疾病后被紧急送到最近的医院，而这家医院可能医疗水平并不是太好，一番检查和治疗后病情不见好转，也未查出病因，于是再转到医疗水平较好的大医院，又过了不到48小时，病因虽然是查出来了，但未能抢救成功。如果是按初次就诊的时间来计算，就已经超过了48小时，那是否就没法认定为工伤呢？

前面讲过，48小时是从医疗机构的初次诊断时间作为起算时间。而所谓的"诊断"，包括"诊"和"断"两个方面。诊是医生为了确定病症而察看病人身体的情况，并做各种检查；而断则是判断、判定的意思，也就是要确定发病的原因。如果是转了很多家医院，最后一家医院才确定病因，原则上应该以最后一家医院接诊的时间作为起算时间。

当然，这种观点在司法实践中是存在一定争议的，具体要看法官个人的理解和对法条的把握。

2. 在抢险救灾等维护国家利益、公共利益活动中受到伤害的

按照工伤的定义，职工在工作过程中因工作原因受到事故伤害或患职业病才能认定工伤。但是为了维护国家利益、公共的利益，从事抢险救灾、见义勇为等的公益性活动引起的伤害，既不在工作过程中，也不是因工作原因，超出了工伤范围。

所以，《工伤保险条例》规定此种情况**视同**工伤对待，并按照本条例的有关规定享受工伤保险待遇。

3. 职工原在军队服役，因战、因公负伤致残，已取得革命伤残军人证，到用人单位后旧伤复发的

这部分人享受"视同工伤"待遇的前提是原在军队服役，因战、因公致残，且已取得革命伤残军人证，转业复员到地方某用人单位工作。旧伤复发是由于以前在部队服役期内因战、因公负伤所致，并非《工伤保险条例》规定的真正意义上的工伤，但是性质相同，情况特殊。他们属于优抚对象，理应受到社会的尊重和爱戴。过去不仅由国家承担保险责任享受有关待遇，而且到地方旧伤复发一直按照工伤对待，以保持政策上的连续性。因此，条例规定，应**视同**工伤对待，并按照《工伤保险条例》的有关规定享受除一次性伤残补助金以外的工伤保险待遇。

但在实际操作中，不同的省份可能还会有一些地方性的政策。如果接收了此类军人，须向当地有关部门进行咨询。

9.3 不得认定工伤的3种情况

《工伤保险条例》第十六条明确规定了三种不得认定为工伤或者视同工伤的情形，分别为**故意犯罪的、醉酒或者吸毒的、自残或者自杀的**。

1. 故意犯罪的

《工伤保险条例》最早是于2004年1月1日起施行的，2010年12月20日，国务院对《工伤保险条例》的一些条款做了修改，修改版于2011年1月1日起施行，也就是现行的版本。

修改前，工伤的第一个排除条件是"犯罪或违反治安管理规定的"；而修改后，

只保留了犯罪。因此，现在存在一种情况，就是员工之间因为工作分歧而发生争吵、打斗而受伤，只要不构成轻伤以上（轻伤及以上即构成故意伤害罪），即有机会被认定为工伤。

为避免上述情况，用人单位需要在规章制度中对员工之间的打斗行为进行明确规定，将这种行为归结为严重违纪。

2. 醉酒或吸毒的

吸毒属于违反治安管理处罚的行为。员工在工作时间、工作地点，因为意外事故而负伤，若有证据证明其近期吸毒，而负伤系毒瘾发作所致，其负伤就不能被认定为工伤。

同样，人在醉酒（血液中酒精含量≥80毫克/100毫升）状态下，意识会出现模糊，判断能力和操作能力均降低。如果在醉酒状态下负伤，即便是在工作时间、工作地点、履行工作职责，这种负伤也不能被认定为工伤。

要注意，这里的醉酒不仅包括醉驾发生交通事故而受伤，还包括在醉酒状态下操作机器设备而受伤。

3. 自残或自杀的

现实中也出现过一些劳动者在工作期间自残，进而据此来对用人单位进行敲诈勒索的情形。如果用人单位无法证明该劳动者系自残（没有录像证明或其他人证），就很可能需要按工伤来处理。

劳动者自杀的情况举证相对简单很多，往往会有公安机关的介入。

9.4 和员工签署工伤赔偿和解协议书的法律风险

劳动者一旦发生工伤，就会牵扯到各类经济赔偿的问题，而且金额往往比较高。在现实生活中，经常会有用人单位就工伤赔偿的事宜和劳动者达成和解，签订工伤赔偿和解协议，也就是所谓的"私了"。

工伤赔偿和解协议的本质是民事合同，是平等的主体针对某一有争议的事项达成的合意。在劳动纠纷中，和解是法律所允许的一种解决问题的方式，具有便捷、高效的优点。

但是，和员工签订的工伤赔偿和解协议一定有效吗？万一事后员工反悔怎么办？对于用人单位来说，存在哪些法律风险呢？

典型案例

被告陈某系原告重庆巫山县某有限责任公司的电工，2009年7月的某一天，陈某在公司用人字梯更换顶灯时，不慎从人字梯上滑到地面摔伤左手，后被送往巫山县中医院救治。

2009年9月，巫山某有限责任公司（甲方）与陈某（乙方）签订《补偿协议书》。协议约定："一、乙方自愿放弃伤残等级评定；二、医疗费甲方已经支付，除医疗费外，甲方一次性补偿乙方一次性伤残补助金、一次性伤残就业补助金、一次性医疗补助金、停工留薪期工资、住院伙食补助、后续治疗费等各项合计16 000元；三、对乙方的补偿为一次性补偿，该协议签订后，乙方不得以任何理由或通过任何途径向甲方另行主张补偿。"

之后陈某向巫山县劳动和社会保障局申请工伤认定并被认定为工伤，后又经巫山县劳动鉴定委员会鉴定伤残等级为九级。陈某按照工伤保险待遇的相关标准计算，其应获得各项补偿共计53 477.05元。陈某觉得巫山某有限责任公司只补偿了16 000元，与法定赔偿标准相差太远，双方签订的《补偿协议书》有失公平。陈某即以此申请劳动仲裁，请求依法撤销双方签订的《补偿协议书》，并请求按法定标准赔偿其应得的费用。

仲裁委经审理之后裁决支持了陈某的主张。该公司不服，起诉到法院要求判决对其裁决不予认可。一审法院审理后驳回了原告的诉讼请求。

案例解读

本案具有很强的普遍性和代表性。发生工伤事故后，很多用人单位和劳动者不通过法律途径解决工伤赔偿问题，而是通过私自达成和解协议的方式予以解决。

对于工伤赔偿"私了"的法律效力，司法界存在一定的争议，还需要看是否存在合同法所说的"重大误解""显示公平"的情形。但结合众多司法判例可以发现，如果存在以下四种情形之一的，和解协议被判无效而被撤销的概率就非常大。

1. 签订和解协议时，劳动者尚未进行伤情鉴定的

如果尚未做伤情鉴定，劳动者就无法预知自己能得到的全部补偿费用是多少，法官很可能会认为和解协议上的补偿金额不是劳动者的真实意思表示，从而构成

"重大误解"。

2. 签订和解协议时，劳动者的伤情非常严重

如果签订和解协议时，劳动者的伤情非常严重。此种情况下签订和解协议，法官会推定用人单位有乘人之危之嫌，因为劳动者可能会因为着急治病而不得不签订和解协议，先拿到补偿款，符合"显示公平"的特征。

3. 和解协议的补偿金额远低于法定标准

最高院民一庭在"工伤事故民事审判实务问答"（《民事审判实务问答》，法律出版社2005年版）中讲道："工伤者在与用人单位签订工伤赔偿协议并经用人单位履行完毕后，又以补偿低于法定标准为由反悔的……，人民法院在审理这类争议时不能以补偿标准低于法定标准为由认定协议无效。如果当事人以重大误解或显失公平为诉讼理由，请求变更或撤销的，可视情况作出处理。如果补偿金额相差不大，或在协商时明知补偿标准仍接受的，一般不予支持，如确对工伤补偿标准不了解实际所获补偿又明显低于法定标准的，可以变更或撤销补偿协议。"

那么，"数额相差不大""明显低于"的界限到底在哪里？参照《民法典》里约定违约金的比例，约定赔偿数额和法定应赔数额相差20%以内的可视为合理。如果和解协议上约定的补偿金额低于法定标准的2/3甚至是1/2，法官可能会认为"显示公平"。

在本案中，法定的赔偿金额是53 477.05元，而公司实际赔偿的金额只有16 000元。二者之间的差距太大，明显违反了公平合理的原则，所以仲裁委和法院都否决了该补偿协议书的有效性。

4. 和解协议有违反法律强制性规定的条款（违法条款）

很多用人单位在和劳动者签订工伤赔偿和解协议时，都会加上"自愿放弃伤残鉴定""不得申请劳动仲裁""不得提起诉讼""伤情若复发由乙方个人承担"，等等。

这些条款免除了用人单位的法定义务，排除了劳动者的合法权益，属于无效条款。

关联法条

1.《劳动法》（2018年修订）

第七十七条　用人单位与劳动者发生劳动争议，当事人可以依法申请调解、仲裁、提起诉讼，也可以协商解决。

2.《工伤保险条例》（2010年修订）

第五十四条　职工与用人单位发生工伤待遇方面的争议，按照处理劳动争议的有关规定处理。

3.《劳动争议案件审理指南2012》（江苏省高级人民法院）

劳动者受到工伤后，用人单位与劳动者达成赔偿协议后，劳动者又提起仲裁和诉讼，要求用人单位按照工伤保险待遇赔付的，对该协议的效力应当区分情况处理：

（1）如果该赔偿协议是在劳动者已认定工伤和评定伤残等级的前提下签订，且不存在欺诈、胁迫或乘人之危情形的，应认定有效；但是如果劳动者能举证证明该协议存在重大误解或显失公平等情形，符合合同变更或撤销情形的，可视情况作出处理。

（2）如果该赔偿协议是在劳动者未经劳动行政部门认定工伤和评定伤残等级的情形下签订的，且劳动者实际所获补偿明显低于法定工伤保险待遇标准的，可以变更或撤销补偿协议，裁决用人单位补充双方协议低于工伤保险待遇的差额部分。

防范要点

用人单位和劳动者可以就工伤赔偿事宜私下进行协商，签订工伤赔偿和解协议书。用人单位选择私了，一方面是为了减少赔付金额，另一方面是为了节省时间成本。那么，如何才能确保此协议书有效，降低被撤销的法律风险呢？

1. 尽量不在进行工伤认定和伤残鉴定之前签订和解协议

如果尚未进行工伤认定和伤残鉴定，那么劳动者就不知道是否属于工伤、受伤能否评残、能评几级伤残，当然也就不知道能赔付多少钱。如果过早签订和解协议，一旦最终的伤残鉴定结果出来，劳动者发现实际赔付金额过低，和解协议就有被撤销的风险。而实际赔付金额若超过应赔付金额，用人单位想要追回差额，也非常困难。

2. 和解协议上避免违法条款

不得在和解协议上添加"自愿放弃伤残鉴定""不得申请劳动仲裁""不得提起诉讼""伤情若复发由乙方个人承担"等违法条款，否则，和解协议存在被撤销的风险。

3. 避免被判定"重大误解"

建议在和解协议中加上以下表述：

（1）双方在签订本协议时，甲方已详细告知乙方法定的赔偿项目及相关规定，乙方已充分了解工伤赔偿等相关内容及规定；

（2）乙方已知悉，按照相关法律规定，甲方应赔付给乙方各类赔偿项目金额共计××元，现基于××原因（如甲方经营困难、乙方对甲方的感情等），乙方仅要求甲方赔付××元，差额部分乙方自愿放弃。

和解协议中若有上述条款，被撤销的风险就会大大降低。

工伤认定申请材料及有效期

不是所有的工作中受到的伤害都能得到工伤赔付，如果牵涉赔付，就需要先进行工伤认定，简单说，就是先要确定是否属于工伤。

1. 工伤认定所需材料

工伤的认定机构都是用人单位工商注册地的区（县/市）人力资源和社会保障行政部门，但全国各地申请工伤认定所需的材料略有区别。关于具体规定，各位读者和HR可咨询当地的人社部门。

以上海为例，申请工伤认定需提交以下材料。

（1）申请表，需完整填写《工伤认定申请表》。

（2）劳动关系证明，伤亡人员与用人单位存在劳动关系（包括事实劳动关系）的证明材料的原件和复印件。

（3）诊断证明书，包括初次的医疗诊断证明或职业病诊断证明书（或职业病诊断鉴定书）的原件和复印件。

（4）其他材料，根据不同伤害情形，另需分别提供：

①属于履行工作职责受到暴力等意外伤害的，提交公安部门或人民法院出具的证明材料；

②属于因工外出期间由于工作原因受到伤害或发生事故下落不明的，提交用人单位出具的因工外出证明材料；其中因发生事故下落不明的还需提交相关部门出具的下落不明证明材料；

③属于交通事故或城市轨道交通、客运轮渡、火车事故的，提交公安机关交通管理、交通运输、铁道等部门或司法机关出具的相关法律文书；

④属于从事抢险救灾等维护国家利益、公共利益活动中受到伤害的，提交相关部门出具的证明材料；

⑤属于因战、因公负伤致残的复员转业军人旧伤复发的，提交革命伤残军人证及本市工伤保险定点医疗机构出具的旧伤复发诊断证明材料；

⑥委托他人申请的，应当同时提交被委托人的身份证明；

⑦其他特殊情况需提交的证明材料。

2. 工伤认定的有效期

《工伤保险条例》第十七条对工伤认定的有效期做出了明确的规定，具体如下。

（1）职工发生事故伤害或者按照职业病防治法规定被诊断、鉴定为职业病，所在单位应当自事故伤害发生之日或者被诊断、鉴定为职业病之日起**30日内**，向统筹地区社会保险行政部门提出工伤认定申请。遇有特殊情况，经报社会保险行政部门同意，申请时限可以适当延长。

（2）用人单位未按前款规定提出工伤认定申请的，工伤职工或者其近亲属、工会组织在事故伤害发生之日或者被诊断、鉴定为职业病之日起**1年内**，可以直接向用人单位所在地统筹地区社会保险行政部门提出工伤认定申请。

（3）用人单位未在本条第一款规定的时限内提交工伤认定申请，在此期间发生符合本条例规定的工伤待遇等有关费用**由该用人单位负担**。

结合以上法条，我们可以发现：

（1）工伤认定的责任主体原则上为用人单位，申请时限为30日；

（2）如果用人单位未在规定时限内提出工伤认定申请，劳动者本人或其近亲属，或工会组织也可提出工伤认定申请，申请时限为1年；

（3）用人单位未在规定时限内提交工伤认定申请，在此期间发生的工伤待遇由用人单位承担（带有一定的惩罚性质）。

人社部门应当自受理工伤认定申请之日起60日内做出工伤认定决定，其中对受理事实清楚、权利义务明确的工伤认定申请，应当在15日内做出工伤认定决定。做出认定决定后，在10个工作日内将工伤认定决定送达申请工伤认定的从业人员或其近亲属和该从业人员所在单位，同时告知劳动能力鉴定的申请程序。

9.6 工伤赔偿的项目有哪些?

工伤赔偿的具体标准和金额非常复杂,而且几乎每个省份都有自己的标准和规定,建议各位HR可咨询当地的社保部门了解详细政策。

从总体来看,工伤赔偿的项目大致包括15类(不是每个工伤劳动者都能享受全部项目):治(医)疗费、住院伙食补助费、外地就医交通费、食宿费、康复治疗费、辅助器具费、停工留薪期工资、生活护理费、一次性伤残补助金、伤残津贴、一次性伤残就业补助金、一次性工伤医疗补助金、丧葬补助金、供养亲属抚恤金、一次性工亡补助金。

第10章
劳动争议处理法律风险防范

近几年以来,在经济转型的宏观经济大背景下,随着信息技术的不断发展及劳动者维权意识的不断增强,各类劳动争议案件也呈上升趋势。

而在劳动争议案件中,用人单位往往因为需要承担较重的举证责任反而成了案件中的弱势群体。这不仅给用人单位带来了风险,同时也给HR的工作带来了压力。

扫码观看本章
视频教学知识点

10.1 如何界定劳动争议？

劳动争议，又称劳动纠纷，是指劳动关系的当事人之间因执行劳动法律、法规和履行劳动合同而发生的纠纷，即劳动者与所在单位之间因劳动关系中的权利和义务而发生的纠纷。

劳动争议的范围，在不同的国家有不同的规定。根据《中华人民共和国劳动争议调解仲裁法》（以下简称《劳动争议调解仲裁法》）第二条之规定，劳动争议的范围如下。

（一）因确认劳动关系发生的争议；

（二）因订立、履行、变更、解除和终止劳动合同发生的争议；

（三）因除名、辞退和辞职、离职发生的争议；

（四）因工作时间、休息休假、社会保险、福利、培训以及劳动保护发生的争议；

（五）因劳动报酬、工伤医疗费、经济补偿或赔偿金等发生的争议；

（六）法律、法规规定的其他劳动争议。

需要特别提醒和注意的是，社会保险费和公积金的追缴，不属于劳动争议，不适用《劳动争议调解仲裁法》。但若用人单位欠缴社会保险费，劳动者可据此解除劳动合同并主张经济补偿。

10.2 调解协议书一经达成就必然生效吗？

根据《劳动争议调解仲裁法》的相关规定，劳动争议处理的基本程序是：协商→调解→仲裁→诉讼。

协商并非解决劳动争议的必经程序，如果当事人不愿意协商、协商不成或是达成和解协议后拒不履行，就可以向调解组织申请调解。

《劳动争议调解仲裁法》规定了三类合法有效的调解组织：（一）企业劳动争议调解委员会；（二）依法设立的基层人民调解组织；（三）在乡镇、街道设立的具有劳动争议调解职能的组织。当然，如果到了劳动仲裁阶段，仲裁员一般也会组织调解。

那么，调解协议书（又称调解书）是不是一经达成就必然生效呢？还可以反悔吗？

典型案例

小秦是郑州某服装公司的一名营业员，与该公司签订了为期3年的劳动合同。因为加班费核算的问题，小秦和公司领导发生了争执。领导觉得没有面子，便向小秦下达了解除劳动合同通知书。

小秦收到通知书后，向当地劳动争议仲裁委员会提出了仲裁申请。在仲裁庭调解过程中，小秦提出，如果该公司同意支付赔偿金，她便同意与公司协商解除劳动合同。

该公司也同意调解，经过一番讨价还价之后，终于达成了调解协议，双方均在调解协议书上签了字。随后，小秦觉得自己吃亏了，想要恢复双方的劳动关系，但遭到了该公司的拒绝。

于是，在调解协议书送达时，小秦拒绝在送达回执上签字。那么，小秦和该公司达成的这份调解协议书到底有没有生效呢？

案例解读

根据我国法律的相关规定，调解书应当直接送达当事人。当事人在调解书送达回执上签字的行为才是调解书发生法律效力的必备条件。也就是说，如果当事人不在调解书的送达回执上签字，则视为拒绝，此调解书也就未生效，不能发生法律效力。

因此，小秦和该服装公司达成的调解协议没有生效。

关联法条

《劳动争议调解仲裁法》（2007年颁布）

第四十二条　仲裁庭在作出裁决前，应当先行调解。

调解达成协议的，仲裁庭应当制作调解书。

调解书应当写明仲裁请求和当事人协议的结果。调解书由仲裁员签名，加盖劳动争议仲裁委员会印章，送达双方当事人。调解书经双方当事人签收后，发生法律效力。

调解不成或者调解书送达前，一方当事人反悔的，仲裁庭应当及时作出裁决。

第五十一条　当事人对发生法律效力的调解书、裁决书，应当依照规定的期限履行。一方当事人逾期不履行的，另一方当事人可以依照民事诉讼法的有关规定向人民法院申请执行。受理申请的人民法院应当依法执行。

防范要点

调解协议书达成并不意味着生效，只有签收才能视为生效。

用人单位如果在达成调解协议后想反悔，就可以不在送达回执上签字。一旦在送达回执上签字，就必须按照调解协议的内容在规定的期限内履行，否则，劳动者可以直接向人民法院申请执行。

目前，劳动争议在调解和裁决阶段的文书，也就是调解协议书和裁决书，都还没有被收录进企业信用信息公示系统。但如果是因为拒不履行已经生效的调解协议书或裁决书而被劳动者向法院申请强制执行，就会被收录进企业信用信息公示系统，这对企业的形象会造成一定的负面影响，需要引起用人单位足够的重视。

10.3　劳动争议仲裁的相关问题

劳动争议仲裁是指劳动争议仲裁委员会根据当事人的申请，依法对劳动争议在事实上做出判断、在权利和义务上做出裁决的一种法律制度。

劳动争议仲裁是处理劳动争议的一环。用人单位和劳动者发生劳动争议或劳动纠纷，不愿意协商调解，或是协商调解无法达成一致，任何一方均可向当地的劳动争议仲裁委员会提出仲裁申请。

对于用人单位来说，劳动争议仲裁阶段需要注意的问题主要是仲裁管辖地、举证责任归属和仲裁时效。

10.3.1 能否不申请仲裁直接起诉？

《劳动法》第七十九条规定：劳动争议发生后，当事人可以向本单位劳动争议调解委员会申请调解；调解不成，当事人一方要求仲裁的，可以向劳动争议仲裁委员会申请仲裁。当事人一方也可以直接向劳动争议仲裁委员会申请仲裁。对仲裁裁决不服的，可以向人民法院提起诉讼。

由此可见，劳动争议仲裁是进入劳动争议诉讼的必经程序。也就是说，当事人要向人民法院提起劳动争议的诉讼，就必须先向劳动争议仲裁委员会提出仲裁申请。

劳动争议仲裁委员会在收到当事人的仲裁申请之日起五日内进行审查。认为符合受理条件的，会出具《受理案件通知书》，告知申请人相关注意事项、该案件的仲裁员及其联系方式，案件正式进入仲裁阶段；认为不符合受理条件的，会出具《不予受理案件通知书》，通知书上会载明不予受理的理由（通常的不予受理理由包括：申请人与本争议无直接利害关系、被申请人主体资格不适格、仲裁请求不属于劳动人事争议处理范围、无具体的仲裁请求和事实理由、仲裁请求超过仲裁申请时效、仲裁管辖地不符、仲裁申请材料不齐备等），申请人可凭此通知书向人民法院提起诉讼，进入诉讼阶段。

发生劳动争议，如果不申请劳动争议仲裁而直接向人民法院起诉，法院一般不予受理。

10.3.2 如何认定劳动争议仲裁管辖地？

仲裁管辖是指仲裁委员会受理案件的权限。在现实生活中，用人单位的注册地和实际经营地往往不是同一个地址，甚至不在同一个城市（外地办事处），那么对于劳动争议的当事人来说，向哪里的仲裁委员会提出仲裁申请，将直接关系到其仲裁申请能否被受理，也直接关系到其合法权益能否得到及时、合法的保护。因此，劳动争议仲裁管辖地的确认，对于劳动争议的双方当事人都非常重要。

典型案例

2013年9月10日，谢某与某化妆品公司签订了为期3年的劳动合同，从事专职导购工作。该化妆品公司的注册地在上海市宝山区,谢某的实际工作地点为南京市鼓楼区,该公司在南京市未注册子公司或分公司。劳动合同约定,如双方产生劳动争议,由公司注册地的劳动争议仲裁委员会和人民法院管辖。

2015年3月10日,公司出具解除劳动合同通知书,载明谢某严重违反公司规章制度,公司与其解除劳动关系。

3月17日,谢某向南京市鼓楼区劳动争议仲裁委员会申请仲裁,要求公司支付违法解除劳动合同的赔偿金。

该公司认为劳动合同中有明确约定,若发生劳动争议,应由公司注册地(即上海市宝山区)的劳动争议仲裁委员会管辖,遂向南京市鼓楼区劳动争议仲裁委员会提出管辖异议。

南京市鼓楼区劳动争议仲裁委员会经过审理,驳回了该公司的管辖异议,裁定该公司属违法解除,应向谢某支付赔偿金18 000元。

案例解读

本案是一起典型的涉及管辖权的案件。

《劳动争议调解仲裁法》第二十一条规定:劳动争议由劳动合同履行地或者用人单位所在地的劳动争议仲裁委员会管辖。

这就是说,劳动合同的履行地和用人单位的所在地劳动争议仲裁委员会均有管辖权。一般来讲,用人单位所在地是指实际经营地,即公司办公所在地。

既然是二选一,那么用人单位能否和劳动者在劳动合同中约定管辖地呢?这就涉及约定管辖和法定管辖的问题。

关于这个问题,司法界尚存争议。目前比较主流的观点是,劳动争议类案件不适用约定管辖。因为劳动关系不同于一般民事法律关系,它兼具财产性和人身性、平等性和隶属性的特殊属性。简单来说,劳动关系的双方其实是不对等的,如果约定了管辖权,则排除了劳动者的选择权利。

对于劳动争议,如果一方申请劳动仲裁,那么既可以选择向劳动合同履行地也可以选择向用人单位所在地的仲裁委申请劳动仲裁;而如果双方分别向劳动合同履行地、用人单位所在地劳动争议仲裁委申请劳动仲裁,则由劳动合同履行地的仲裁委优先管辖。

在本案中，用人单位的所在地在上海市宝山区，但劳动合同履行地在南京市鼓楼区。显然，南京市鼓楼区劳动争议仲裁委员会拥有管辖权。劳动者谢某向该会申请劳动仲裁，于法有据。

关联法条

1.《劳动争议调解仲裁法》（2007年颁布）

第二十一条　劳动争议仲裁委员会负责管辖本区域内发生的劳动争议。

劳动争议由劳动合同履行地或者用人单位所在地的劳动争议仲裁委员会管辖。双方当事人分别向劳动合同履行地和用人单位所在地的劳动争议仲裁委员会申请仲裁的，由劳动合同履行地的劳动争议仲裁委员会管辖。

2.《劳动人事争议仲裁办案规则》（2017年颁布）

第八条　劳动合同履行地为劳动者实际工作场所地，用人单位所在地为用人单位注册、登记地或者主要办事机构所在地。用人单位未经注册、登记的，其出资人、开办单位或者主管部门所在地为用人单位所在地。

双方当事人分别向劳动合同履行地和用人单位所在地的仲裁委员会申请仲裁的，由劳动合同履行地的仲裁委员会管辖。有多个劳动合同履行地的，由最先受理的仲裁委员会管辖。劳动合同履行地不明确的，由用人单位所在地的仲裁委员会管辖。

案件受理后，劳动合同履行地或者用人单位所在地发生变化的，不改变争议仲裁的管辖。

防范要点

劳动争议仲裁不适用约定管辖。因此，在劳动合同中约定劳动仲裁的管辖地属无效条款。

10.3.3　劳动争议仲裁中的举证责任归属

谁主张，谁举证，这是一般民事纠纷举证的原则。发生劳动争议，在多数情况下也适用此原则。

但是，考虑到用人单位作为用工主体，掌握和保管着劳动者的档案、工资发放、社会保险缴纳、劳动保护等情况和资料，这些情况和资料，劳动者一般无法取得和提供。因此，相关法律又对用人单位做了特别规定：与劳动争议事项有关的证据属于用人单位掌握管理的，用人单位应当提供；用人单位不提供的，应当承担不利后果。

也就是说，相对而言，发生劳动争议仲裁时，用人单位须承担较多的举证责任。

典型案例

上海某大型连锁企业实行无纸化办公。在该公司，日常上下级之间的沟通采用电子邮件，所有采购、物流、收发货、财务对账、人力资源管理等全部采用自动化的方式进行。

2017年6月，该公司采购主管丁某因为不满其主管副总对其工作的批评，通过电子邮件的方式写了一封辱骂信，并用公司的邮箱系统将该信发送给了该企业所有的主管及以上人员。

当晚，公司人力资源部通过OA系统以严重违纪为由，向丁某发送了解除劳动合同通知书，并要求其次日即办理离职交接手续。

丁某随即以公司违法解除劳动合同为由，向上海市黄浦区劳动争议仲裁委员会提出仲裁申请，要求公司向其支付违法解除劳动合同的赔偿金、未休年假补偿金、未结算的加班费等共计金额182 350元。

上海市黄浦区劳动争议仲裁委员会经过审理，支持了丁某的大部分仲裁申请，最后裁定公司应向丁某支付各类金额共计178 523元。

案例解读

随着科技的进步，越来越多的企业尤其是一些大型企业都在推行自动化、无纸化办公，这也给发生劳动争议时的举证带来了较大的挑战。

在本案中，公司解除劳动合同的理由是丁某严重违纪。假定公司的规章制度中的确有一项：辱骂领导则视为严重违纪，且该规章制度的制定、公示流程都没有问题，那么辱骂领导可被认定为严重违纪。但是，公司无法证明该辱骂领导的邮件的确是由丁某本人发送的，因为丁某用的是公司邮箱，而公司邮箱系统是由公司管理和控制的。

最后，公司通过公司OA系统向丁某出具解除劳动合同通知书的送达方式也不合法，无法产生送达的法律效力。

关联法条

1.《劳动争议调解仲裁法》(2007年颁布)

第六条 发生劳动争议，当事人对自己提出的主张，有责任提供证据。与争议事项有关的证据属于用人单位掌握管理的，用人单位应当提供；用人单位不提供的，应当承担不利后果。

第三十九条 当事人提供的证据经查证属实的，仲裁庭应当将其作为认定事实的根据。

劳动者无法提供由用人单位掌握管理的与仲裁请求有关的证据，仲裁庭可以要求用人单位在指定期限内提供。用人单位在指定期限内不提供的，应当承担不利后果。

2.《最高人民法院关于审理劳动争议案件适用法律问题的解释（一）》（法释〔2020〕26号）（2021年1月1日起施行）

第四十四条 因用人单位作出的开除、除名、辞退、解除劳动合同、减少劳动报酬、计算劳动者工作年限等决定而发生的劳动争议，用人单位负举证责任。

防范要点

基于现有的法律、法规，在劳动争议仲裁中，用人单位承担着更多的举证责任。尤其是涉及解除劳动合同、劳动报酬、工作时间等方面的争议，直接规定由用人单位负举证责任。

如果用人单位采用无纸化办公，基本是电子证据，而电子证据的效力认定是非常复杂和困难的。

这就要求用人单位在日常的管理中，除了规章制度等要合法、规范外，还必须注意证据的收集和锁定，尤其是劳动者的违纪违章、考勤、加班、休假等，一定要通过纸质证据或是录音、录像等方式来进行锁定。

在本案中，公司正确的做法应该是，先找丁某谈话，确认该邮件确系丁某所发，全程进行录音并做好记录，然后方可据此解除劳动合同；书面的解除劳动合同通知书须由本人签收或是以EMS邮寄的方式送达。

10.3.4 劳动争议仲裁的时效问题

劳动争议仲裁时效，是指当事人因劳动争议纠纷要求保护其合法权利，必须在法定的期限内向劳动争议仲裁委员会提出仲裁申请，否则，法律规定消灭其申请仲裁权利的一种时效制度。

2008年5月1日，《劳动争议调解仲裁法》正式施行，确定劳动争议申请仲裁的时效期间为一年。仲裁时效期间从当事人知道或应当知道其权利被侵害之日起计算。

通常来说，发生劳动争议，申请的事项基本和金钱有关（唯一的例外可能就是用人单位违法解除劳动合同，劳动者要求恢复劳动关系）。而对于用人单位来说，能向劳动者主张金钱给付的一般只有三种情况：因劳动者失职失误等给用人单位造成经济损失，用人单位主张赔付此经济损失；因劳动者违反培训服务期协议，用人单位主张违约金；因劳动者违反竞业限制协议，用人单位主张违约金。在这三种情况下，一年的仲裁时效比较好理解，一般也不容易出现法律风险，在此不做赘述。

而对于劳动者来说，能向用人单位主张金钱给付的情况就很多，涉及经济补偿、赔偿金、代通知金、加班费、未休年假工资、工伤待遇、拖欠的工资、未缴纳社保的损失（生育金等）等，相对比较复杂。

本节及本书只讨论劳动者提出仲裁申请的时效性问题。

在现实操作中，劳动者在申请劳动仲裁时不被受理，或者仲裁请求被驳回，有相当大的比例是因为超过了仲裁时效，非常可惜。

虽然本书的定位是针对用人单位的劳动用工风险防范，但知己知彼，方能百战百胜。用人单位掌握劳动者提起仲裁申请的时效性问题，就能做到心中有数，防范相应的风险。

1. 劳动争议仲裁时效的时长和种类

《劳动争议调解仲裁法》第二十七条第一款规定："劳动争议申请仲裁的时效期

间为一年。仲裁时效期间从当事人**知道或者应当知道**其权利被侵害之日起计算。"

该法第二十七条第四款规定："劳动关系存续期间因拖欠劳动报酬发生争议的，劳动者申请仲裁不受本条第一款规定的仲裁时效期间的限制；但是，劳动关系终止的，应当自劳动关系终止之日起一年内提出。"

因此，劳动争议的仲裁申请时效分为以下两类。

（1）为期一年的一般时效，自当事人知道或应当知道其权利被侵害之日起计算。正确理解这里的"**知道或应当知道**"非常重要。

（2）追索劳动报酬的特殊时效。该时效在劳动关系存续期限为无限期，劳动关系终止的，应当自劳动关系终止之日起一年内提出。

2. 主张未签劳动合同二倍工资差额的时效

根据《劳动合同法》第八十二条的规定，用人单位自用工之日起超过一个月不满一年未与劳动者订立书面劳动合同的，应当向劳动者每月支付二倍的工资。用人单位违反规定不与劳动者订立无固定期限劳动合同的，自应当订立无固定期限劳动合同之日起向劳动者每月支付二倍的工资。

关于二倍工资差额的时效，司法实践中存在非常大的争议。

一种观点认为，既然是二倍工资差额，就也属于劳动报酬，应当适用追索劳动报酬的特殊时效，即在劳动关系存续期间可以随时提出。如果劳动关系解除，则在一年内提出即可，即整体计算时效。目前重庆诸多劳仲委及法院均按此方式裁判。

另一种观点认为，二倍工资差额是用人单位承担的一种惩罚性赔偿，不属于劳动报酬。因此应当适用一年的一般时效，即逐月计算时效。目前上海、深圳、四川等地区劳仲委及法院大多按此方式裁判。

典型案例

劳动者韩某因与用人单位深圳市T家具配件有限公司（下称T公司）劳动争议纠纷一案，主张不签订劳动合同二倍工资，广东省深圳市中级人民法院（2014）深中法劳终字第×××号民事判决（以下简称二审判决）不予支持。因不服中院判决，向广东省高级人民法院申请再审。

韩某认为，双方在2010年2月6日至2011年1月4日之间没有签订劳动合同，但是本人是在离职后到法院及劳动局咨询，才得知自己的合法权益被侵害，并于

2013年10月29日提起劳动仲裁,并未超过1年的时效规定。韩某主张未签订无固定期限劳动合同的二倍工资差额有法律依据。根据《中华人民共和国劳动合同法实施条例》第七条、《中华人民共和国劳动合同法》(以下简称《劳动合同法》)第八十二条的规定,T公司应当自订立无固定期限劳动合同之日起向我方每月支付二倍工资差额。

广东省高院于2014年10月20日作出(2014)粤高法民申字第×××号民事裁定书,驳回再审申请。

案例解读

本案经历了劳动仲裁、一审、二审,直到广东高院的再审。

在本案中,广东高院认为,二倍工资虽名为工资,但并非劳动报酬,而是惩罚性款项,应适用一般时效。而且劳动者在签领当月工资时就应当明知其权利被侵犯,故应付二倍工资之日起的一年仲裁时效内,每过一天即减少一天。

举例说明:小王2010年1月1日入职某公司,一直未签订书面劳动合同,理论上说自2010年2月1日起至2010年12月31日止的劳动关系存续阶段,公司须向小王支付二倍工资差额;2011年1月1日起,如果双方仍未订立书面劳动合同,就视为已订立无固定期限劳动合同。

其中,2011年2月1日前可主张2010年2月1日之后的二倍工资差额,2011年3月1日前可主张2010年3月1日之后的二倍工资差额,2011年4月1日前可主张2010年4月1日之后的二倍工资差额……以此类推。过了2011年12月31日,所有阶段的二倍工资差额的仲裁时效均已过期,无法再向劳动争议仲裁委员会申请。

关联法条

1.《劳动争议调解仲裁法》(2007年颁布)

第二十七条 【仲裁时效】劳动争议申请仲裁的时效期间为一年。仲裁时效期间从当事人知道或者应当知道其权利被侵害之日起计算。

前款规定的仲裁时效,因当事人一方向对方当事人主张权利,或者向有关部门请求权利救济,或者对方当事人同意履行义务而中断。从中断时起,仲裁时效期间重新计算。

因不可抗力或者有其他正当理由,当事人不能在本条第一款规定的仲裁时效期间申请仲裁的,仲裁时效中止。从中止时效的原因消除之日起,仲裁时效期间继续计算。

劳动关系存续期间因拖欠劳动报酬发生争议的,劳动者申请仲裁不受本条第一款规定的仲裁时效期间的限制;但是,劳动关系终止的,应当自劳动关系终止之日起一年内提出。

2.《上海市高级人民法院关于劳动争议若干问题的解答(上海市高级人民法院民一庭调研指导〔2010〕34号)》

一、关于双倍工资的几个问题

……

2.关于两倍工资的时效问题

我们认为……而对双方约定的劳动报酬以外属于法定责任的部分,劳动者申请仲裁的时效应适应《劳动争议调解仲裁法》第27条第1款至第3款的规定,即从未签订书面劳动合同的第二个月起按月分别计算仲裁时效。

防范要点

对于用人单位来说,如果超过法定期限不与劳动者订立书面劳动合同,将承担二倍工资差额的赔偿。

对于劳动者而言,主张二倍工资差额一定要注意一年的时效问题。

3. 主张未休年假300%工资报酬的时效

《职工带薪年休假条例》第五条第三款规定:对职工应休未休的年休假天数,单位应当按照该职工日工资收入的300%支付年休假工资报酬。

对于用人单位未安排劳动者休年假,也不向劳动者支付年休假工资报酬的情形,劳动者向用人单位主张未休年休假工资报酬是适用1年的一般时效,还是适用劳动报酬的特殊时效呢?

对此问题,实践中同样形成了两种不同的观点。

一种观点认为,"300%支付年休假工资报酬"的表达已将其性质定义为报酬。因此,应当适用劳动报酬的特殊时效。

另一种观点则认为,用人单位支付劳动者300%年休假工资报酬并非一般的劳动报酬，而是包括正常工作期间工资收入（100%）及法定补偿（200%）。一般情况而言，用人单位已经支付了未休年休假期间的正常工资收入，所以，主张未年休假300%工资报酬，严格来讲，是主张法定补偿的部分（200%），这显然不属于工资报酬，应当适用11年的一般时效。

笔者个人更加倾向于第二种观点，在大部分司法实践中也可得到印证。

典型案例

童某于2004年6月1日入职某医院，工作期间未休年休假。2015年4月30日，童某被告知不用再到医院上班。2015年5月，童某申请劳动仲裁，提出要求医院支付未休年休假工资等诉请。仲裁裁决后，童某不服，诉至法院。

法院认为，医院未能提交充分证据证明其已依法给予童某年休假，故应按照法律规定认定童某未休年休假的时间及工资支付标准。经计算，童某于2015年（3天）、2014年（10天）、2013年（10天），共计应休年休假天数为23天，扣除已支付的童某日工资收入的100%（正常工作期间工资收入），医院还应按照童某日工资收入200%的标准支付23天未休年休假工资。

案例解读

根据《职工带薪年休假条例》第五条的规定，年休假可以集中、分段、跨年度安排。也就是说，用人单位在次年的12月31日之前安排劳动者休本年度的年休假，都是合乎规定的；反之，如果用人单位在次年的12月31日之前还未安排劳动者休本年度的年休假，则需要支付本年度的未休年休假的300%工资报酬。

因此，劳动者每年未休年休假应获得报酬的时间，应该从第二年的12月31日起算仲裁时效。

据此，法院支持了童某2013年、2014年、2015年度的未休年休假工资报酬。因为2013年未休年休假工资报酬的仲裁时效应该从2015年1月1日起开始计算，到2015年12月31日止，2016年1月1日起仲裁时效才无效。

关联法条

1.《职工带薪年休假条例》(2007年颁布)

第五条 单位根据生产、工作的具体情况,并考虑职工本人意愿,统筹安排职工年休假。

年休假在1个年度内可以集中安排,也可以分段安排,一般不跨年度安排。单位因生产、工作特点确有必要跨年度安排职工年休假的,可以跨1个年度安排。

单位确因工作需要不能安排职工休年休假的,经职工本人同意,可以不安排职工休年休假。对职工应休未休的年休假天数,单位应当按照该职工日工资收入的300%支付年休假工资报酬。

2.《企业职工带薪年休假实施办法》(2008年颁布)

第十条 用人单位经职工同意不安排年休假或者安排职工休年假天数少于应休年休假天数的,应当在本年度内对职工应休未休年休假天数,按照其日工资收入的300%支付未休年休假工资报酬,其中包含用人单位支付职工正常工作期间的工资收入。

防范要点

对于用人单位来说,应当严格按照《职工带薪年休假条例》的相关规定安排员工休年休假。关于年休假的操作,可参见"带薪年休假的相关法律风险"相关内容。

4. 主张拖欠工资报酬的时效

现实生活中,用人单位拖欠劳动者工资报酬的现象并不少见。对于劳动者追索拖欠工资报酬的主张,疑难之处主要有两点:其一是确定劳动争议的发生日(关系到仲裁时效),其二是可主张拖欠工资报酬的期限(可以追讨过去多少年拖欠的工资报酬)。

对于劳动争议发生日的确定,《最高人民法院关于审理劳动争议案件适用法律若干问题的解释(二)》作了规定。

第一条 人民法院审理劳动争议案件,对下列情形,视为劳动法第八十二条规定的"劳动争议发生之日":

(一)在劳动关系存续期间产生的支付工资争议,用人单位能够证明已经书面通知劳动者拒付工资的，书面通知送达之日为劳动争议发生之日。用人单位不能证明的，劳动者主张权利之日为劳动争议发生之日。

......

（三）劳动关系解除或者终止后产生的支付工资、经济补偿金、福利待遇等争议，劳动者能够证明用人单位承诺支付的时间为解除或者终止劳动关系后的具体日期的，用人单位承诺支付之日为劳动争议发生之日。劳动者不能证明的，解除或者终止劳动关系之日为劳动争议发生之日。

第二条 拖欠工资争议，劳动者申请仲裁时劳动关系仍然存续，用人单位以劳动者申请仲裁超过六十日为由主张不再支付的，人民法院不予支持。但用人单位能够证明劳动者已经收到拒付工资的书面通知的除外。"

实践中，用人单位拖欠劳动者工资报酬的期限可能比较短，如拖欠两三个月，但也可能拖欠的期限很长，有的甚至长达数年之久。那么，如果劳动者向用人单位追索工资报酬，法院是否应对全部期限内的工资报酬事项均做实体审查呢？对此，实践中也有两种观点。

一种观点认为，由于《劳动争议调解仲裁法》规定：劳动关系存续期间因拖欠工资报酬发生争议的，劳动者申请仲裁不受一年仲裁申请时效的限制；如果劳动关系终止的，在劳动关系终止之日起一年内提出即可。

因此，关于工资报酬的争议，只要劳动者在法定期限内提起劳动仲裁，劳动争议仲裁委员会和人民法院就应该对劳动者所要求期间内的工资报酬事项进行审查，而不管争议期限有多长。

另一种观点则认为，由于《工资支付暂行规定》第六条第三款规定：用人单位必须书面记录支付劳动者工资的数额、时间、领取者的姓名及签字，并保存两年以上备查。

因此，如果用人单位与劳动者就工资报酬的支付产生争议并因此导致仲裁、诉讼的，劳动争议仲裁委员会和人民法院对用人单位是否拖欠劳动者工资报酬的实体审查期限是两年，即自劳动者申请劳动仲裁之日起往前倒推两年。两年内的工资报酬争议，人民法院予以实体审查；两年以上的工资报酬争议，由于超过了法定的仲裁申请时效，劳动者已丧失了通过仲裁和诉讼途径获得法律保护的胜诉权，劳动争议仲裁委员会和人民法院不应做实体审查。

> **典型案例**

高某于2010年8月10日入职上海某公司从事驾驶员的工作，签订了为期3年的劳动合同。从2012年5月份起，该公司发放工资就开始不正常，经常延迟发放；2013年8月10日，双方续订了3年的劳动合同；2016年8月10日，双方订立了无固定期限劳动合同。

2018年5月8日，高某因为酒后驾驶被查获，公司向其下达了解除劳动合同通知书，解除理由是严重违反公司规章制度。

结算工资时，高某和公司发生分歧，高某遂向上海市奉贤区劳动仲裁委员会申请仲裁，要求公司支付自2012年5月份以来拖欠的工资共计5万余元。

在仲裁庭审时，高某无法提交2016年之前公司拖欠其工资的相关证据，最后，仲裁庭结合公司提交的相关证据，认定公司拖欠的工资数额为21 000元。

> **案例解读**

本案是一起比较典型的因为拖欠工资报酬而引发的劳动争议。

关于离职时两年内工资报酬的争议，应由用人单位举证，超过两年时间的，劳动者需要承担举证责任。

在本案中，高某虽然主张公司拖欠其工资，却无法提交相应的证据，因此必须承担无法举证的不利后果。

关于主张拖欠工资报酬的时效及期限的问题，用下图来说明。

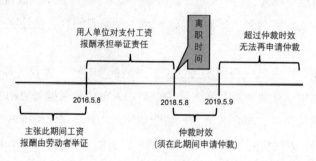

主张拖欠工资仲裁时效示意图

高某于2018年5月8日离职，其最晚主张工资报酬的时间为2019年5月8日，超过2019年5月8日，就过了仲裁时效。

2018年5月8日往前倒推2年的期间，也就是从2016年5月8日至2018年5月8日，用人单位须对已支付（不拖欠）高某的工资报酬承担举证责任，而2016年5月8日以前的工资报酬，用人单位无须举证，需要高某本人来承担举证责任。

关联法条

1.《劳动争议调解仲裁法》（2007年颁布）

第二十七条 【仲裁时效】劳动争议申请仲裁的时效期间为一年。仲裁时效期间从当事人知道或者应当知道其权利被侵害之日起计算。

……

劳动关系存续期间因拖欠劳动报酬发生争议的，劳动者申请仲裁不受本条第一款规定的仲裁时效期间的限制；但是，劳动关系终止的，应当自劳动关系终止之日起一年内提出。

2.《工资支付暂行规定》（1994年颁布）

第六条　……用人单位必须书面记录支付劳动者工资的数额、时间、领取者的姓名以及签字，并保存两年以上备查……

防范要点

对于用人单位来说，应当保存经劳动者签字的工资发放记录（工资表）至少两年以上。

对于劳动者来说，如果用人单位拖欠工资，就应保存好相应的证据，并最晚在离职后一年内主张，否则将无法得到支持。

5. 仲裁时效的中断

仲裁时效的中断是指在仲裁时效进行期间，因发生法定事由致使已经过去的仲裁时效期间统归无效，待时效中断事由消除后，重新开始计算仲裁时效期间。

仲裁时效中断的法定事由有以下3种情形。

（1）已向对方当事人主张权利。包括向用人单位或上级机关申诉、向对方发律师函等方式。如劳动者向用人单位追索被拖欠的工资或经济补偿；职工对解除劳动合同决定不服，向用人单位（或上级领导机关）提出申诉，属于"有正当理由"。职工对于用人单位（或上级领导机关）重新答复不服而申请仲裁的，重新答复的时间应视为"劳动争议发生之日"(详见劳动部办公厅对《关于临时工的用工形式是否存在等问题的请示》的复函)。

(2)已向有关部门请求权利救济。如向企业劳动争议调解委员会请求调解、向劳动争议仲裁委员会申请劳动仲裁。

(3)对方当事人同意履行义务。即对方承诺在某一时间履行义务等,要收集能够证明对方承诺的证据,例如,可以通过录音取证。

需要特别提醒的是,中断情形必须有相关证据证明,而这些证据可以是与单位交涉的电话录音、单位对争议问题的书面答复,或者是劳动者向有关单位请求权利救济时的来访登记等。保存好相关证据有时可以使你的仲裁时效"起死回生"!

6. 仲裁时效的中止

因不可抗力,或者有无民事行为能力或者限制民事行为能力劳动者的法定代理人未确定等其他正当理由,当事人不能在规定的仲裁时效期间申请仲裁的,仲裁时效中止。从中止时效的原因消除之日起,仲裁时效期间继续计算。

根据《劳动人事争议仲裁办案规则》第四十六条的规定,有下列情形的,仲裁期限按照下列规定计算:

(一)仲裁庭追加当事人或者第三人的,仲裁期限从决定追加之日起重新计算;

(二)申请人需要补正材料的,仲裁委员会收到仲裁申请的时间从材料补正之日起重新计算;

(三)增加、变更仲裁请求的,仲裁期限从受理增加、变更仲裁请求之日起重新计算;

(四)仲裁申请和反申请合并处理的,仲裁期限从受理反申请之日起重新计算;

(五)案件移送管辖的,仲裁期限从接受移送之日起重新计算;

(六)中止审理期间、公告送达期间不计入仲裁期限内;

(七)法律、法规规定应当另行计算的其他情形。

需要特别提醒的是,仲裁庭在处理案件过程中遇有上述情况需要中止仲裁时效的,应及时向仲裁委员会提出申请,经批准方可执行。上述情况消除后,仲裁时效即应恢复计算。

10.4 劳动争议诉讼的相关问题

劳动争议诉讼，是指劳动争议当事人不服劳动争议仲裁委员会的裁决，在规定的期限内向人民法院起诉，人民法院依法受理后，依法对劳动争议案件进行审理的活动。此外，劳动争议的诉讼，还包括当事人一方不履行仲裁委员会已发生法律效力的裁决书或调解书，另一方当事人申请人民法院强制执行的活动。

劳动争议诉讼，是解决劳动争议的最终程序。人民法院审理劳动争议案件适用《中华人民共和国民事诉讼法》所规定的诉讼程序。

1. 劳动争议诉讼的时效

劳动争议仲裁是劳动争议诉讼的法定前置程序，即"先裁后审"制。当发生劳动争议或纠纷时，当事人首先应当将争议提交至劳动争议仲裁委员会进行仲裁，仲裁裁决后，如对仲裁结果不服，应当在收到裁决书之日起15日内向人民法院起诉；否则，视为同意仲裁结果，裁决发生法律效力。

裁决生效后，当事人应当履行该裁决，否则对方当事人可申请人民法院强制执行。

由此可见，劳动争议诉讼的时效是15日，起算日期为收到裁决书之日。这里所说的"收到裁决书之日"是指签收裁决书的送达回执的日期。

2. 劳动争议诉讼的受理范围

根据最高人民法院有关审理劳动争议案件的解释，属于劳动争议应当受理的有：

（1）用人单位和劳动者因劳动关系是否已经解除或者终止，以及应否支付解除或者终止劳动关系经济补偿产生的争议；（解释二第四条）

（2）劳动者与用人单位解除或者终止劳动关系后，请求用人单位返还其收取的劳动合同定金、保证金、抵押金、抵押物产生的争议，或者办理劳动者的人事档案、社会保险关系等移转手续产生的争议；（解释二第五条）

（3）劳动者因为工伤、职业病，请求用人单位依法承担给予工伤保险待遇的争议；（解释二第六条）

（4）劳动者以用人单位未为其办理社会保险手续，且社会保险经办机构不能补办导致其无法享受社会保险待遇为由，要求用人单位赔偿损失而发生争议的；（解释三第一条）

（5）因企业自主进行改制引发的争议；（解释三第二条）

（6）劳动者依据劳动合同法第八十五条规定，向人民法院提起诉讼，要求用人单位支付加付赔偿金的；（解释三第三条）

（7）企业停薪留职人员、未达到法定退休年龄的内退人员、下岗待岗人员及企业经营性停产放长假人员，因与新的用人单位发生用工争议，依法向人民法院提起诉讼的，人民法院应当按劳动关系处理。

根据最高人民法院有关审理劳动争议案件解释，不属于劳动争议，人民法院不予受理的有：

（1）劳动者请求社会保险经办机构发放社会保险金的纠纷；

（2）劳动者与用人单位因住房制度改革产生的公有住房转让纠纷；

（3）劳动者对劳动能力鉴定委员会的伤残等级鉴定结论或对职业病诊断鉴定委员会的职业病诊断鉴定结论的异议纠纷；

（4）家庭或个人与家政服务人员之间的纠纷；

（5）个体工匠与帮工、学徒之间的纠纷；

（6）农村承包经营户与受雇人之间的纠纷；

（7）因缴纳住房公积金引发的纠纷；

（8）政府主管部门在对企业国有资产进行行政性调整、划转过程中发生的纠纷，当事人向人民法院提起民事诉讼的，人民法院不予受理；（详见《最高人民法院关于审理与企业改制相关的民事纠纷案件若干问题的规定》第三条。）

（9）用人单位与其招用的已经依法享受养老保险待遇或领取退休金的人员发生用工争议，向人民法院提起诉讼的，人民法院应当按劳务关系处理。

领取/签收劳动争议仲裁裁决书的技巧

劳动争议仲裁开庭后，如果用人单位和劳动者之间无法达成调解，或者调解书送达前当事人反悔（拒绝签收）导致调解失败的，劳动争议的处理就进入了裁决阶段。仲裁庭经过庭审调查、双方辩论和陈述等环节，最后做出裁决。仲裁庭做出裁决后应制作裁决书，而裁决书同样需要送达给当事人，在起诉期满后未起诉才生效，这个起诉期的起算日期即当事人的签收日期。

由此可见，领取或签收裁决书的时间，对于用人单位来说相当重要。以下分用人单位所在地和劳动合同履行地在同一个城市和不在同一个城市两种情况进行说明。

10.5.1　用人单位所在地和劳动合同履行地在异地的情况

如果用人单位所在地和劳动合同履行地不在同一个城市，那么发生劳动争议，一般由劳动合同履行地管辖。当地劳动争议仲裁委员会做出裁决书后，用人单位应该如何应对呢？

典型案例

2013年8月北京某家纺公司在广州招用了杨某，双方签订了为期3年的劳动合同，杨某在该公司于广州某百货商场开设的专卖店担任主管一职。2016年4月，杨某离职，随后向广州市白云区劳动争议仲裁委员会申请劳动仲裁，要求公司支付的各项总金额近10万元。该公司聘请了专业的律师，耗费了大量的人力、财力和精力来应对此案件。

2016年6月8日，广州市白云区劳动争议仲裁委员会做出裁决，双方输赢比例相当，裁定公司须向杨某支付经济补偿等共计49 800元。该公司负责经办此事的人员到仲裁委员会领取裁决书后随即飞往北京，并于6月8日下午向北京市昌平区人民法院提起诉讼，法院受理了该案件。6月10日，杨某也向广州市白云区人民法院提起诉讼，法院也受理了该案件。

几天过后，该公司收到了广州市白云区人民法院寄过来的传票，杨某也收到北京市昌平区人民法院寄过来的传票。随后，该公司律师同时向广州市白云区人民法院和北京市昌平区人民法院提出，要求广州市白云区人民法院将该案件移送到北京市昌平区人民法院审理。

1个月后，广州的案件被移送到北京市昌平区人民法院并案审理。随后，身在广州的杨某花费了大量的时间和精力来应诉，中间还从广州赶往北京两次，倍感疲惫，最终不得不接受了北京公司的调解方案。

案例解读

根据相关的法律、法规，如果用人单位所在地和劳动合同履行地不在同一个城市，发生劳动争议时，当事人既可以选择在用人单位所在地申请劳动仲裁，也可以选择在劳动合同履行地申请来说仲裁。如果用人单位和劳动者同时申请劳动仲裁，则劳动合同履行地拥有优先管辖权。

但劳动争议的诉讼管辖则有所不同。《最高人民法院关于审理劳动争议案件适用法律问题的解释（一）》（法释〔2020〕26号）第四条规定："**双方当事人就同一仲裁裁决分别向有管辖权的人民法院起诉的，后受理的人民法院应当将案件移送给先受理的人民法院。**"在本案中，显然广州的法院应将案件移送给北京市昌平区的法院一并审理。

最终导致杨某心有余而力不足，不得不降低自己的诉请金额。

关联法条

1.《最高人民法院关于审理劳动争议案件适用法律问题的解释（一）》（法释〔2020〕26号）

第三条　劳动争议案件由用人单位所在地或者劳动合同履行地的基层人民法院管辖。

劳动合同履行地不明确的，由用人单位所在地的基层人民法院管辖。

第四条　……双方当事人就同一仲裁裁决分别向有管辖权的人民法院起诉的，后受理的人民法院应当将案件移送给先受理的人民法院。

防范要点

如果用人单位所辖地和劳动合同实际履行地不在同一个城市，用人单位必须比劳动者更早领取劳动仲裁裁决书，并赶在劳动者之前向用人单位所在地提起诉讼。

10.5.2　用人单位所在地和劳动合同履行地同城的情况

如果用人单位所在地和劳动合同履行地在同一城市，当劳动争议仲裁委员会做出裁决书后，用人单位又该如何应对呢？

典型案例

2015年3月范某入职上海某公司，双方签订了为期3年的劳动合同。2018年9月，范某离职，随后向上海市松江区劳动争议仲裁委员会申请劳动仲裁，主张经济补偿、加班费、未报销差旅费等共计80 000多元，该公司进行了答辩。仲裁开庭时，因双方分歧较大，调解未果。

2018元11月8日上午，仲裁机构做出裁决，裁定公司应支付给范某20 500元，双方当日均领取了裁决书。

公司法律顾问经过分析，认为仲裁机构裁决书比较合理，建议公司尽快了结此事。于是，公司便联系范某，称公司同意按裁决书执行，希望范某不要上诉。

11月28日，公司接到法院电话，被告知范某在11月23日到法院立案上诉。公司领导异常愤怒，但公司的起诉时效已过，无法起诉，只得聘请了律师开始应诉。

12月25日下午2点开庭时，公司的律师、HR准时到达法庭，但范某和法官均未到庭，等了差不多半个小时，法官打电话过来，称范某刚办理完撤诉手续，裁定书已生效。

案例解读

根据《劳动争议调解仲裁法》的相关规定，当事人对裁决书不服的，可以**自收到裁决书之日起15日内**向有管辖权的法院提起诉讼，若在15日内不起诉，则视为该当事人接受仲裁结果，将丧失起诉权。

在本案中，如果范某放弃起诉，则视为接受仲裁结果。此时如果公司起诉，无论法院判决结果如何，原则上范某获赔的金额**最高**也就是裁决书裁定的金额。同样，如果公司放弃起诉，而范某提出起诉，原则上公司**至少**也要赔付裁决书上裁定的金额。

从最后范某的举动来看，他也是接受裁决结果的，只是担心如果自己不起诉而公司起诉的话，自己可能会处于不利的局面，所以范某赶在了起诉时效的最后一天提起诉讼。当范某确认公司未起诉时，自己才去撤诉，裁决书才能真正生效，范某就可以执行仲裁结果了。

该公司却因此耗费了大量的人力、精力和财力，造成了一定的损失。

关联法条

《劳动争议调解仲裁法》（2007年颁布）

第五十条 当事人对本法第四十七条规定以外的其他劳动争议案件的仲裁裁决不服的，可以自收到仲裁裁决书之日起十五日内向人民法院提起诉讼；期满不起诉的，裁决书发生法律效力。

防范要点

和异地劳动争议案件用人单位应该尽早领取或签收裁决书不同，如果用人单位所辖地和劳动合同实际履行地在同一个城市，则用人单位应当尽量迟于劳动者去领取或签收裁决书。这样用人单位提出起诉的最后期限就会随之迟于劳动者提出起诉的最后期限，用人单位就可以提前知道劳动者是否起诉，从而决定自己是否起诉。

举个例子：假定劳动仲裁机构是1号出的裁决书，劳动者1号领取或签收了裁决书，那么劳动者最晚的起诉期限是16号，过了16号，劳动者就丧失了起诉权。而如果劳动者起诉，正常情况下，一周左右用人单位就会收到通知。如果用人单位在23号左右还未接到法院的传票或电话通知，基本就说明劳动者放弃了起诉。所以，如果用人单位领取和签收裁决书的时间比劳动者迟7~10天，在用人单位的起诉期限到期前，用人单位是可以准确获知劳动者是否起诉的。

如果法院是通知用人单位去签收裁决书，用人单位可以找个借口"拖延"一周左右的时间；如果法院是邮寄裁决书给用人单位的，用人单位也可以"拖延"一周左右再填写送达回执。当然，如果用人单位"失联"（至于如何才能"失联"，各位读者和HR自己去想），劳动争议仲裁委员会就只得采取公告送达的方式，而一般公告送达要在公告发出30日后才视为已送达。